TREINAMENTO FUNCIONAL

TREINAMENTO FUNCIONAL

Programa de exercícios para treinamento e desempenho

Juan Carlos Santana

Título original em inglês: *Functional Training – exercises and programming for training and performance*
Copyright © 2016 by Juan Carlos Santana
Publicado mediante acordo com Human Kinetics, EUA.

Este livro contempla as regras do Acordo Ortográfico da Língua Portuguesa.

Editora-gestora: Sônia Midori Fujiyoshi
Editora de traduções: Denise Yumi Chinem
Produção editorial: Cláudia Lahr Tetzlaff

Tradução: Maiza Ritomy Ide
Revisão técnica: Fernando Jaeger
Revisão: Depto editorial da Editora Manole
Diagramação e adaptação de projeto gráfico: Elisabeth Miyuki Fucuda
Imagens: © Human Kinetics, exceto quando indicado de outra forma
Adaptação da capa: Axel Sande
Imagem da capa: Rio Santana

Dados Internacionais de Catalogação na Publicação (CIP)
(Câmara Brasileira do Livro, SP, Brasil)

Santana, Juan Carlos
   Treinamento funcional : programa de exercícios
para treinamento e desempenho / Juan Carlos
Santana ;[tradução Maiza Ritomy Ide]. -- Santana de
Parnaíba, SP : Manole, 2017.

   Título original: Functional training : exercises
and programming for training and performance.
   ISBN: 978-85-204-5370-4

   1. Atletas - Treinamento 2. Condicionamento físico
3. Educação física 4. Exercícios físicos I. Título.

17-05398   CDD-613.71

Índices para catálogo sistemático:
1. Treinamento funcional : Exercícios físicos :
Educação física 613.71

Todos os direitos reservados.
Nenhuma parte deste livro poderá ser reproduzida, por qualquer processo, sem a permissão expressa dos editores.
É proibida a reprodução por fotocópia.
A Editora Manole é filiada à ABDR – Associação Brasileira de Direitos Reprográficos

Edição brasileira – 2017

Direitos em língua portuguesa adquiridos pela:
Editora Manole Ltda.
Alameda América, 876
Tamboré – Santana de Parnaíba – SP – Brasil
CEP: 06543-315
Fone: (11) 4196-6000
www.manole.com.br | https://atendimento.manole.com.br/

Impresso no Brasil
Printed in Brazil

Nota: Foram feitos todos os esforços para que as informações contidas neste livro fossem o mais precisas possível. O autor e os editores não se responsabilizam por quaisquer lesões ou danos decorrentes da aplicação das informações aqui apresentadas.

Este livro é dedicado aos meus filhos Rio, Caila, Dante e Mia, por me ensinarem as maravilhas da inspiração divina e do amor incondicional.

Sumário

Agradecimentos ix
Introdução xi
Sobre o autor xv
Sobre o revisor técnico da edição brasileira xvii

Parte I

Função e treinamento funcional

1. Definição de treinamento funcional **3**
O que é força funcional? 3
Por que treinamento funcional? 4
Mitos sobre o treinamento funcional 5
Equipamentos populares de treinamento funcional 8

2. Fundamentos do treinamento funcional **13**
Quatro pilares do movimento humano 13
Quatro grandes habilidades esportivas (*big four*) 15
Ambiente esportivo 25
"Rodovias" de potência esportiva 27

3. O *continuum* do desempenho **33**
Critérios para o treinamento funcional e eficaz 33
Manipulação da intensidade funcional 35
Avaliação dos padrões de movimento 37

Parte II

Exercícios

4. Fundamentos **53**
Peso corporal/calistênico 53
Elásticos e polias 68
Halteres e *kettlebells* 88

5. Materiais de apoio **109**
Medicine ball 109
Bola suíça 123
Acessórios 133
Exercícios tradicionais de força 143

Parte III

Programas

6. Elaboração de programas **155**
Variáveis de treinamento 155
Ciclos de periodização 156
Juntando tudo 167

7. Treinamento funcional puro **169**
Integrando treinamento funcional ao seu plano de treinamento 169
Protocolos prontos para uso 170
Protocolos expressos 173
Protocolos gerais de condicionamento físico 178
Protocolos metabólicos 183

8. Programação híbrida **189**
Sistema de integração de três níveis 189
Complexos híbridos 193
Periodização de programas híbridos 197
Exemplos de programas 199

9. Programas para esportes específicos **203**
Esportes intermitentes de alta potência 204
Esportes de raquete 208
Esportes envolvendo rebatida, arremesso e recepção 212
Esportes de corrida 217
Esportes de combate 222
Esportes de campo e quadra de longa distância 229
Voleibol 236
Golfe 241
Esportes com prancha 246
Natação 251
Esportes relacionados com patinação 256

Índice remissivo 263

Agradecimentos

A maior parte do que é aprendido na faculdade e reforçado pelas certificações são informações teóricas que são mais adequadas a professores universitários, em vez de *personal trainers*, técnicos, terapeutas experientes ou atletas. As escolas ensinam de maneira oposta a como os seres humanos aprendem. Na vida, aprendemos praticando primeiro; então, se necessário, nos aprofundamos nos detalhes. Na escola, aprendemos os detalhes primeiro e depois avançamos em direção aos grandes conceitos. No entanto, em muitos casos, a escola nunca se aproxima muito da prática. Aprendemos a praticar a habilidade aprendida na escola apenas quando saímos de lá e chegamos ao campo ou área de treinamento.

Tive o grande prazer e honra de compartilhar o palco com algumas das mentes mais brilhantes da indústria do condicionamento físico (*fitness*). Aprendi muito com esses pioneiros da indústria, mas uma coisa se destaca – se você não pode usá-lo no campo ou área de treinamento, então não é muito útil para um sistema de treinamento. O livro *Treinamento funcional* compartilha as abordagens práticas que tenho usado por mais de 40 anos da minha vida como atleta e treinador. Embora algumas das teorias e conceitos possam ser complexos, permaneço longe da linguagem e da teoria complicadas ao comunicá--los. Albert Einstein disse: "Se você não pode explicar isso de maneira simples, você não sabe o suficiente". Este livro é a minha tentativa de descobrir o quão bem eu sei o que estou ensinando.

Dizem que é preciso uma aldeia para criar uma criança; nada mais verdadeiro foi dito até hoje. Gostaria de mencionar algumas das pessoas-chave da minha aldeia ao longo da vida. Uma quantidade maior de pessoas maravilhosas deixará de ser mencionada aqui por restrições de espaço e tempo; no entanto, a ausência delas aqui não tira o mérito da sua influência sobre a minha vida.

Este livro é dedicado à minha família de origem, que veio de Cuba em busca do sonho americano em 1966: meus pais, Celerina e Arnaldo Santana, e minha irmã, Belkis Olson-Handras. Eles me forneceram amor, compreensão, compaixão e orientação; juntos, encontramos e construímos o sonho americano. Como costuma ser com filhos, os meus quatro – Rio, Caila, Dante e Mia – vieram em momentos essenciais da minha vida e me inspiraram a ser a melhor pessoa que posso ser. Tenho dedicado a minha vida a eles e espero que este livro sirva como um símbolo e um lembrete para eles do que é possível alcançar por meio do trabalho árduo. Os filhos precisam de muito amor de seus pais, e eu seria negligente em não agradecer Annie Aponte por seu maravilhoso papel na educação do Rio, e a Debbie Santana por seu amor e atenção à Caila, Dante e Mia. À minha família ampliada (Moni, Eric, Lee e todos os meus primos, tias e tios), obrigado pelo apoio e por fazerem de todas as férias memoráveis reuniões familiares. Amo todos vocês.

Meus treinadores e professores – Anthony Abbott, Julia George, Sue Graves, Andy Siegel e Michael Whitehurst, citando apenas alguns – foram essenciais no meu desenvolvimento constante e só posso esperar que eu tenha um impacto semelhante em meus alunos e atletas. Muito obrigado a meus queridos amigos Mark Bagg, Pierro Busani, Steve Cannavale, Rocky DePhilipo, Guy Fitzpatrick, Scott Goodpaster, Jeff Harpster, Mark Meade, Roly Ortega, Barry Pavel, Scott Smith, Kado Tundisi e Dave Woynarowski, citando apenas alguns, por serem referências, pontos de luz mesmo em meus dias mais difíceis. Gostaria também de homenagear algumas pessoas que considero gigantes no mundo do condicionamento físico, força, condicionamento e medicina – Anthony Abbott, Joey Antonio, Tudor Bompa, Lee Brown, Gary Gray, Doug Kalman, William Kraemer e Stu McGill, para citar apenas alguns dentro de um grupo muito grande. Tenho orgulho de chamar essas pessoas de amigos e colegas.

Como este livro é sobre treinamento funcional, eu seria negligente se não fizesse um agradecimento especial a Gary Gray, o eminente líder da nossa moderna revolução do treinamento funcional. Os ensinamentos de Gary ajudaram a me tornar o profissional que sou hoje, e seus ensinamentos e sabedoria estão entrelaçados nas páginas deste livro. Nenhum livro sobre treinamento funcional pode ser completo sem reconhecer a visão de Chris Poirier e *Perform better*. Foi ideia do Chris educar o mundo do condicionamento físico em relação ao treinamento funcional. Com sua influente obra *Perform better*, ele lançou a mais longa turnê de treinamento funcional da história do *fitness*. Foi uma honra para mim começar essa turnê com Chris e *Perform better* em 1997 e ainda estar associado a eles na atualidade.

Minha mais profunda gratidão vai para minha família do Institute of Human Performance (IHP) pelo seu amor e apoio ao que antes era apenas um sonho. Para eles eu digo: "Nós fizemos isso. Criamos o melhor centro de treinamento do planeta; o que criamos é maior do que qualquer pessoa e é realmente incrível!". A família IHP é composta por *todos* os membros e funcionários que passaram por nossas portas e nos abençoaram com seus dons e apoio. Em relação à redação deste livro, nossa equipe principal é composta por Rio, Lily, Pieri, Grif, Adam, Gabe, Scott, Marc, Pedro, Tamara, Jenna, Georgia e todos os maravilhosos estagiários que fazem da IHP o seu centro de treinamento. Um grande agradecimento a todos os nossos modelos do IHP: Tamara Estevez, Pedra Penaherrera, Gabriel Saavedra, Marc Saint-Preux, Rio Santana, Jared Stan e Jenna Worswick. Os representantes internacionais do IHP também devem ser reconhecidos por sua fé no instituto e pela sua vontade de levar a nossa mensagem além de nossas fronteiras. Estes representantes internacionais – Justo e Marisa Aon, Connie Beaulieu, Fernando Jaeger, Luis Noya, Ruben Payan, Eduardo e Kimberly Poveda e Joel Praskowitz – contribuíram para o lançamento global da família IHP. Juntos, fizemos do IHP uma marca mundial. Obrigado.

Por fim, quero agradecer a uma pessoa muito especial em minha vida, Jessica "Chuli" Lozano, por seu papel na minha evolução pessoal e espiritual.

Introdução

Durante as duas últimas décadas, os métodos de treinamento e condicionamento evoluíram em um ritmo alucinante. Os recordes mundiais caíram, os tempos de reabilitação foram praticamente reduzidos pela metade, e os atletas de 40 anos agora estão competindo em esportes profissionais, que outrora eram dominados por atletas mais jovens. Mesmo os atletas de fim de semana estão competindo em níveis antes considerados profissionais. O que tornou possível esta rápida melhora? A nutrição e o treinamento de habilidades certamente desempenharam um papel enorme nas drásticas melhorias que vemos na área do esporte. No entanto, as maiores mudanças ocorreram no treinamento. Se você olhar para dieta, suplementos e treinamento de habilidades, o básico ainda é o mesmo. No entanto, quando se trata de treinamento, a quantidade de novas informações está chegando tão rápido que as pesquisas e a formação tradicional não são capazes de acompanhar o ritmo. Nunca em nossa história tivemos tantas opções de exercícios, equipamentos e abordagens de treinamento.

Uma das filosofias de treinamento mais populares em evolução nos últimos 25 anos é o treinamento funcional. Embora uma definição única ainda não tenha sido universalmente aceita, o treinamento funcional desenvolve a força funcional específica para uma determinada atividade. Até recentemente, treinadores e técnicos profissionais eram as únicas pessoas que tinham acesso a recursos educacionais que explicavam os métodos do treinamento funcional. As conferências e seminários, DVDs e livros sobre condicionamento físico eram as únicas maneiras pelas quais se podia aprender sobre o treinamento funcional a partir de um profissional experiente. No entanto, nos últimos 15 anos, a filosofia do treinamento funcional evoluiu para algo completamente diferente. Se você pegar qualquer revista popular, vai encontrar uma grande quantidade de exercícios e programas de treinamento funcional. Passe 1 hora no YouTube ou no Facebook e você assistirá a centenas de exercícios que dizem se tratar de treinamento funcional. O único problema com todas essas informações da imprensa popular e da internet é que muitos dos ditos especialistas que escrevem esses artigos e postam esses vídeos têm currículos básicos na área e na ciência do exercício relacionada com o treinamento funcional. Em alguns casos, as únicas qualificações são páginas ativas no Facebook e no Twitter e milhares de acessos no YouTube.

A evolução moderna do treinamento funcional é fascinante. Em minha vida, testemunhei o processo de preparação física passar por uma metamorfose que rivaliza com as sequências do filme *Rocky – um lutador*. Passamos de um treinamento puramente funcional e específico do esporte a caros aparelhos de treinamento. Ao mesmo tempo, nossa cultura passou de preferir um visual atlético e esguio a celebrar fenômenos da velocidade repletos de músculos. Esses dois mundos separados do desempenho e cultura continuam interagindo e influenciando a maneira como os livros, como este, são escritos.

Antigamente tudo era funcional e todo o treinamento era funcional. Se você era um atleta em um esporte que não exigia muita força, mas exigia muita habilidade (p. ex., tênis, golfe, natação), você praticava o seu esporte até que fosse melhor do que todo mundo. Mesmo que praticasse um esporte que exigisse muita força (p. ex., lançador do atletismo, jogador de futebol americano, boxeador peso pesado), você simplesmente fazia algum treinamento de força na baixa temporada ou rachava uma pilha de lenha com um machado pesado em preparação para uma luta.

Quando eu era um jovem no final dos anos 1960 e início dos 70, não havia aparelhos de alta tecnologia. Adorávamos os grandes atletas como Babe Ruth e Joe Lewis. Fomos ensinados que esses artistas *low-tech* e alto quilate tinham nascido atléticos, e que o árduo trabalho das habilidades havia forjado o atleta. O treinamento de força e condicionamento desses atletas era mínimo pela maioria dos padrões e muito orientado à habilidade. Por exemplo, Babe Ruth não era conhecido por treinar muito, mas suas realizações são gravadas em pedra. Joe Lewis não fazia nada fora do comum para se preparar para as lutas, mas seu espírito guerreiro o levou aos livros de história.

Muito do que cresci fazendo como um jovem artista marcial foi o que hoje chamamos de *treinamento funcional*. As personalidades *fitness* populares da minha época, como Jack LaLanne e Bruce Lee, defendiam uma abordagem funcional ao treinamento que envolvia principalmente exercícios calistênicos e aeróbicos comuns (correr em várias superfícies e pular corda). Jack LaLanne se preparou para suas famosas nadadas puxando barcos ao nadar. Bruce Lee se preparou para o seu famoso soco de 1 polegada (3 cm) fazendo flexão sobre dois dedos de um braço.

À medida que os tempos mudavam e a tecnologia também, o treinamento funcional assumiu um papel secundário em relação aos métodos de fisiculturismo mais populares da década de 1980. A era de Arnold Schwarzenegger e da musculação deu origem a novos métodos de preparação física. O treinamento durante esse período consistiu principalmente no treinamento de força tradicional, com o treinamento funcional assumindo um papel secundário. Embora os sistemas de treinamento funcional nunca tenham morrido completamente, eram difíceis de encontrar. A abordagem do fisiculturismo foi usada para se preparar para esportes, e as salas de musculação em todo o mundo aumentaram o estoque de anilhas. Durante aquela época, os atletas de todos os esportes evoluíram. A indescritível defesa do Miami Dolphins de 1972 deu lugar à cortina de aço do Pittsburgh Steelers, a forma de Rocky Marciano deu lugar à estatura de George Foreman e Evander Holyfield, e Jesse Owens foi transformado em Ben Johnson.

O choque entre a velocidade especializada necessária para um melhor desempenho e os físicos maiores criados pelo treinamento dominado pelo fisiculturismo foram problemáticos para muitos esportes. Lesões começaram a atormentar a arena esportiva, e muitos atletas sentiram que seus desempenhos foram comprometidos pelos músculos adicionais que o fisiculturismo produziu. Alguns esportes dominados pela habilidade começaram a se esquivar da musculação, e a demanda por métodos de treinamento alternativos que poderiam reabilitar lesões e melhorar o desempenho sem produzir músculos trouxe o treinamento funcional de volta ao centro das atenções. A década de 1990 e os primeiros anos do novo milênio viram uma explosão no treinamento funcional. Por exemplo, Evander Holyfield ganhou quase 18 kg de músculo sólido treinando com Lee Haney e Dr. Hatfield. Esse aumento maciço foi acompanhado por um aumento na velocidade, agilidade e rapidez graças ao treinamento funcional prestado por Tim Hallmark.

Mesmo no pequeno círculo de pioneiros do treinamento funcional, muitas teorias e práticas mudaram. Métodos de treinamento funcional tido como eficazes há 20 anos agora raramente são utilizados, e métodos de treinamento considerados desatualizados e ineficazes agora tomam o centro do palco. Testemunhamos esta evolução em primeira mão em nossa unidade de treinamento, o Institute of Human Performance (IHP). Nos últimos 14 anos, vimos irem e virem linhas de equipamentos, acessórios, aparelhos e métodos revolucionários. Se eu tivesse que resumir os últimos 15 anos, eu diria isso: estamos de volta ao básico!

Hoje, é difícil encontrar um atleta ou técnico de força e condicionamento que não pretenda usar o treinamento funcional. Embora o termo *treinamento funcional* já tenha sido usado por pioneiros da terapia e *fitness* por muitas décadas, foi popularizado pela mídia nos anos de 1990 e sua popularidade tem crescido desde então. Ainda me lembro da minha primeira entrevista ao *Men's Journal* falando sobre o tema. Pediram-me um exercício funcional e mostrei-lhes o alcance anterior unipodal que Gary Gray havia me mostrado alguns meses antes. Essa edição foi publicada em 1998, e desde então quase todas as grandes revistas me contataram para fornecer-lhes exercícios e protocolos de treinamento funcional. Foi o início da comercialização do treinamento funcional!

A comercialização do treinamento funcional foi coberta e aumentada, como se diz no *poker*. Em razão da internet e publicidade, o que originalmente era uma revolução baseada na prática legítima tornou-se uma explosão de confusão e perícia anunciada. Facebook, YouTube e Twitter criaram especialistas da internet, autores de *e-books* e produtores de vídeos iMovie. Você pode entrar no YouTube e assistir a horas de algo que dizem ser *treinamento funcional*, mas você não vai ver nada mais do que exercícios que podem qualificar-se como divertidos números circenses, na sua maioria ineficazes e muitas vezes perigosos. Mesmo conferências nacionais, que antes analisavam extensivamente todos os palestrantes, agora convidam pessoas que têm milhares de seguidores no Facebook, mas pouca experiência ou educação formal. Chegamos à era da confusão, em que todo mundo é especialista, tudo é funcional, e ninguém sabe onde os mitos começaram.

Este livro é uma tentativa de fornecer alguma clareza onde parece haver pouca. Fornecemos referências científicas quando necessário, mas o mais importante é fornecer uma abordagem lógica à função e ao treinamento funcional. Nós não queremos que você acredite no que estamos propondo; queremos que você saiba que é assim porque faz muito sentido!

Esta obra traz definições atualizadas do treinamento funcional, avanços na área, exercícios específicos e programas de treinamento voltados ao esporte. Seus conceitos e métodos de treinamento são seguros, eficazes e cientificamente sólidos. Embora os conceitos sejam sofisticados, eles são apresentados de uma maneira direta que qualquer treinador, técnico, terapeuta, atleta ou pai vai entender. O livro é simples o suficiente para ser entendido por atletas do ensino médio e seus pais, mas sofisticado e eficaz o suficiente para ser de interesse para *personal trainers* e profissionais em treinamento de força.

A organização desta obra segue um caminho lógico para fornecer uma compreensão básica, mas abrangente, deste tema tão em alta. O livro é dividido em três partes. A Parte I fornece um histórico do treinamento de força, juntamente com definições dos elementos-chave da função e treinamento funcional. O Capítulo 1 começa com uma breve história da indústria do condicionamento físico e do treinamento funcional. Em seguida, fornece definições práticas da *função* e do *treinamento funcional*. A discussão prossegue com as razões lógicas e científicas pelas quais o treinamento funcional é eficaz e fornece algumas aplicações de melhores práticas. O capítulo conclui revendo os equipamentos populares usados em academias, em casa, em parques e ao viajar.

O Capítulo 2 aborda as habilidades básicas de movimento na maior parte dos esportes e explica como o corpo é projetado para essas habilidades. A discussão então se volta ao treinamento no octógono e como basear um sistema de treinamento funcional atlético neste modelo de treinamento. Em seguida, uma discussão sobre o ambiente operacional do esporte e como as qualidades físicas desse ambiente afetam o movimento e o treinamento funcional. O capítulo conclui explicando como o corpo usa os estímulos neurais do mundo físico e de seu próprio movimento para criar sequências de movimento eficientes e coordenadas.

O Capítulo 3 apresenta o *continuum* do desempenho, uma estratégia simples para guiá-lo ao longo do processo de iniciar o treinamento funcional e progredir com base em movimentos bem-sucedidos e controlados. Esse capítulo também descreve algumas técnicas simples para manipular a intensidade dos exercícios funcionais para que eles correspondam à habilidade do atleta.

A Parte II aborda as modalidades funcionais e os exercícios funcionais mais úteis dentro de cada modalidade. O Capítulo 4 inclui exercícios que usam o peso corporal, elásticos e polias, halteres e *kettlebells*. O Capítulo 5 adiciona exercícios que usam *medicine balls*, bolas suíças e novos acessórios de treinamento, e inclui até mesmo exercícios de força tradicionais. Descreve as vantagens de cada modalidade e dá instruções para os exercícios mais populares.

A Parte III discute os fundamentos da seleção, programação e periodização dos exercícios e fornece programas de exemplo para esportes comuns. O Capítulo 6 discute os elementos fundamentais da concepção e da periodização conforme eles se relacionam com o treinamento funcional e o desenvolvimento de força. Os programas de treinamento funcional para os quatro principais ciclos de periodização são apresentados em forma de modelo para facilitar a substituição dos exercícios. O Capítulo 7 fornece estratégias para integrar o treinamento funcional a programas de força tradicionais. Amostras de programas de força híbridos também são fornecidos.

O Capítulo 8 expande os princípios da programação introduzidos no Capítulo 7 e descreve o funcionamento do Sistema de Treinamento Híbrido do IHP, o *Three-Tier Integration System* (3TIS). Você verá como o 3TIS integra exercícios funcionais ao modelo de treinamento tradicional, oferecendo a programação de treinamento mais poderosa disponível na atualidade. O aquecimento, o treino e o alongamento funcionais são ilustrados para guiá-lo na elaboração de programas semanais e mensais. O capítulo conclui com vários exemplos de exercícios que podem ser usados imediatamente.

O Capítulo 9 fornece 11 programas para as principais categorias desportivas. Essas categorias consideram esportes que são semelhantes em biomecânica e sistemas de energia. Para fácil referência e consistência, os exercícios nesses programas vêm dos exercícios fornecidos previamente na Parte II.

Sobre o autor

Juan Carlos Santana, MEd, CSCS, é fundador e diretor do Institute of Human Performance (IHP) em Boca Raton, Flórida. O IHP tem sido reconhecido como uma das melhores instituições de treinamento do mundo e uma das melhores instituições de treinamento do *core* nos Estados Unidos.

Santana integra os programas de força e condicionamento de várias equipes esportivas da Florida Atlantic University (FAU) há duas décadas. Ele é o responsável pelos programas de força e condicionamento para o basquete masculino, *cross-country* masculino e feminino, atletismo, voleibol feminino, e natação masculina e feminina.

É membro e especialista em fortalecimento e condicionamento certificado com distinção (CSCS) e associado (NSCAF) da National Strength and Conditioning Association (NSCA). Santana também é membro e instrutor de condicionamento certificado pela American College of Sports Medicine (ACSM). Além disso, é treinador sênior certificado e instrutor de treinamento de clubes com a equipe de levantamento de peso dos EUA e treinador de nível I do atletismo norte-americano.

Santana atualmente faz parte do Conselho de Administração da NSCA e trabalhou por 10 anos como editor de condicionamento específico ao esporte para o *NSCA Journal*. Suas responsabilidades profissionais incluíram ser vice-presidente da NSCA, presidente da *NSCA Coaches Conference*, membro do NSCA Conference Committee e diretor estadual da NSCA na Flórida. Como professor universitário, ele ensinou força e condicionamento para o atleta de combate, sistemas de treinamento esportivo e treinamento de força na FAU. Ele é graduado pela FAU com bacharelado e mestrado em ciência do exercício, e foi o primeiro graduado do departamento de ciência do exercício da FAU a receber o prestigiado prêmio *Alumni of the Year* em 2012. Santana está envolvido em vários estudos de pesquisa em andamento com várias universidades.

Fundado em 2001, o IHP oferece um ambiente de treinamento incomparável para atletas de elite, incluindo atletas olímpicos de uma variedade de esportes; campeões mundiais de tênis; jogadores da NFL, NHL e MLB; lutadores brasileiros campeões mundiais de jiu-jitsu e de artes marciais mistas; diversas equipes da primeira divisão da NCAA; e centenas de equipes adolescentes ranqueadas de uma vasta área de modalidades esportivas.

Para saber mais sobre o treinamento de atletas do IHP, produtos e programas de treinamento contínuo e treinamento funcional para profissionais, visite www.ihpfit.com ou www.ihpuniversity.com. Para obter mais informações sobre equipamentos de treinamento funcional, visite o site da *IHP Perform Better* em www.performbetter.com.

Sobre o revisor técnico da edição brasileira

Fernando Jaeger graduou-se em educação física pela Montclair State University, nos EUA, e especializou-se em treinamento funcional pelo Institute of Human Performance (IHP) de Juan Carlos Santana, na Flórida – EUA.

Ele é o representante brasileiro da metodologia do treinamento funcional do IHP e diretor técnico da academia Competition/IHP em São Paulo. É Technogym Master Coach e membro da National Strength and Conditioning Association (NSCA). Foi *personal trainer* das redes americanas YMCA-NY, LA Fitness e Crunch.

Jaeger também é consultor das revistas *Men's Health* e *Women's Health*, e faixa preta 3º Dan da World Taekwondo Federation.

Há quase dez anos, tive contato com uma das mais brilhantes metodologias de treinamento funcional do mundo. Por meio do Institute of Human Performance (IHP), adquiri o discernimento necessário para organizar o treinamento de todos os tipos de clientes e atletas – amadores e profissionais, iniciantes e avançados –, respeitando os níveis de condicionamento físico de cada um. O IHP está localizado no sul da Flórida, EUA, base de Juan Carlos Santana.

Esta obra apresenta mais de 25 anos de experiência reunidos em pouco mais de 260 páginas. Espero que a metodologia do autor apresentada nesta obra influencie positivamente os profissionais de educação física e ciências do esporte, da mesma forma que influenciou a minha carreira.

Não ter apego a nenhum tipo de equipamento e ser consciente sobre o que será feito são fatores fundamentais no entendimento deste trabalho. Além de analisar movimentos, eleger progressões, respeitar a individualidade biológica de cada indivíduo e principalmente entender que somos o resultado daquilo que fazemos repetidamente todos os dias na nossa vida (aspectos físico, mental e profissional).

Com sentimento de gratidão pela oportunidade de participar deste projeto, em um mundo no qual poucos querem *aprender* e muitos querem *fazer*, dedico a revisão técnica e todo o meu aprendizado ao mestre Santana.

Bons treinos e grande abraço.

Fernando Jaeger
Diretor técnico do IHP Brasil

PARTE I

FUNÇÃO E TREINAMENTO FUNCIONAL

CAPÍTULO

1

Definição de treinamento funcional

O *treinamento funcional* explodiu na área há 20 anos. Contudo, o termo ainda é usado apenas para descrever todo treinamento que não é o fisiculturismo. Este capítulo estabelece as bases para este método de treinamento, fornecendo definições básicas e conceitos aplicados. A abordagem utilizada neste primeiro capítulo melhorará a compreensão sobre o que é treinamento funcional e como usá-lo para melhorar o desempenho.

O que é força funcional?

O treinamento de força tem sido debatido tão calorosamente quanto qualquer outro assunto da área de força e condicionamento. Uma razão para a discussão acalorada é que existem vários tipos de força e várias maneiras de avaliá-la. Em seguida, vamos dar uma olhada em cada tipo.

A *força absoluta* é o tipo mais comum de força citado pelas pessoas. Ela é a maior quantidade de peso que um atleta pode levantar. Às vezes, força absoluta é o que você almeja. Por exemplo, os competidores de halterofilismo precisam da máxima força absoluta em todos os seus levantamentos para ter sucesso em uma competição.

A *força relativa* é a força absoluta de um atleta dividida pelo peso corporal, e também é uma forma popular de força no cenário atlético. A força relativa é a origem do termo *libra por libra*. Esse tipo de força é crucial para os atletas que competem em esportes cujas categorias são determinadas pelo peso corporal. A pessoa mais forte em uma categoria de peso tem a superioridade de força que todo atleta busca.

A *força funcional* é a quantidade de força que um atleta pode usar no campo, e é a força mais importante a ser desenvolvida nos esportes que não estão relacionados com o levantamento de peso. No entanto, pode ser um desafio treinar, monitorar e informar sobre a força funcional. O treinamento funcional é popular no mundo dos esportes e, obviamente, visa ao desenvolvimento de força funcional, embora muitas vezes seja confundido com um treinamento específico para o esporte.

O treinamento específico para o esporte inclui muitos exercícios que são apropriados durante a fase final do treinamento em que é desenvolvida a força específica. Ele tenta ensaiar a habilidade do esporte com alguma resistência leve. Exemplos de exercícios específicos para o esporte incluem correr com a resistência de um elástico, empurrar um trenó bloqueado e girar um taco pesado. O treinamento funcional, por outro lado, foca na aplicação da força funcional a uma habilidade esportiva (i. e., a coordenação de vários sistemas musculares), não necessariamente a habilidade esportiva em si. Por exemplo, uma ponte unipodal sobre uma bola suíça ou *fitball* melhora a corrida ao aprimorar a extensão de quadril, mas não envolve a corrida da maneira como a corrida resistida a realiza. De maneira semelhante, um elástico ou polia pode desenvolver o padrão de geração de força associado ao bloqueio sem efetivamente bater no trenó bloqueado. Por fim, as rotações com elásticos curtos e os movimentos feitos no cabo em diagonal de baixo para cima desenvolvem a potência do quadril e a rigidez do *core* necessárias para a velocidade da rebatida, mas não apresentam o movimento completo de rebatida. Em essência, a força funcional possibilita que um atleta aplique força a uma habilidade esportiva. É a melhor e mais progressiva maneira de melhorar o desempenho atlético sem efetivamente realizar um exercício ou habilidade específica do esporte.

Quase todos os treinadores de força e condicionamento agora afirmam fazer treinamento funcional. No entanto, é difícil encontrar profissionais de força qualificados que sejam bem especializados neste método de treinamento.

O único inconveniente da força funcional é que ela é treinada e avaliada em relação à qualidade do movimento, não com uma carga ou número. Considerando que um levantamento (p. ex., supino com barra) seja realizado com uma carga específica e tenha um número para avaliar a força, um exercício de alcance anterior contralateral unipodal utiliza certa qualidade de movimento e carga de treinamento leve para desenvolver e avaliar a estabilidade unipodal. A natureza subjetiva da força funcional representa um desafio ao desenvolvimento de programas de treinamento funcional e à informação do desenvolvimento desse tipo de força funcional.

Por que treinamento funcional?

O treinamento funcional tornou-se um assunto importante e uma abordagem de treinamento popular. Apesar da falta de pesquisas específicas ou definições claras e uma razoável parcela de controvérsia em torno de seus métodos, o treinamento funcional está em toda parte. Dezenas de livros sobre o tema foram escritos, e não se participa de uma conferência de condicionamento físico nem se vai a um campo de treinamento esportivo sem ver a revolução do treinamento funcional. Então, o que torna esse método de treinamento tão eficaz e popular? As respostas são simples e serão discutidas nesta seção.

Pouco espaço, pouco equipamento e pouco tempo

Quase todas as academias tradicionais contêm milhares de metros quadrados cheios de centenas de equipamentos que custam muito caro. Em contraste, as academias de treinamento funcional têm muito espaço com apenas alguns equipamentos básicos em torno do lugar. O treinamento funcional tem a ver com movimento, não com equipamento. Portanto, um conjunto de halteres, algumas *medicine balls*, alguns obstáculos, alguns elásticos e algumas bolas suíças podem levar qualquer pessoa a converter uma sala, um estacionamento ou um campo de futebol em uma área de treinamento funcional. O baixo custo dos equipamentos é outra grande vantagem do treinamento funcional. Com um investimento baixo e um saco de ginástica, um treinador pode treinar um único atleta ou uma equipe inteira em qualquer lugar, a qualquer momento.

O tempo é tão escasso quanto o dinheiro atualmente; todos têm agenda lotada e cronogramas apertados. Portanto, ser capaz de treinar em qualquer lugar e a qualquer momento possibilita que o atleta e o treinador sejam efetivos onde muitos não conseguem ser. Os circuitos de treinamento funcional são extremamente efetivos para manter um atleta ou uma equipe inteira em ótima forma, especialmente na temporada e durante as viagens. Por exemplo, é possível usar os 15 a 40 minutos gastos viajando e gastá-los treinando em qualquer lugar. Pode-se realizar 15 a 20 minutos de treinamento em equipe e individual em um estacionamento, corredor do dormitório, ginásio ou quarto de hotel em qualquer hora do dia ou da noite. (Ver Caps. 7, 8 e 9 para obter exemplos desses programas.)

Força sem tamanho

Uma grande característica da adaptação neuromuscular é que é possível ficar mais forte sem ficar maior ou mais pesado. Essa é uma grande vantagem para os atletas que praticam esportes cujas categorias são determinadas pelo peso ou esportes em que o ganho de peso pode ser uma desvantagem. A coordenação entre músculos e sistemas musculares também possibilita que o corpo distribua a carga por inúmeros sistemas musculares. Essa distribuição de trabalho cria menos estresse em um músculo em particular, reduzindo a necessidade de um músculo específico se adaptar e ficar maior. Com o treinamento funcional, nenhum músculo solitário "grita"; em vez disso, todo o corpo "canta". Essa é a essência do atletismo.

Benefícios no desempenho

Considerando os benefícios do treinamento funcional, bem como a sua filosofia voltada à especificidade, não é preciso uma imaginação fértil para descobrir seus benefícios. O treinamento funcional pode focar e melhorar qualquer habilidade esportiva. O agachamento unipodal que aborda a locomoção ensina os posteriores da coxa e os glúteos a estenderem os quadris e estabilizarem o corpo, aumentando a velocidade de corrida e a capacidade de troca de direção em esportes de campo, além de melhorar o salto em uma perna nos esportes de quadra. Os exercícios de mudança de nível que visam ao salto e ao levantamento melhoram a altura do salto vertical bipodal, bem como a mecânica de levantamento. Os exercícios de puxar e empurrar melhoram o soco, o ato de empurrar, o nado e o arremesso. Por fim, os exercícios de rotação melhoram o balanço, as mudanças de direção e a produção de energia rotacional.

Mitos sobre o treinamento funcional

Parte da controvérsia e confusão em torno do treinamento funcional decorre da deturpação do que é treinamento funcional. Há uma linha tênue entre um exercício que é efetivo e um exercício que é ótimo, e é preciso manter a terminologia consistente. Ao final de tudo, o princípio da especificidade possibilita descobrir o que é treinamento funcional e o que não é. A seguir, serão revistos alguns dos conceitos que foram deturpados durante a evolução do treinamento funcional.

Efetivo *versus* ideal

Para simplificar o conceito de treinamento funcional, deve-se primeiro observar a diferença entre treinamento efetivo e treinamento ideal (funcional). O treinamento pode ser efetivo sem ter uma transferência ideal (i. e., sem ser funcional). Por exemplo, um jogador de basquete iniciante pode usar extensões de joelho e flexões de perna para melhorar em algum grau a corrida e o salto. Esses dois exercícios tradicionais podem ser eficazes em melhorar a força geral do atleta necessária para correr e saltar, mas não serão tão eficazes como os exercícios unipodais usados em um modelo de treinamento mais abrangente e progressivo, como um modelo de treinamento de desenvolvimento em três estágios, que desenvolve progressivamente a força geral, especial e específica. Por exemplo, se um atleta de corrida organiza o treinamento de maneira progressiva em três estágios, a força geral costuma ser desenvolvida com exercícios de força tradicionais, como agachamentos, *leg press* e *power clean*. A força especial é frequentemente desenvolvida por exercícios funcionais que mais se assemelham à atividade-alvo, como alcance contralateral unipodal, agachamentos unipodais e pontes unipodais na bola suíça. Pode-se, então, desenvolver força específica com exercícios de corrida resistidos, corridas em subidas e outras formas de corrida resistida. Embora essa seja uma simplificação excessiva do modelo de três estágios, ela fornece

Parte I Função e treinamento funcional

uma visão ilustrativa de como o treinamento se torna mais específico ou funcional com o passar do tempo. *O treinamento funcional é impulsionado pelo conceito de especificidade.* Exercícios unipodais são mais específicos para correr e saltar em uma única perna que os exercícios bipodais. Portanto, são funcionais para qualquer atividade unipodal, como um jogador de basquete ao trocar de direção e saltar em uma perna só para a bandeja.

Nem toda propriocepção é igual

Um termo importante que progrediu na tendência atual é *propriocepção*, ou como o corpo lê as informações das várias partes do corpo e do ambiente. Essa informação (ou seja, *feedback* proprioceptivo) é a linguagem que o sistema nervoso usa para descobrir o que está acontecendo com o corpo e qual movimento fazer em seguida. Acredita-se que o treinamento funcional produz mais *feedback* proprioceptivo (ou seja, informações significativas) que os exercícios de musculação. Por exemplo, a flexão de perna usa uma posição sentada e um padrão fixo de movimento: não é necessária muita informação para realizar o exercício. Por outro lado, sua contrapartida funcional, o avanço em progressão, requer maior coordenação entre os grandes sistemas musculares da face posterior dos quadris e utiliza os grupos musculares relacionados de uma maneira mais consistente com o movimento de corrida (i. e., ensina os posteriores da coxa a estender os quadris enquanto controla a flexão de joelho). Essa complexa coordenação requer mais *feedback* proprioceptivo entre o sistema muscular e o sistema nervoso central. Assim, a cadeira flexora é menos enriquecedora do ponto de vista proprioceptivo que o exercício de avanço em progressão, porque a cadeira flexora estabiliza o movimento e requer menos *feedback* proprioceptivo que o exercício de avanço em progressão, que não é estabilizado por nenhum mecanismo externo. Coincidentemente, é essa a origem do conceito de treinamento não estabilizado, ou treinamento de estabilidade; o exercício de avanço em progressão ocorre em um ambiente não estabilizado, exigindo que o corpo desenvolva estabilidade para realizar o movimento corretamente.

O fato de uma grande quantidade de informação neural (propriocepção) estar sendo processada não significa que essa informação seja significativa. *A linguagem neural do treinamento funcional precisa ser específica da habilidade atlética que se busca.* Se uma habilidade atlética requer a transferência de forças elevadas do solo para um instrumento (p. ex., um taco) por meio de segmentos corporais rígidos, então essa linguagem proprioceptiva deve fazer parte do treinamento funcional para que o desempenho seja melhorado.

Equilíbrio *versus* estabilidade

O treinamento de equilíbrio não deve ser confundido com o treinamento de estabilidade. Ambientes de treinamento instáveis são um dos principais tópicos de discussão do treinamento funcional. Por essa razão, este tópico será abordado de maneira um pouco mais abrangente que os outros, começando com algumas definições e seguindo com a discussão.

Como substantivo, *equilíbrio* significa a estabilidade produzida pela distribuição uniforme do peso em cada lado do eixo vertical. Como verbo, significa produzir um estado de equilíbrio (um estado de equilíbrio entre forças opostas).

A *estabilidade* é a qualidade, estado ou grau de estar estável, como descrito a seguir:

i. A força para ficar em pé ou suportar; firmeza.
ii. Propriedade de um corpo que, quando perturbado de uma condição de equilíbrio ou movimento constante, o faz desenvolver forças ou momentos que restaurem a condição original.
iii. Contrapeso entre elementos contrastantes, opostos ou em interação para resistir às forças que tendem a causar o movimento ou mudança de movimento.
iv. Projetado de modo a desenvolver forças que restauram a condição original quando perturbado de uma condição de equilíbrio.

Em termos práticos, o equilíbrio é o ato de manipular forças opostas para criar um estado estável sobre uma base de apoio. A estabilidade é o controle do movimento indesejado a fim de restaurar ou manter uma posição. O equilíbrio geralmente requer baixas transferências de força para manter o equilíbrio, enquanto a estabilidade geralmente requer altas transferências de força para criar rigidez. O melhor exemplo visual da estabilidade e do equilíbrio é uma pirâmide (Fig. 1.1).

Como é possível notar, a pirâmide estável pode resistir a qualquer força dirigida contra o seu sistema: é forte e equilibrada. A pirâmide equilibrada não pode receber nenhuma força além daquela que passa pelo seu eixo vertical. Pensando no corpo como uma pirâmide orgânica que responde à carga progressiva multidirecional ficando maior e melhor em manter a estabilidade, então deve-se treiná-lo enquanto ele está se equilibrando em sua base, e não em sua ponta. Quando a pirâmide está se equilibrando em sua ponta, simplesmente não é possível colocar carga suficiente nela para criar alguma adaptação significativa.

Não há nada que possa ser feito a partir de uma posição equilibrada instável (p. ex., um equilíbrio unipodal) exceto permanecer ali, equilibrar-se e esperar para ser empurrado por um objeto em movimento rápido. Os atletas não são capazes de transferir forças de cima ou manter sua posição diante do contato físico tendo uma base de apoio estreita ou pequena; eles estão à mercê das forças físicas do ambiente (p. ex., outro atleta entrando em contato físico). Isso é especialmente verdadeiro durante condições estáticas em que os atletas não podem usar o impulso e a inércia para ajudar a manter o controle dinâmico.

O treinamento funcional *deve* focar na criação de estabilidade (i. e., alta rigidez) de modo que as posições atléticas apropriadas possam ser mantidas e as forças possam ser transferidas por meio da cadeia cinética. Isso significa que primeiro ele deve treinar o *core* em um estado estável para ser tão rígido (firme) quanto possível e, em seguida, deixá-lo mover-se conforme a necessidade.

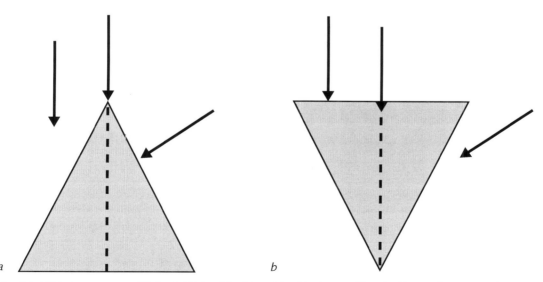

Figura 1.1 Estabilidade *versus* equilíbrio: *(a)* Esta pirâmide está estável e equilibrada. Forças de cima podem ser aplicadas sobre ela sem alterar sua posição – certamente uma qualidade que se quer em um atleta. *(b)* Esta pirâmide está equilibrada, mas não é estável. A menor força irá derrubá-la – uma qualidade não desejável em um atleta.

Equipamentos populares de treinamento funcional

Nas duas últimas décadas, a variedade de equipamentos de treinamento funcional no mercado tem crescido a ponto de tornar desanimadora a tarefa de descobrir o que comprar e como usar. Embora usar uma variedade de equipamentos possa adicionar diversidade ao treinamento, bem como um fator divertido, a maior parte do trabalho essencial pode ser feito com equipamentos simples. Não há nenhuma necessidade de materiais extravagantes se você tiver o conhecimento correto; afinal, o melhor equipamento de treinamento funcional é o corpo humano. O equipamento básico discutido nesta seção possibilitará que os atletas apliquem os poderosos princípios do treinamento funcional para permanecer em forma durante o intervalo de temporada ou adicionar um componente de treinamento funcional a um treino de resistência já existente.

Halteres

Podem ser usados halteres para impor carga a praticamente qualquer movimento funcional que se possa imaginar (Fig. 1.2). É por isso que eles são os primeiros da lista. Os halteres fornecem liberdade de movimento, exigindo, assim, a estabilização de cada membro, o que aborda os desequilíbrios na força da parte superior do corpo. A velocidade e a carga no treinamento funcional podem variar de lentas e pesadas a explosivas e leves, abrangendo todos os estágios de desenvolvimento do treinamento de força e potência.

Os halteres se apresentam em uma variedade de modelos, de pesos fixos a modelos selecionáveis e ajustáveis. Se há muito espaço disponível e busca-se treinar mais de uma pessoa por vez, um raque de halteres de peso fixo é a melhor opção. Para a maioria das pessoas, os exercícios de treinamento funcional não usam grandes halteres, de modo que um raque com pesos de 2 a 23 kg servirá para qualquer pessoa. Se a opção for por um modelo de peso ajustável, pode-se escolher ou adicionar o peso desejado. Um jogo de halteres de 16 a 20 kg será suficiente.

Figura 1.2 Halteres.

Elásticos e polias

O próximo tipo de equipamento que deve constar em um treinamento funcional é um bom conjunto de elásticos ou polias (Fig. 1.3). Os elásticos e as polias são essenciais porque são a única maneira de fornecer resistência em um sentido horizontal ou diagonal. Em razão da sua capacidade de carga não vertical, elas se adequam perfeitamente para fornecer resistência a exercícios em pé – como diagonais, "puxadas e empurradas", levantamentos-terra e avanços – de uma maneira que nenhum outro equipamento é capaz. Variações de exercício de um braço também podem abordar desequilíbrios de força entre os lados direito e esquerdo do corpo.

Os elásticos são mais versáteis que as polias porque podem ser usados em qualquer lugar, podem ser conectados a diversas estruturas, são baratos e resistem tanto a movimentos fortes e lentos como a movimentos fracos e explosivos. Uma estação de polias é estacionária, ocupa um espaço enorme, é cara e é mais bem usada para treinamento pesado e lento, porque o treinamento leve e explosivo resulta em movimento da estação de pesos que eventualmente danifica o equipamento. Os elásticos devem ser

Figura 1.3 Elásticos e polias.

feitos de látex usando o processo de imersão, não o processo de extrusão. Eles não devem ser contínuos; devem ter pegadores em cada extremidade e um ponto de fixação separado para evitar o desgaste do meio do elástico com acessórios como cordas de *nylon* ou alças.

Medicine balls

As *medicine balls* (Fig. 1.4) vêm em uma variedade de modelos, de bolas com alças que podem ser usadas como halteres a bolas com cordas para exercícios com oscilações. Para simplificar, serão usadas *medicine balls* básicas, com ou sem capacidade de quicar. As *medicine balls* são excelentes para impor carga a muitos exercícios de treinamento funcional, mas sua melhor aplicação é no desenvolvimento de potência.

Ao usar uma *medicine ball* para arremessar contra o chão ou contra uma parede de cimento, um modelo de borracha com capacidade de quicar é o mais eficaz. As *medicine balls* feitas de borracha são duráveis e podem ser arremessadas com força. Se o quicar não for desejado por razões de segurança e o lançamento for realizado contra uma parede acolchoada ou no chão, uma bola de couro sintético é uma ótima opção. Os pesos-padrão

Figura 1.4 *Medicine balls*.

para arremesso e para impor carga a movimentos leves estão na faixa de 2 a 4 kg; bolas mais pesadas são mais adequadas para o desenvolvimento de força e para movimentos mais lentos.

Bolas suíças ou *fitballs*

As bolas suíças (também conhecidas como *fitballs*) (Fig. 1.5) percorreram um longo caminho. Os modelos mais recentes são muito mais fortes e resistentes a explosões, aumentando a sua segurança. As bolas suíças oferecem uma série de benefícios no treinamento funcional. Por exemplo, podem apoiar o corpo em determinadas posições que normalmente não podem ser mantidas. Também podem oferecer uma dose controlada de instabilidade ao treinamento, a fim de facilitar uma maior estabilidade em articulações variadas.

As bolas suíças foram usadas no passado como bancos para exercícios de supino e outros exercícios similares. No entanto, essa aplicação tem perdido sua indicação nos últimos anos. A ideologia dominante é usar bancos estáveis para supinos com bastante peso. Utilizam-se bolas suíças para exercícios mais leves e instáveis, como flexões e para fornecer suporte ao posicionamento para exercícios abdominais e deslizamento na parede. Os tamanhos mais populares para as bolas suíças são 55 e 65 cm.

Figura 1.5 Bolas suíças.

Kettlebells

Os *kettlebells* (Fig. 1.6) tornaram-se populares no mundo do treinamento funcional. Eles podem ser usados da mesma maneira que os halteres ou para aplicações mais criativas, como balanços. Suas alças extragrossas e seu centro de massa ímpar apresentam um desafio na pegada do equipamento. Eles são populares entre os atletas que procuram melhorar a estabilidade do punho e a força da pegada. A cultura *kettlebell* tem um estilo e influência mente-corpo, criando muitos exercícios normalmente não vistos no mundo dos halteres.

As aplicações do *kettlebell* podem variar de exercícios de força, como o desenvolvimento unilateral de ombro com *kettlebell*, a protocolos metabólicos envolvendo oscilações por períodos prolongados (2 a 5 minutos). Essa ampla aplicação no universo da força e do condicionamento faz do *kettlebell* um valioso equipamento em sua caixa de ferramentas para o treinamento funcional. Os pesos populares variam de 8 a 16 kg.

Figura 1.6 *Kettlebells*.

Aparelho de suspensão

Na última década, o aparelho de suspensão (Fig. 1.7) tornou-se popular no treinamento funcional. Antes do ressurgimento dos sistemas de suspensão, era necessária uma variedade de equipamentos para realizar os diversos exercícios que os novos sistemas de suspensão permitem facilmente. Por exemplo, antigamente, polias curtas (4 cm de espessura e 3 m de comprimento) eram usadas para a remada suspensa, e as bolas suíças eram usadas para exercícios de alongamento, como o rolamento (*rollout*).

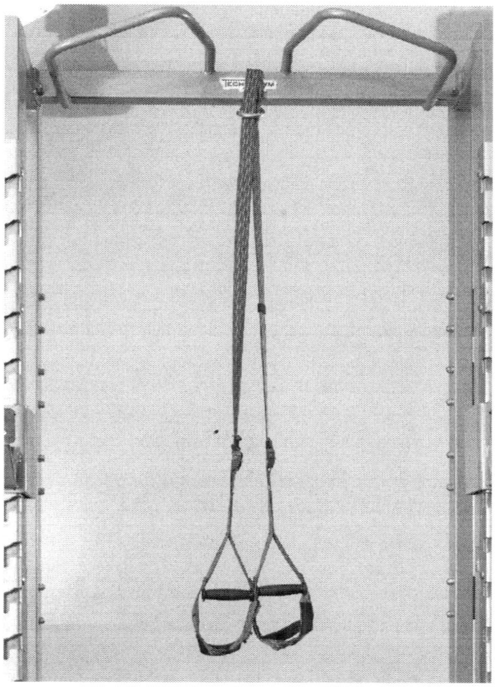

Atualmente, os sistemas de suspensão têm estribos e correias para proteger os pés e possibilitar aos usuários o fácil ajuste do comprimento da alça. Eles oferecem mosquetões para fácil acesso a barras e outras estruturas, bem como manuais expandidos e materiais educacionais para uso sugerido. Alguns sistemas de suspensão, como o *Suspended Bodyweight Training System*, até criaram seus próprios sistemas de certificação e formação para ensinar *personal trainers* a usá-los.

Figura 1.7 Aparelho de suspensão.

Banco ajustável

Na maior parte dos padrões, um banco ajustável (Fig. 1.8) não é considerado um equipamento de treinamento funcional. Entretanto, ele foi incluído nesta seção porque o treinamento funcional não existe isoladamente. Ele é mais bem usado em conjunto com outros métodos de treinamento, incluindo o trabalho de hipertrofia e força. Esse tipo de treinamento pesado é benéfico, mas não deve ser feito em uma bola suíça ou outros equipamentos não destinados a aplicações de carga pesada. Além disso, é possível usar bancos para muitas progressões de exercício que se enquadram no campo do treinamento funcional.

O banco ideal deve ser pesado e ter assento e encosto ajustáveis. Todos os movimentos de pressão, como desenvolvimentos de ombro ou supino, podem ser realizados em um banco. Os bancos também podem suportar exercícios como a remada curta, a elevação de quadril com peso e várias tipos de abdominais (elevação até a posição sentada ou somente da parte superior do tronco). Independentemente de como o banco é usado, ele pode ser considerado um equipamento padrão em pequenos estúdios, casas ou outras áreas em que se realiza o treinamento funcional.

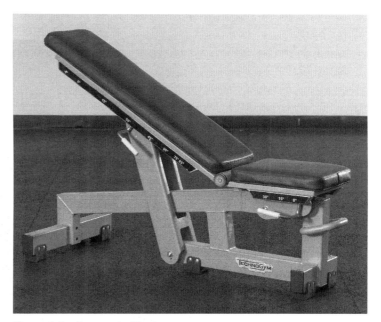

Figura 1.8 Banco ajustável.

Equipamento para viagem

Obter um bom treinamento na estrada sempre foi um desafio para os atletas, especialmente nas viagens durante a temporada. Seja para um praticante de judô em turnê pela Europa, um tenista que percorre uma série de torneios ou um atleta que viaja por qualquer motivo que o leve para longe de casa, viajar pode arruinar o condicionamento se não houver uma maneira de realizar o treinamento. De todos os equipamentos de treinamento disponíveis, há apenas um tipo que precisa acompanhar a viagem do atleta – um bom conjunto de elásticos ajustáveis (Fig. 1.9).

O *JC Predator Jr.* (Fig. 1.10) é a recomendação padrão deste autor para o atleta viajante. Isso não significa que um conjunto de elásticos substitui o equipamento de treinamento de força encontrado em uma academia bem equipada. No entanto, resistência é resistência, e quando não há outro equipamento, o *Predator Jr.* pode fornecer a resistência certa para o movimento correto, permitindo realizar o treinamento que, de outra maneira, não seria realizado.

Os elásticos são facilmente transportados por causa das vantagens de seu material, tamanho e configuração. Eles são feitos de plástico e látex, o que significa que podem passar rapidamente por qualquer checagem de segurança e ser transportados na bagagem de mão. O *Predator* é pequeno o suficiente para caber no bolso de uma mochila de computador, de modo que espaço não é problema. Dependendo do modelo de elástico e do exercício, a configuração pode variar. Pode-se prender o elástico em um batente de porta ou simplesmente pisar nele para criar resistência.

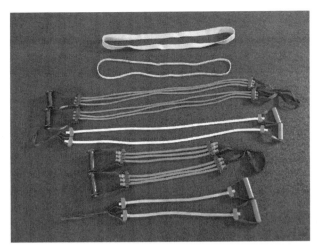

Figura 1.9 Elásticos ajustáveis.

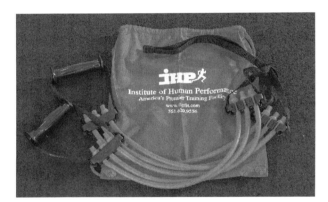

Figura 1.10 *JC Predator Jr.* e sacola.

Às vezes, não há nenhum equipamento disponível durante a viagem. Nesses casos raros, é importante olhar ao redor em busca de equipamentos na forma de escadas, bancos, barras altas, barras em declive, areia, subidas e qualquer outra estrutura que possa ser usada como um aparelho de treinamento ou de resistência suplementar. As estruturas que cercam a maior parte dos hotéis podem criar um ótimo ambiente de treinamento, do treinamento com o peso corporal em seu quarto a exercícios na escada e treinamento na areia.

Conclusão

Este capítulo detalhou o treinamento funcional e esclareceu alguns mitos sobre ele. Também fez recomendações de equipamentos que destacam a simplicidade e a economia do treinamento funcional. O treinamento funcional não precisa ser complexo nem caro para ser altamente eficaz e de ponta. Com essas informações, o leitor está pronto para explorar as bases do treinamento funcional.

CAPÍTULO 2

Fundamentos do treinamento funcional

Ao discutir treinamento funcional, definir *função* é uma excelente maneira de começar. Em sua definição básica, função é a ação pela qual uma pessoa ou coisa é especialmente usada ou para a qual uma coisa existe – seu propósito. Portanto, *funcional* pode ser definido como:

- Realizar uma função.
- Cumprir uma obrigação para a qual uma pessoa ou coisa se destina.
- Uma ação característica de alguma coisa – um dever, utilidade ou propósito.

Para definir *treinamento funcional*, é preciso primeiro definir a função ou ação característica do corpo humano. Em outras palavras, qual é a função do movimento do corpo humano?

Quatro pilares do movimento humano

O movimento humano pode ser classificado em quatro categorias: locomoção, mudanças de nível, empurrar e puxar e rotação. Estes são os quatro pilares do movimento humano. O modelo de quatro pilares organiza os movimentos básicos que todos os corpos desempenham na vida cotidiana. O modelo se presta perfeitamente ao esporte em que cada pilar pode ser associado às principais habilidades esportivas, ou ao que se chama de *big four* do esporte: locomoção, mudanças de nível, arremesso e mudanças de direção. Na maioria dos casos, se um esporte exige que uma pessoa fique em pé em apoio bipodal, os *big four* dominam as habilidades necessárias para a participação no esporte. Mais detalhes sobre os *big four* são fornecidos mais adiante neste capítulo.

Locomoção

O primeiro pilar do movimento humano é a *locomoção*. Como animais bípedes, a locomoção é a mais básica habilidade biomotora. Portanto, todos, especialmente os atletas envolvidos em esportes baseados na locomoção, devem considerar relacionar todo o treinamento ao ciclo de marcha humano.

Duas das principais características da locomoção são a estabilidade em uma perna só e a rotação. A locomoção ocorre em uma perna de cada vez, criando uma estrutura que transfere as forças do chão para o restante do corpo. Isso é chamado de *figura em sete*, e será discutido em mais detalhes mais adiante neste capítulo. A rotação é um componente essencial da locomoção. É necessária para anular a força rotacional entre a parte superior e a parte inferior do corpo, o que mantém o alinhamento corporal e o equilíbrio necessários para uma corrida eficiente.

A locomoção é a principal habilidade biomotora porque integra os quatro pilares. A cada passo, o centro de massa se move horizontal e verticalmente (i. e., pilar 2 – mudanças de nível). A locomoção envolve os movimentos contralaterais de empurrar e puxar da parte superior do corpo (i. e., pilar 3 – empurrar e puxar). Estes são essenciais para anular as forças rotacionais produzidas pela parte inferior do corpo. O movimento contralateral entre as partes superior e o inferior do corpo cria o componente rotacional (i. e., o pilar 4 – rotação) da locomoção linear, que é fundamental para um movimento para frente eficiente. Essa integração é a razão de haver quatro pilares e de eles serem apresentados nessa ordem.

Mudanças de nível

O segundo pilar do movimento humano envolve mudanças de nível no centro de massa de uma pessoa. As *mudanças de nível* são caracterizadas por movimentos do tronco ou membros inferiores ou uma combinação dos dois, que abaixam ou elevam o centro de massa. Essas mudanças de nível são necessárias para realizar muitas tarefas não locomotoras, como pegar objetos, abaixar-se ou levantar-se do chão. Com a parte inferior do corpo, é possível realizar mudanças de nível agachando, realizando um movimento de avanço ou subindo ou descendo de objetos simplesmente flexionando os tornozelos, joelhos e quadris. Portanto, o principal método de produção de força da parte inferior do corpo é possibilitado pelo mecanismo de tríplice extensão envolvendo o tornozelo, o joelho e o quadril. O tronco também pode ajudar a deslocar verticalmente o centro de massa, flexionando ou estendendo a coluna vertebral. Na maioria das vezes, é utilizada uma combinação de flexão de tronco e membro inferior para realizar mudanças no nível funcional (p. ex., voleio baixo no tênis, *suplex* na luta livre, levantar após uma queda). É importante observar que a gravidade, e não a cadeia flexora do sistema muscular, é responsável por abaixar na mudança de nível (i e., flexão total do corpo). A cadeia extensora controla a velocidade e o grau de flexão na função e, assim, as lesões por mudança de nível geralmente ocorrem nas estruturas posteriores do corpo (p. ex., tendão do calcâneo, posteriores da coxa, região lombar da coluna vertebral).

Empurrar e puxar

O terceiro pilar do movimento humano envolve *empurrar e puxar*. Estes movimentos envolvem a parte superior do corpo e podem deslocar o centro de massa combinado. Para simplificar, considera-se que puxar seja qualquer movimento que traz os cotovelos ou as mãos para dentro ou em direção à linha central do corpo. Puxar traz as coisas mais próximas do corpo para que sejam seguradas ou transportadas, e também ocorre na fase de aceleração inicial ao arremessar. Empurrar é qualquer movimento que leva os cotovelos ou as mãos para fora ou para longe da linha central do corpo. Empurrar envolve atividades como empurrar para longe um adversário ou empurrar-se do chão para se levantar após uma queda, e também ocorre na última parte do arremesso (i. e., parte final da aceleração e acompanhamento).

Empurrar e puxar também são parte dos sistemas reflexo e biomecânico. O corpo é neurologicamente interligado; um reflexo faz um membro se flexionar enquanto o membro contralateral se estende. Este fenômeno pode ser visto em muitas ações explosivas, como arremessar, nadar e correr. Por exemplo, em habilidades esportivas como socar e arremessar, o cotovelo esquerdo flexiona enquanto o braço direito se estende e dá o soco ou arremessa a bola. Criando braços de alavanca curtos, o corpo aumenta sua velocidade rotacional (parecido com o que ocorre quando um patinador gira mais rapidamente quando seus braços vêm em direção à linha central do corpo). Na corrida, pode-se ver esse reflexo e alavancas correspondentes entre as partes superior e inferior do corpo. Quando o braço esquerdo está atrás do corpo com o cotovelo flexionado (braço de alavanca curto), a perna direita também está levantada e flexionada (braço de alavanca curto). Simultaneamente, o braço direito está mais estendido enquanto a perna esquerda está mais estendida e impulsionando-se do chão.

Rotação

A interligação neural cruzada descrita anteriormente leva ao último e mais importante pilar do movimento humano: a *rotação*. Esse pilar está por trás do que se vê nos grandes *replays* no esporte –

potência rotacional. É o pilar mais importante, porque muitos movimentos físicos no esporte são explosivos e envolvem o plano transversal (ou seja, o plano de movimento em que ocorre a rotação).

Uma rápida análise do sistema muscular mostra como o movimento humano depende maciçamente da rotação. Em seu livro *Kinesiology*, de 1970, Gene A. Logan e Wayne C. McKinney descrevem o efeito serape.[1] Os autores fizeram um trabalho fantástico explicando como e por que o corpo usa esta interligação muscular cruzada para fornecer energia rotacional. Para ver o efeito serape no trabalho, basta ficar de frente para um espelho vestindo uma camiseta frouxa. Pode-se realizar um movimento de arremesso, parar no topo do movimento, ou simplesmente andar no mesmo lugar. Deve-se atentar para como a camiseta enruga. Como os músculos do *core* "carregam energia" durante o arremesso e a corrida diagonalmente?

Em um livro de anatomia, é possível observar a musculatura do *core*, onde se vê que a maior parte dessa musculatura está orientada diagonal ou horizontalmente. Dos principais músculos do *core* (i. e., principais músculos inseridos no tronco, acima da tuberosidade isquiática e abaixo do aspecto superior do esterno), quase 90% estão orientados diagonal ou horizontalmente e têm a rotação como uma de suas funções principais. A Tabela 2.1 fornece uma organização aproximada dos músculos do *core* e sua orientação básica, o que ilustra claramente a natureza rotacional do corpo.

Quatro grandes habilidades esportivas (*big four*)

As quatro categorias de movimento mais comuns – *big four* – no esporte são a locomoção, as mudanças de nível, o empurrar e puxar (arremessar, empurrar e segurar objetos) e a rotação (mudanças de direção). Elas estão no centro da maior parte dos esportes realizados no solo (i. e., esportes realizados em pé) e são quase idênticas aos quatro pilares do movimento humano. Os quatro pilares descrevem as funções biomecânicas do corpo que nenhum esporte pode violar; portanto, os *big four* devem espelhar os quatro pilares. A locomoção bípede (ou seja, sobre duas pernas) será sempre a maneira de se chegar do ponto A ao ponto B. As mudanças de nível sempre ditarão o mecanismo de carga ao saltar, pegar objetos e abaixar-se em posições atléticas. O empurrar e o puxar são movimentos naturais que ocorrem com frequência. A Tabela 2.2 mostra os *big four*, seus movimentos básicos e atividades esportivas específicas que se enquadram em cada categoria.

Conforme mencionado, os quatro grandes (*big four*) movimentos do esporte são descritos pelos quatro pilares do movimento humano. Eles também são possíveis pela ação de uma série de músculos discutidos mais adiante neste capítulo, os serapes anterior e posterior. Relacionar os principais movimentos do esporte com os quatro pilares e, em seguida, desenvolver um modelo biomecânico para treinar os movimentos cria uma maneira simples, mas poderosa, de projetar programas de treinamento funcional para o esporte. A seguir, serão analisados os *big four* e como eles se relacionam com os quatro pilares em termos mais específicos.

Locomoção esportiva

Nos esportes realizados em solo, a locomoção (corrida) é indiscutivelmente a habilidade mais importante necessária para o sucesso. A velocidade de corrida e a agilidade estão no topo da lista de desejos quando os atletas chegam a um treinador de força e condicionamento. Essa é uma razão pela qual a locomoção é o primeiro dos quatro pilares do movimento humano e envolve todos os outros pilares.

---

1 Logan, G., and W. McKinney. 1970. The serape effect. In *Anatomical kinesiology*, 3.ed., ed. A. Lockhart, 287-302. Dubuque, IA: Brown.

Tabela 2.1 Músculos do *core* e sua orientação

Dorsal		
Músculo	**Não vertical**	**Vertical**
Trapézio	✓	
Romboides	✓	
Latíssimo do dorso	✓	
Serrátil posterior	✓	
Eretor da coluna		✓
Quadrado do lombo	✓	
Glúteo máximo	✓	
Glúteo médio	✓	
Tensor da fáscia lata		✓
Rotadores de quadril (6)	✓	
Ventral		
Músculo	**Não vertical**	**Vertical**
Peitoral maior		
Peitoral menor	✓	
Serrátil anterior	✓	
Oblíquo externo do abdome	✓	
Oblíquo interno do abdome	✓	
Reto do abdome		✓
Transverso do abdome	✓	
Psoas	✓	
Ilíaco	✓	
Sartório	✓	
Reto femoral		✓
Adutores (3)	✓	
Pectíneo	✓	
Grácil	✓	
Total	**28 pares = 56**	**4 pares = 8**
% de músculos rotacionais	**87,5%**	**12,5%**

A locomoção é qualquer ação que usa movimentos alternados de perna para mover o corpo do ponto A ao ponto B. Durante a locomoção, um único pé está no chão, e o contato com o solo transfere energia para mover os quadris na direção pretendida. Os quadris passam sobre o pé apoiado, o outro pé é apoiado no chão e o ciclo continua. Se um atleta está correndo para a primeira base, arrastando os pés para ficar em posição em um jogo de basquete ou mudando de direção em uma quadra de tênis, a locomoção esportiva eventualmente coloca o peso corporal sobre uma única perna. Essa é uma das características fundamentais que precisam ser vistas, entendidas e treinadas. A transferência de uma quantidade elevada de força sobre uma única perna é a característica principal do primeiro pilar e de toda a locomoção esportiva. Neste livro, esse fenômeno do apoio unipodal será estudado para que seja possível entender melhor a sua importância e como treiná-la.

Tabela 2.2 Movimentos e exemplos de atividades das quatro grandes habilidades esportivas

Habilidade esportiva	Movimento básico	Exemplo de atividades específicas do esporte
Locomoção	Qualquer movimento locomotor que leve o corpo do ponto A ao ponto B	Toda caminhada, trote, corrida, cambaleio, pulo e salto partindo do apoio unipodal
Mudanças de nível	Flexão e extensão das pernas ou do *core* que eleva ou abaixa o centro de massa do corpo, incluindo levantar do chão	Abaixar o corpo para arremessar uma bola rasteira (*low grounder*) no beisebol, realizar um voleio baixo no tênis, levantar-se depois de cair, usar a técnica de defesa *sprawl* e levantar um adversário na luta livre, e abaixar o centro de massa para desacelerar
Empurrar e puxar (arremessar, empurrar e segurar objetos)	Lançar um objeto com uma mão, normalmente exigindo que o outro braço vá na direção oposta; empurrar para longe e segurar objetos pode exigir que um ou ambos os membros trabalhem de maneira coordenada	Arremessar no beisebol, sacar no tênis, cortar no voleibol e arremessar um dardo
Rotação (mudanças de direção)	Qualquer movimento que exija fixar uma perna e girar quadris e ombros, incluindo balançar um objeto	Mudar a direção de locomoção em todos os esportes, rebater, jogar golfe, arremessar martelo, nadar e realizar rotações no ar

A maior parte dos métodos tradicionais para melhorar o desempenho na corrida usa alguma modalidade de treinamento de força sobre duas pernas, como agachamentos, levantamentos-terra e *leg presses*. Embora estes exercícios melhorem a locomoção, eles não são específicos para as habilidades esportivas. Ao treinar a força usando exercícios bipodais, o atleta usa o posicionamento em A. Na arquitetura, o posicionamento em A é uma estrutura que possibilita construir edifícios com muitos andares empilhados um sobre o outro. Em razão da sua estabilidade, o posicionamento em A é a posição utilizada para os levantamentos mais pesados, como o agachamento (Fig. 2.1a).

Embora o agachamento seja um bom exercício geral, ele não fornece a transição ideal para a corrida quando comparado a exercícios unipodais, como o agachamento unipodal. Ao contrário do posicionamento em A de um agachamento bipodal, o agachamento unipodal usa a figura em sete (Fig. 2.1b).

Figura 2.1 Duas versões do agachamento: (*a*) agachamento bipodal usando o posicionamento em A; (*b*) agachamento unipodal usando a figura em sete.

A figura em sete requer estabilidade superior do quadril apoiado no solo quando comparada ao posicionamento em A. Qualquer instabilidade do quadril apoiado no solo resulta em um processo inibitório que interrompe a capacidade do corpo de produzir a energia (i. e., força) que colocaria o quadril instável em perigo. Obviamente, o aspecto negativo de proteger o quadril com uma resposta inibitória é que isso reduz a potência fornecida pelo quadril e retarda o processo locomotor. Portanto, o treinamento da figura em sete não só reforça a estabilidade sobre um único quadril como também reduz a resposta inibitória que um quadril fraco experimentaria.

A locomoção tem características adicionais que envolvem a coordenação de membros superiores e inferiores contralaterais. Isso será discutido mais adiante neste capítulo.

Muitos exercícios populares de treinamento funcional para locomoção são movimentos simples com grandes retornos. Alguns deles já foram mencionados neste livro e estão entre os favoritos, incluindo alcance anterior unipodal, agachamento unipodal e ponte unipodal com bola suíça. Esses três exercícios são a base do programa de corrida. Dois exercícios adicionais são o deslizamento lateral na parede em apoio unipodal e a marcha na parede. Esses 6 exercícios constituem um ótimo programa de corrida domiciliar e serão abordados em mais detalhes nos Capítulos 3 a 5. A Tabela 2.3 mostra um exemplo de como é possível desenvolver a locomoção esportiva em casa ou em uma academia.

Tabela 2.3 Programa de treinamento funcional para a corrida realizado em casa ou na academia

Segunda-feira e quinta-feira		Terça-feira e sexta-feira	
Exercício	Séries e repetições	Exercício	Séries e repetições
Alcance anterior unipodal	2 ou 3 × 10	Agachamento unipodal	2 ou 3 × 10
Deslizamento lateral com bola suíça na parede em apoio unipodal (perna de dentro)	2 ou 3 × 10	Ponte com bola suíça (apoio unipodal)	2 ou 3 × 10
Marcha ou corrida na parede a 45°	2 ou 3 × 10-20 (ou 10-20 s)	Deslizamento lateral com bola suíça na parede em apoio unipodal (perna de fora)	2 ou 3 × 10

Mudanças de nível

As mudanças de nível ocorrem quando um atleta realiza um contramovimento antes de um salto, cai e se levanta, vai até uma bola que está perto do chão, levanta um adversário ou objeto, muda de nível em qualquer esporte de combate ou simplesmente muda de direção. Essa habilidade atlética essencial é vista em quase todos os esportes realizados no solo. Esse é o motivo pelo qual é o segundo pilar do movimento humano. A seguir, será abordada a mecânica das mudanças de nível para entender melhor como elas acontecem e como treiná-las funcionalmente.

As alterações de nível exigem a flexão de pernas, quadris e até mesmo da coluna vertebral em graus variados para rebaixar o centro de massa do corpo. Mesmo quando há envolvimento de flexão significativa do joelho, os quadris (i. e., o centro do *core* posterior) fazem a maior parte do trabalho para controlar as mudanças de nível na prática esportiva. Utilizar o lado posterior do *core* para fazer o levantamento de peso faz sentido porque isso envolve os grandes grupos musculares: posteriores da coxa, glúteos e paravertebrais. Esses três grupos musculares podem ser chamados de *três amigos*. A maior parte das lesões em esportes sem contato envolve esses músculos de uma maneira ou de outra. Portanto, treiná-los faz sentido não só para o desempenho, como também para a prevenção de lesões.

Na maioria dos esportes, as mudanças de nível usam duas bases de apoio (Fig. 2.2): a posição paralela e a posição de avanço. Ambas as bases de apoio são usadas quando se levanta do chão, abaixa o corpo para pegar um objeto e levanta o corpo ou um objeto. Um jogador de basquete usa a postura paralela para desempenhar a mudança de nível necessária para realizar um salto para o arremesso. Um receptor (*catcher*) do beisebol também pode usar a posição paralela em sua posição estacionária baixa para fornecer a estabilidade necessária antes de reagir a um corredor tentando tomar uma base. Durante algumas habilidades atléticas, como um *suplex* na luta, a posição paralela é usada para retirar um adversário do tatame. Durante algumas habilidades de elevação, os atletas também usam seus braços para segurar os adversários (objetos), usando o movimento de puxar que é parte do terceiro pilar.

As mudanças de nível realizadas a partir da posição em avanço são bastante diferentes do apoio em paralelo. Estes movimentos requerem mais refinamento e são usados com precisão mais cirúrgica. Os voleios baixos no tênis são um exemplo perfeito das rápidas mudanças de nível do movimento combinado de alcançar uma bola e desacelerar a locomoção (corrida). No beisebol, os jogadores das bases (*infielders*) também precisam dominar bolas rasteiras (*low grounders*) rápidas que exigem uma postura em avanço. A mudança de nível na posição em avanço não só oferece rápidas mudanças de nível como também oferece a capacidade de realizar uma rápida mudança de direção para que um jogador possa voltar ao jogo ou continuar uma jogada.

Independentemente do tempo usado pelas partes superior e inferior do corpo, uma coisa se destaca quando se observa a mudança de nível na postura em avanço: a dominância de uma perna e de um quadril na figura em sete. Embora ambos os pés possam estar no chão na posição em avanço, um lado recebe a maior parte da carga ao desacelerar ou mudar de direção. Esta dominância de um único lado e a descarga de peso assimétrica que a acompanha não são abordadas nos métodos tradicionais de treinamento sobre duas pernas. É essa especificidade que o treinamento funcional aborda de maneira tão eficaz.

Uma vez analisadas as duas posições usadas para as mudanças de nível na maior parte dos esportes, pode-se usar o princípio da especificidade para treiná-las. O treinamento de força tradicional concentra-se na postura paralela e na carga simétrica do posicionamento em A. Exercícios como os levantamentos-terra, levantamentos bom-dia, agachamento e os levantamentos de peso olímpico abordam a mudança de nível em apoio paralelo. Esses exercícios tradicionais são eficazes no desenvolvimento da força básica e podem ser parte de um programa anual abrangente de força e condicionamento. No en-

Figura 2.2 As mudanças de nível ocorrem em duas bases de apoio. No beisebol, (*a*) um receptor (*catcher*) usa uma postura paralela para fornecer a estabilidade necessária para reagir a um corredor tentando tomar uma base, mas (*b*) um jogador de uma das bases (*infielder*) usa uma postura em avanço para rapidamente dominar e lançar uma bola rasteira (*low grounder*).

tanto, a falta de tempo, instalações, dinheiro, habilidades de treinamento e habilidade atlética podem impedir que esses métodos tradicionais de treinamento sejam usados. Nesses casos, uma abordagem mais funcional ao treinamento pode ser uma ótima alternativa. Exercícios como balanços de *kettlebell*, *wood chops*, remada paralela simultânea e hiperextensões reversas com bola suíça são excelentes opções para desenvolver a musculatura posterior e melhorar as mudanças de nível na posição paralela.

Considerando a frequência com que a postura em avanço aparece no esporte, a dominância do apoio unipodal na mudança de nível nesse tipo de postura não é treinada com a frequência e o foco que deveria. Tradicionalmente, os exercícios bipodais com carga simétrica são usados para treinar todas as mudanças de nível. Esse tipo de supervisão possibilitou que o treinamento funcional emergisse como um sistema alternativo de treinamento. O treinamento funcional reconhece a posição óbvia da postura em avanço e a treina com exercícios unipodais e na postura em avanço, focados na articulação do quadril. Esta atenção à especificidade biomecânica tem produzido resultados incríveis em pouco tempo, com exercícios simples e sem equipamentos caros e volumosos. Exercícios como remada contralateral em posição de avanço com elásticos ou polias, levantamento-terra de braço contralateral em posição de avanço com elásticos ou polias e elevação/extensão lombar a 45° em apoio unipodal estão entre os exercícios mais eficazes utilizados para desenvolver rápidas mudanças de nível na postura em avanço. A Tabela 2.4 mostra um exemplo de programa fácil de mudança de nível que pode ser usado 2 vezes/semana por cerca de 30 minutos cada sessão.

Empurrar e puxar (arremesso)

Assim como a locomoção no esporte, o arremesso será usado como exemplo. Ao observar um arremessador (*pitcher*) lançando uma bola rápida a 160 km/h, nota-se que ele se move de uma perna para a outra, muda de nível, puxa e empurra com os braços e gira seu corpo. Essa integração dos quatro pilares é comum em muitas atividades esportivas, razão pela qual é um modelo tão poderoso para a análise e concepção de exercícios. Mesmo quando se olha para outras habilidades esportivas na categoria do arremesso, como um saque no tênis ou um ataque no voleibol, os quatro pilares estão representados.

Tabela 2.4 Programa de treinamento funcional para mudanças de nível realizado em casa ou na academia

Postura paralela		Postura em avanço	
Exercício	**Séries e repetições**	**Exercício**	**Séries e repetições**
Levantamento-terra com barra	3 × 10	Remada composta contralateral com elásticos ou polias em posição de avanço	3 × 10 por perna
Remada composta com elásticos ou polias	3 × 10	Levantamento-terra de braço contralateral em posição de avanço com elásticos ou polias	3 × 10 por perna
Hiperextensão reversa com bola suíça	3 × 10	Elevação/extensão lombar a 45° em apoio unipodal	3 × 10 por perna

Os padrões de produção de força do arremesso são semelhantes a correr e mudar de direção, na medida em que são potencializados por padrões diagonais de produção de força – as "rodovias" de potência. Como mostrado na Figura 2.3, um arremessador (*pitcher*) destro envia a bola em direção ao receptor (*catcher*) usando um padrão diagonal de produção de força que cruza a parte posterior do corpo

(i. e., do quadril direito para o ombro esquerdo durante as fases de preparação e armação) e a parte anterior do corpo (i. e., do ombro direito para o quadril esquerdo durante a fase de aceleração). O arremessador usa a locomoção para impulsionar-se e dar o passo até a quarta base depois da fase de armação, e usa uma mudança de nível ao iniciar a postura, empurrar e puxar para, por fim, arremessar a bola, e uma rotação enquanto tudo está acontecendo durante as fases de aceleração e desaceleração. É assim que os quatro pilares são usados para arremessar uma bola. É possível encontrar integração semelhante de todos os pilares na maior parte das atividades acima da cabeça que envolvem a propulsão de algo para a frente.

Uma vez que o arremesso foi feito, um padrão diagonal similar desacelera a ação de arremesso ao longo da parte posterior do corpo (Fig. 2.4). A posição de desaceleração de um arremessador é possível pela ação dos músculos orientados diagonalmente na parte posterior do corpo desde o quadril esquerdo até o ombro direito: posteriores da coxa esquerdos, glúteos esquerdos e latíssimo do dorso direito. Olhando atentamente para imagens de qualquer movimento, muitas vezes pode-se ver o estiramento da roupa na direção em que as forças são produzidas. Esta é uma ótima ferramenta para determinar os músculos que se alinham com um movimento. Mais adiante neste capítulo, na discussão sobre o serape e as "rodovias" de potência, serão fornecidas mais informações sobre esse padrão diagonal.

Um grande erro a ser evitado ao analisar o movimento de arremessar ou sacar está em olhar onde as lesões ocorrem principalmente – o ombro. Ao analisar o ombro de um arremessador durante o movimento de arremesso ou de um jogador de tênis durante o movimento de saque, uma incrível quantidade de rotação será verificada (Fig. 2.5). Quando o ombro é lesionado, o curso de ação normal é repouso, gelo e, por fim, exercícios para o manguito rotador. No entanto, essa abordagem tradicional à análise e ao treinamento dos arremessadores precisa ser reavaliada. Essa não é a melhor maneira de treinar os rotadores de ombro a mover-se ao longo da amplitude e na velocidade usada no esporte.

O que acelera e desacelera o braço nos movimentos de arremessar ou sacar não é o ombro, mas sim o *core*. O corpo age como um arco, com a parte forte que está produzindo a potência localizada bem no meio (o *core*). Essa área deve ser treinada com grandes movimentos, para que a parte anterior do corpo aprenda a acelerar o movimento de arremesso e a parte posterior do corpo aprenda a desacelerá-lo.

Figura 2.3 Aceleração de um arremesso. Embora o impulso para a frente de um arremessador destro seja fornecido pela musculatura posterior diagonal que vai do quadril direito ao ombro esquerdo, a aceleração da bola é impulsionada pelos músculos orientados diagonalmente na parte anterior do corpo, do ombro direito ao quadril esquerdo: serrátil anterior direito, oblíquo externo do abdome direito, oblíquo interno do abdome esquerdo e flexores e adutores do quadril esquerdo.

Figura 2.4 Desaceleração de um arremesso.

Figura 2.5 Rotação de ombro durante o saque no tênis.
Adaptada, com permissão, de E.P. Roetert e M.S. Kovacs, 2014, Anatomia do tênis. Barueri: Manole.

A fim de treinar os componentes de aceleração e desaceleração do arremesso de uma maneira mais funcional, é preciso considerar as duas fases do arremesso. A maioria dos atletas e técnicos se preocupa com o componente de aceleração, mas isso é semelhante à adição de mais potência a um carro com freios fracos. O desenvolvimento de braço contralateral com elástico ou polia em posição de avanço e o *X-up* são exemplos de exercícios fáceis que fornecem o treinamento diagonal do *core*, necessário para melhorar a velocidade do arremesso e evitar lesões. Estes exercícios ensinam o *core* a fazer a maior parte do trabalho para desonerar o ombro e o punho. Esta abordagem não só fornece mais potência e velocidade como mantém as pequenas articulações menos suscetíveis a lesões.

A fase de desaceleração do arremesso possivelmente é mais importante que a fase de aceleração. Muitas das lesões no arremesso ocorrem na parte posterior do corpo. O ponto positivo em relação à desaceleração do movimento de arremesso é o mesmo que ocorre na locomoção e nas mudanças de nível, porque envolve ambos. Exercícios como hiperextensões reversas com bola suíça e *swing* unilateral com *kettlebell* são excelentes para desenvolver a capacidade de desaceleração. Nesses dois exercícios, é possível adicionar exercícios mais específicos, como alcance anterior contralateral unipodal, remada composta contralateral com elástico ou polia em posição de avanço e avanço com alcance anterior com halteres ou *kettlebells*.

Pode-se facilmente realizar um programa semanal de treinamento funcional na parte externa de uma casa ou em qualquer academia com equipamentos simples e baratos. A Tabela 2.5 ilustra esse programa.

Tabela 2.5 Programa de treinamento funcional para o arremesso realizado em casa ou na academia

Segunda-feira e quinta-feira (dia de aceleração)		Terça-feira e sexta-feira (dia de desaceleração)	
Exercício	Séries e repetições	Exercício	Séries e repetições
Prancha	2 ou 3 × 10	Alcance anterior contralateral unipodal	2 ou 3 × 10
X-up	2 ou 3 × 10	Remada composta com elástico ou polia	2 ou 3 × 10
Desenvolvimento horizontal com elástico ou polia em posição de avanço	2 ou 3 × 10 por braço	Avanço com alcance anterior com halteres ou *kettlebells*	2 ou 3 × 10 por perna

Rotação (mudanças de direção)

Sem dúvida, a rotação (mudanças de direção e recursos de oscilação) é a habilidade de movimento mais importante dos *big four*. As mudanças de direção, incluindo recursos de oscilações, ocorrem em quase todos os esportes, e muitas vezes estão por trás dos grandes *replays* vistos no esporte. Se, no futebol americano, um *running back* engana um *linebacker* ou, no beisebol, se um rebatedor (*bater*) rebate um *home run*, a habilidade de rotação necessária para jogar o peso do corpo em uma direção e explosivamente mudar de direção muitas vezes é um momento decisivo no esporte (Fig. 2.6). A rotação é a essência dessa habilidade, e é também o quarto pilar do movimento humano, o fio que interconecta todos os outros pilares.

A mudança de direção e seu componente rotacional são fundamentais para o movimento humano, especialmente para a produção de energia. O componente rotacional tem muitas faces. Por exemplo, ao analisar a locomoção

Figura 2.6 Um *running back* engana um *linebacker*. Essa mudança de direção é realizada pela musculatura diagonal das costas: o grande latíssimo do dorso, os glúteos e os posteriores da coxa opostos.

humana, nota-se rapidamente que a parte superior do corpo se move em oposição à parte inferior do corpo; ou seja, o braço direito avança ao mesmo tempo que a perna esquerda. Ao estudar o movimento de arremesso (*windup*) de um arremessador destro, nota-se a perna esquerda e o braço direito se unirem no movimento e, em seguida, se separarem conforme o arremessador dá um passo (passada) em direção à quarta base na fase de armação. À medida que os quadris se voltam para a quarta base para acelerar a bola, o braço direito volta-se para a perna esquerda durante a desaceleração. Da mesma maneira, um rebatedor ou um jogador de golfe separa o ombro direito da perna esquerda durante o *backswing* e a passada (Fig. 2.7). Então, conforme os quadris giram e o taco ou bastão vem para a zona de impacto, o ombro direito vem em direção ao quadril esquerdo.

Todos esses exemplos têm algumas coisas em comum:
- A maioria das mudanças de direção ocorre fora de um ponto fixo no solo.
- Eles precisam de um ponto de contato com o solo (geralmente o apoio unipodal sobre a perna dominante) para empurrar em uma determinada direção.
- Após a movimentação inicial da perna, todas as mudanças de direção são iniciadas por um movimento giratório do quadril seguido pelos ombros.
- O padrão de produção de força nessas mudanças de direção é diagonal, conectando um quadril ao ombro oposto por meio das partes anterior e posterior do corpo.
- A mudança de direção envolve a desaceleração de uma força e a aceleração imediata de outra força em outra direção.
- O *core* (a área entre o tórax e as coxas) é a ponte que transfere a potência expressa na mudança de direção.

Esses tópicos serão abordados mais detalhadamente mais adiante neste capítulo, na discussão sobre as "rodovias" da potência esportiva.

A partir desta discussão sobre a natureza diagonal e rotacional das mudanças de direção, é óbvio que, para treinar esse movimento esportivo popular de maneira funcional, é necessário treinar movimentos rotacionais

Figura 2.7 *Backswing* no golfe. O balanço do golfista destro é realizado pela musculatura posterior e diagonal das costas (i. e., posteriores da coxa direitos, glúteo direito, latíssimo do dorso esquerdo) e a musculatura anterior oposta (i. e., flexores de quadril e complexo adutor esquerdos, oblíquo interno do abdome esquerdo, oblíquo externo do abdome direito, serrátil anterior direito).

e diagonais. Mesmo os movimentos que impõem carga a um único membro (p. ex., desenvolvimento de braço unilateral, remada unilateral) podem apresentar um componente rotacional suficiente para fornecer um excelente treinamento funcional para mudanças de direção. Muitos dos exercícios para a parte inferior do corpo já mencionados, como o alcance anterior contralateral unipodal e o avanço com alcance, também podem fornecer um excelente treinamento para mudanças de direção. No entanto, considerando-se o princípio da especificidade, nota-se facilmente que a adição de uma maior quantidade de treinamento lateral e rotacional pode melhorar ainda mais o treinamento funcional para esportes que envolvem mudanças laterais na direção. Por exemplo, exercícios como avanço lateral, *chop* diagonal com *medicine ball*), rotação curta com elásticos ou polias e *chop* diagonal com elásticos ou polias fornecem um treinamento rotacional mais direcionado, que seguramente adicionará velocidade e potência rotacional às habilidades esportivas que envolvem oscilações. A Tabela 2.6 fornece uma maneira segura de melhorar as mudanças de direção locomotora, bem como a potência da oscilação.

Os *big four* oferecem uma maneira de associar os principais movimentos esportivos aos quatro pilares e criar programas de treinamento funcional baseados no princípio da especificidade. A biomecânica pode ser um assunto complicado, mas quando analisada de maneira lógica e esportiva, projetar e programar exercícios tornam-se atividades mais fáceis de implementar usando os programas simples oferecidos neste livro. Essa é a força dos *big four*.

Tabela 2.6 Exercícios que auxiliam nas mudanças de direção (incluindo oscilações)

Mudanças na direção de locomoção		Oscilações	
Exercício	Séries e repetições	Exercício	Séries e repetições
Avanço lateral com halteres ou *kettlebells*	3 × 10	Rotação curta com elástico ou polia (10 a 2 horas)	3 × 10 por perna
Deslizamento lateral com bola suíça na parede em apoio unipodal	3 × 10	Rotação/*chop* de baixo para cima com elástico ou polia	3 × 10 por perna
Chop diagonal curto com *medicine ball*	3 × 10	Rotação/*chop* de cima para baixo com elástico ou polia	3 × 10 por perna

Ambiente esportivo

Os potentes modelos de movimento discutidos até agora possibilitam a expressão atlética em razão do ambiente em que ocorre o movimento esportivo. Este ambiente raramente é reconhecido, muito menos usado, para definir e melhorar o treinamento funcional. A maioria dos esportes ocorre em solo (i. e., exigem o contato com o solo durante a execução de habilidades), mas alguns esportes ocorrem em ambientes físicos ecléticos. Por exemplo, as braçadas na natação ocorrem na água e as manobras aéreas nos saltos ornamentais ocorrem no ar.

O treinamento de força em terra seca para esportes não dominados pelo contato com o solo ainda ocorre em terra. Se o treinamento de força ocorre em terra, então o ambiente operacional da função terrestre automaticamente domina o treinamento e deve ser levado em conta. Compreender as propriedades que afetam o ambiente de treinamento em terra ajuda a maximizar os princípios do treinamento funcional explicados ao longo deste livro.

Gravidade

O componente mais marcante e consistente do ambiente operacional é a gravidade. A gravidade afeta todos os objetos na Terra influenciando-os com uma força descendente (i. e., aceleração), a qual fornece algumas ferramentas importantes utilizadas em praticamente todos os esportes e no treinamento em solo.

Primeiro, a atração da gravidade impõe carga aos sistemas musculares. Por exemplo, no salto, automaticamente as pernas e os quadris se relaxam, possibilitando que a gravidade flexione rapidamente o corpo e acione os músculos extensores para que se possa saltar com mais potência. A flexão não custou energia alguma ao corpo em razão da atração da gravidade. A velocidade com que a gravidade puxa o corpo pode até mesmo elicitar reflexos (p. ex., reflexo miostático) em alguns exercícios pliométricos, como os saltos em profundidade. Para visualizar a ausência ou redução da gravidade, basta observar como os astronautas se movem lentamente no espaço. Você poderia imaginar como seria a prática de um esporte na Lua? Levaria uma eternidade e não teria potência.

A gravidade também possibilita impor carga às articulações simultaneamente em três planos de movimento. Durante seu seminário *Chain Reaction* (1995), Gary Gray se referiu a este mecanismo de carga como *movimento articular multiplanos*, ou carga triplanar. Por exemplo, quando um golfista destro permite que a gravidade atue no quadril direito durante o *backswing*, o quadril flexiona no plano sagital, aduz no plano frontal e roda medialmente no plano transversal. Esta carga triplanar ao quadril fornece a grande potência vista no impulso. Com poucas exceções, todas as principais articulações do corpo podem receber carga de maneira triplanar, tornando o corpo humano e a gravidade fortes aliados na produção de potência.

A carga triplanar coloca vários segmentos do corpo na melhor posição biomecânica para gerar energia e produzir o próximo elemento físico, o momento. O treinamento funcional deve refletir esse uso da gravidade para impor carga aos músculos, bem como para elicitar reflexos. Exercícios como vários saltos, rotações de baixo para cima com cabo e arremessos de *medicine ball* podem ser de grande utilidade para aprender a usar a gravidade para produzir potência.

Momento

O momento é uma das qualidades mais visíveis no esporte e aquela que domina a potência. É usado para impor carga ao músculo e mover-se eficientemente ao longo de grandes amplitudes de movimento. Por exemplo, o momento é usado no treinamento pliométrico para impor carga aos músculos para uma contração mais forte. O momento também é responsável pelas longas distâncias percorridas por instrumentos, objetos e partes do corpo usando pouca ou nenhuma contração muscular; um exemplo são os saltos unipodais de Michael Jordan durante suas vitoriosas apresentações nas enterradas. O impulso criado pelo *backswing* é o que fornece a potência para uma rebatida ou *swing* do golfe.

O momento é o produto da massa pela velocidade de um objeto; quanto mais rápido um objeto se move ou quanto maior ele é, mais impulso terá. Na vida real, a massa geralmente permanece constante. O corpo de um atleta, um taco, uma bola, uma luva e uma raquete mantêm o mesmo peso. Nestes casos, o fator que aumenta o momento é a velocidade, razão pela qual se diz que a velocidade mata. A aceleração é o aumento da velocidade e uma das qualidades mais procuradas no esporte. Por outro lado, uma redução no momento muitas vezes é chamada de *desaceleração*. Conforme mencionado anteriormente, a desaceleração é tão importante quanto a aceleração quando se trata de desempenho atlético. Ambas são qualidades dinâmicas que envolvem força e velocidade, e o treinamento funcional para o esporte deve refletir isso. Exercícios como saltos, patinações e arremessos de *medicine ball* são ótimos para ensinar um atleta a manipular o momento e a trabalhar simultaneamente nos componentes de força e velocidade.

Forças de reação do solo

Outra característica do ambiente operacional é a natureza terrestre da produção de força. Nas muitas coisas para as quais se faz uma preparação, é necessário produzir forças de baixo para cima. Seja rebatendo com um bastão, pegando um adversário em um esporte de combate ou bloqueando um *tackle* defensivo no futebol americano, a força produzida para a atividade é determinada pela capacidade do atleta de transferir as forças para e do chão por meio de um contato sólido do pé com o solo e das forças de reação do pé.

Isaac Newton explica a razão para isso em sua terceira lei do movimento, a lei da ação e reação. Essa lei afirma que, para cada ação, há sempre uma reação oposta e igual. Isso significa que quando se está em pé aplicando forças ao chão, o solo devolve uma quantidade igual de força. Portanto, quando se apoia o pé no chão durante a fase de apoio da corrida, o solo fornece a mesma quantidade de força de volta, impulsionando os quadris na direção pretendida.

As forças de reação do solo também influenciam a abordagem para o treinamento de equilíbrio e como usar superfícies instáveis. Embora o treinamento de equilíbrio possa ser eficaz para manter as vias neurológicas abertas e a comunicação neural fluindo, o treinamento de equilíbrio (ou seja, instável) não fornece a estabilidade necessária para transmitir forças elevadas via contato sólido do pé com o solo, como é exigido em todos os esportes terrestres. É impossível reagir com o solo quando algo macio ou instável está entre o chão e o corpo. Como é necessário reagir com o solo para transmitir a força, deve-se reavaliar o uso do treinamento de equilíbrio para produzir e transmitir potência. A recomendação é simples: plantar os pés no chão e mover coisas pesadas o mais rápido possível em todas as direções.

As forças de reação do solo são importantes em todos os esportes, mesmo naqueles como a natação. Conforme mencionado anteriormente, mesmo que o esporte em si não dependa muito do contato com o solo, o treinamento de força em uma academia é, na sua maior parte, baseado em terra. Portanto, a eficácia do desenvolvimento de força em uma academia é baseada no contato e na reação com o solo.

Três planos de movimento

O último elemento do ambiente operacional é a sua natureza tridimensional. Todos os dias, atua-se em um ambiente que tem capacidade de movimento de 360°. Esta liberdade de movimento fornece uma enorme capacidade de força e potência por meio da carga triplanar.

Como a maior parte, se não todos, dos movimentos esportivos ocorrem em um ambiente multiplanar, só faz sentido treinar consistentemente nesse ambiente. Deve-se treinar de uma maneira que envolva os três planos de movimento se o objetivo é se preparar para o ambiente multiplanar do esporte. Os três planos de movimento fornecem muitas vantagens. Por exemplo, 360° de movimento possibilitam que os músculos recebam carga em três planos de movimento simultaneamente. No entanto, este incrível benefício também deve ser estabilizado ao longo dos três planos. Isso é chamado de *estabilidade triplanar*. A falta de estabilidade triplanar é uma desvantagem crucial do treinamento tradicional, especialmente o treinamento realizado em aparelhos, mas é um atributo-chave desenvolvido pelo treinamento funcional.

"Rodovias" de potência esportiva

O corpo conecta seus principais sistemas musculares a fim de criar "rodovias" em termos de produção de potência nos movimentos esportivos mais comuns. Criar um mapa dessas "rodovias" de potência fornece um novo modelo de treinamento que engloba todas as direções em que o corpo se move e um modelo de treinamento que corresponde a essas direções – o chamado octógono de treinamento.

O corpo como um arco melhor: direção da produção de força esportiva

Uma das maneiras mais simples de ilustrar como o corpo produz potência é compará-lo a um arco. Sabe-se que, para tensionar um arco, primeiro deve-se curvá-lo (Fig. 2.8*a*). Sabe-se também que a parte mais forte e mais dura do arco é o centro, ou o *core*.

Por exemplo, um tenista dobra seu corpo para trás ao sacar (Fig. 2.8*b*). Esta inclinação do tronco para trás tensiona a parte anterior do corpo. Como o arco, o tenista obtém sua potência de seu centro. Esta analogia revela a especificidade de exercícios simples, como o nadador com elástico e o arremesso de *medicine ball* ao solo. Esses dois exercícios podem treinar o arco anterior do corpo e melhorar qualquer atividade de arremesso acima da cabeça.

Continuando a analogia do arco, o corpo também se flexiona para impor carga à parte posterior do arco. Esta pode receber carga e fornecer potência a todas as mudanças de nível (p. ex., saltar, levantar-se do chão, levantar objetos). Por exemplo, um nadador ou velocista inclina (flexiona) toda a sua musculatura posterior para tensionar o arco posterior a fim de empurrar o bloco de partida e fazer a virada na parede da piscina. Da mesma maneira, um lutador pega um oponente com os músculos do *core* da parte posterior do arco.

Essa imagem possibilita apreciar a especificidade de exercícios de força geral, como o levantamento-terra, exercícios funcionais mais específicos, como o *swing* unilateral com *kettlebell* e o arremesso em concha reverso com *medicine ball*. As partes anterior e posterior do arco não só aceleram a flexão e a

Figura 2.8 (a) O arqueiro curva o arco para tensioná-lo. (b) O tenista curva o corpo a fim de produzir potência ao sacar.

extensão como também trabalham em oposição entre si de maneira cooperativa, como será visto na análise de seus componentes diagonais.

Serapes anterior e posterior

Expandindo a analogia do arco e a imposição de carga diagonal ao *core*, pode-se ver o corpo como uma série de arcos conectados, como uma fita ou cachecol. Essa configuração diagonal é chamada de *serape anterior* (Fig. 2.9) e *serape posterior* (Fig. 2.10). Esse sistema biomecânico é extremamente importante no esporte, e compreendê-lo vai ser útil para aprender como o corpo se move e como treiná-lo.

O serape anterior conecta o ombro direito à perna esquerda e o ombro esquerdo à perna direita ao longo da parte anterior do corpo. Para completar a figura de fita, cada ombro é posteriormente ligado à coluna vertebral por meio da escápula. Em oposição direta, o serape posterior conecta o ombro direito à perna esquerda e o ombro esquerdo à perna direita ao longo da parte posterior do corpo. Para completar a figura da fita, cada ombro é conectado anteriormente ao esterno pelos músculos peitorais (músculos do tórax). Pode parecer contraditório ter um sistema muscular anterior conectado pela musculatura posterior e um sistema muscular posterior conectado pela musculatura anterior, mas essa configuração faz todo o sentido quando se pensa em exemplos semelhantes na vida cotidiana. Um cinto precisa passar por toda a parte posterior para segurar a frente da roupa, um cachecol envolve a parte traseira para manter a frente no lugar, e um casaco precisar ter a parte das costas para segurar a parte da frente no lugar. Os serapes anterior e posterior funcionam de maneira agonista e antagonista coordenada; o quanto o serape anterior acelerar, o serape posterior desacelera e vice-versa.

Para trazer o serape à vida real, será usado o exemplo anterior do arremessador destro. Ele é inicialmente acelerado pelo serape posterior (perna direita para o ombro esquerdo) durante o *windup* e a passada. As fases de armação e aceleração utilizam os músculos do serape anterior que se cruzam diagonalmente da perna esquerda para o ombro direito: os flexores e adutores do quadril esquerdos, oblíquo interno do abdome esquerdo, oblíquo externo do abdome direito e serrátil anterior direito.

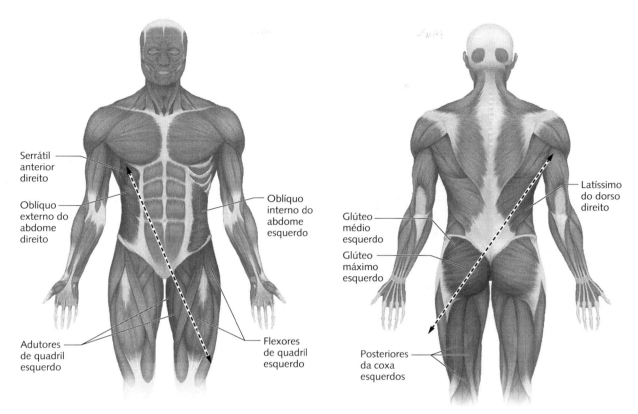

Figura 2.9 Serape anterior. **Figura 2.10** Serape posterior.

O arremessador destro é desacelerado pelos músculos do serape posterior que cruzam diagonalmente da perna esquerda ao ombro direito: o sóleo esquerdo, o gastrocnêmio esquerdo, os posteriores da coxa esquerdos, os glúteos esquerdos e o latíssimo do dorso direito.

Essas aceleração e desaceleração diagonais são um evento orquestrado que é encontrado em todos os esportes, especialmente quando é usada a rotação. Por exemplo, a mesma musculatura que desacelera um arremessador destro pode acelerar um *backhand* no tenista destro.

Uma vez que se compreenda a natureza diagonal dos serapes anterior e posterior, torna-se possível perceber como todos os movimentos esportivos, bem como os quatro pilares, obtêm a sua potência. Com esta compreensão, o treinamento funcional para o esporte se torna tão simples como treinar as "rodovias" de potência do serape. A seguir, é demonstrado um sistema de treinamento projetado para treinar as "rodovias" de potência.

Octógono de treinamento do JC

Aprender o funcionamento interno do serape pode levar um pouco de tempo, e aprender a treiná-lo pode levar ainda mais tempo. Este autor desenvolveu o chamado octógono de treinamento para facilitar o treinamento dos serapes.

Combinando-se os quatro pilares do movimento humano, a analogia do arco e os modelos dos serapes anterior e posterior, percebe-se que o corpo inclina e gira em oito direções e, portanto, pode desempenhar praticamente qualquer habilidade esportiva. Essas oito direções são as "rodovias" de potência. Como mostra a Figura 2.11, as linhas 1, 2 e 8 apontam para a direção do movimento que utiliza predominantemente a musculatura posterior para estender o corpo. As linhas 4, 5 e 6 usam sobretudo os músculos anteriores para flexionar o corpo. As linhas 3 e 7 usam combinações de músculos anteriores e posteriores para causar uma rotação horizontal em rede. Quando se diz *predominantemente*, isso não significa *exclusivamente*; todos esses sistemas são integrados e ajudam uns aos outros. Aqui, o modelo foi exageradamente simplificado para torná-lo fácil de entender.

A Tabela 2.7 reúne tudo, incluindo as oito "rodovias" de potência do octógono, os principais sistemas musculares envolvidos no movimento, as habilidades esportivas associadas ao movimento e alguns exercícios que podem melhorar o movimento.

Nota-se, portanto, que o octógono de treinamento oferece um modelo biomecânico simples e um sistema de treinamento que qualquer técnico ou atleta de força pode usar para treinar funcionalmente. Por exemplo, ao analisar a coluna Habilidades esportivas e selecionar um movimento que precisa ser treinado, encontra-se um exercício adequado na coluna Exercícios. As outras colunas fornecem informações adicionais, como o sistema muscular utilizado e a direção do movimento.

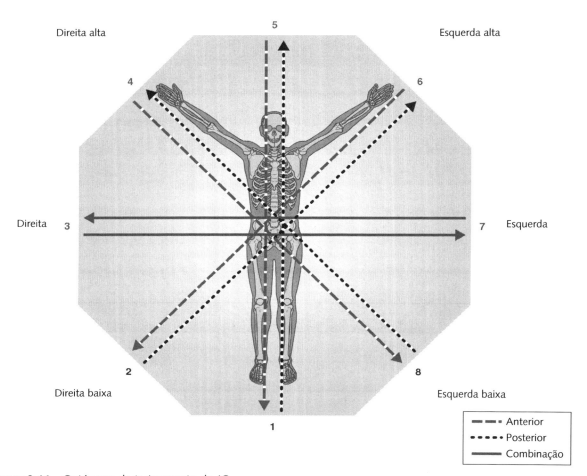

Figura 2.11 Octógono de treinamento do JC.

Capítulo 2 Fundamentos do treinamento funcional

Tabela 2.7 Octógono de treinamento do JC

Número	Direção do movimento	Músculos envolvidos	Habilidades esportivas	Exercícios
1	Baixa para alta	Músculos posteriores da coxa, glúteos, músculos paravertebrais	Saltos verticais e longos com as duas pernas, levantamentos (do solo)	Agachamento, *wood chop* com *medicine ball*, levantamento bom-dia, levantamento-terra, avanço, hiperextensão com bola suíça, hiperextensão reversa com bola suíça, ponte com bola suíça, balanço com *kettlebell*, *superman*
2	Direita baixa para esquerda alta	Posteriores da coxa direitos, glúteos direitos, latíssimo do dorso esquerdo	*Backhand* com o braço esquerdo, *forehand* com o braço direito, fixar a perna direita para cortar para a esquerda, desaceleração do arremesso com o braço esquerdo	Remada baixa cruzada com a mão esquerda, avanço com alcance de perna direita, alcance anterior contralateral na perna direita, *chop* direita baixa para esquerda alta com elástico ou polia, *chop* direita baixa para esquerda alta com *medicine ball*, remada de braço esquerdo com elástico ou polia com perna direita em posição de avanço
3	Direita para esquerda (combinação de direita baixa para esquerda alta e direita alta para esquerda baixa)	Mesmos que 2 e 4	Oscilação de rebatida com o braço direito, corrida com a perna direita apoiada no chão, oscilação de rebatida com braço esquerdo em desaceleração	Rotação curta da direita para a esquerda com elástico ou polia, arremesso rotacional da direita para a esquerda com *medicine ball*, esquiador à esquerda com bola suíça
4	Direita alta para esquerda baixa	Serrátil anterior direito, oblíquo externo do abdome direito, oblíquo interno do abdome esquerdo, flexores e complexo adutor de quadril esquerdo	Arremesso ou saque com a mão direita, chute com a perna esquerda	*Chop* da direita alta para esquerda baixa com cabo, *crunch* cruzado do braço direito para perna esquerda ou *V-up*, flexão de joelho cruzado com a perna esquerda, desenvolvimento de braço direito com elástico ou polia em posição de avanço
5	Alta para baixa	Flexores e músculos abdominais de quadril bilaterais	Pique ou flexão de joelho nos saltos ornamentais ou na ginástica, trabalho de defesa na luta corpo a corpo	Abdominais superiores e inferiores, *crunch*, *V-up*, flexão de joelho, troca de bola com bola suíça e *medicine ball*

(continua)

Tabela 2.7 Octógono de treinamento do JC (*continuação*)

Número	Direção do movimento	Músculos envolvidos	Habilidades esportivas	Exercícios
6	Esquerda alta para direita baixa	Serrátil anterior esquerdo, oblíquo externo do abdome esquerdo, oblíquo interno do abdome direito, flexores e complexo adutor do quadril direito	Arremesso ou saque com o braço esquerdo, chute com a perna direita	*Chop* com cabo da esquerda alta para direita baixa, *crunch* cruzado do braço esquerdo para perna direita ou *V-up*, flexão de joelho cruzada com a perna direita, desenvolvimento de braço esquerdo com elástico ou polia em posição de avanço
7	Esquerda para direita (combinação de esquerda baixa para direita alta e esquerda alta para direita baixa)	Mesmos que 6 e 8	Oscilação de rebatida com o braço esquerdo, corrida com a perna esquerda apoiada no chão, oscilação de rebatida com braço direito em desaceleração	Rotação curta da esquerda para a direita com elástico ou polia, arremesso rotacional da esquerda para a direita com *medicine ball*, esquiador à direita com *medicine ball*
8	Esquerda baixa para direita alta	Posteriores da coxa esquerdos, glúteos esquerdos, latíssimo do dorso direito	*Backhand* com o braço direito, *forehand* com o braço esquerdo, fixar a perna esquerda para cortar com a esquerda, desaceleração do arremesso com o braço direito	Remada baixa cruzada com a mão direita, alcance anterior contralateral na perna esquerda, avanço com alcance de perna esquerda, *chop* esquerda baixa para direita alta com elástico ou polia, *chop* esquerda baixa para direita alta com *medicine ball*, remada de braço direito em posição de avanço

Conclusão

Este capítulo estabeleceu a estrutura de como o treinamento funcional pode melhorar o desempenho esportivo. Das definições básicas à discussão biomecânica dos quatro pilares e do octógono de treinamento, as informações possibilitam que o atleta e o treinador compreendam melhor o treinamento funcional e como avaliar e projetar exercícios e programas. Coletivamente, as informações contidas nestes dois primeiros capítulos estabelecem o cenário para os exercícios e os programas descritos no restante do livro.

CAPÍTULO 3

O *continuum* do desempenho

As pessoas costumam perguntar sobre o melhor momento para começar o treinamento funcional, e a resposta é: ontem. Em vários congressos profissionais sobre treinamento funcional, é comum haver profissionais que acreditam que o treinamento funcional deve ser realizado em uma sequência de treinamento. Outros sugerem que o treinamento funcional é um método avançado que deve ser tentado apenas depois de realizar uma fase de treinamento geral usando máquinas de musculação. Outros ainda argumentam que o treinamento funcional é eficaz apenas durante a fase de reabilitação e que os métodos tradicionais de treinamento, como o levantamento de peso olímpico e o levantamento de potência (*powerlifting*) devem ser as bases do treinamento de força. Alguns acreditam até mesmo que o treinamento funcional é um treinamento específico para o esporte, que deve ser usado com moderação durante a baixa temporada e a pré-temporada. Embora essas opiniões possam ser aplicadas nos métodos de treinamento e ter algum sucesso, a questão permanece: qual é a melhor maneira de usar o treinamento funcional?

É consenso que os atletas bem-sucedidos fazem de tudo para alcançar o sucesso, e talvez alguns até mesmo façam uma quantidade mínima de treinos de força e condicionamento. Também é consenso que podem-se encontrar, ao longo da história, campeões que não eram assíduos ao treinamento de força e condicionamento. Isso significa que não se deve recomendar treinamentos de força e condicionamento bem programados (funcionais ou não) aos atletas? Embora alguns grandes profissionais do passado, e mesmo alguns do presente, possam ter confiado no talento puro para dominar seu esporte, a maior parte dos profissionais concorda atualmente que um programa de força e condicionamento é essencial para o sucesso esportivo.

Em relação a qual tipo de programa de força e condicionamento é o melhor, pode-se dizer com certeza que o uso adequado de *todos* os métodos de treinamento sempre foi a melhor abordagem para o desenvolvimento de um programa ideal – e isso inclui o treinamento funcional. Portanto, o treinamento funcional deve ser considerado dentro de uma filosofia de treinamento, dentro de um sistema e como um método de treinamento – mas sem a exclusão dos outros sistemas de treinamento. Essa sempre será nossa posição sobre treinamento de força e condicionamento.

Critérios para o treinamento funcional e eficaz

Treinadores e técnicos muitas vezes se perguntam se um exercício é o exercício correto, ou até mesmo adequado, para o seu atleta. Por incrível que pareça, essa é uma pergunta realmente fácil de responder. Se um exercício tem especificidade biomecânica, pode ser realizado sem dor, pode ser realizado com boa forma e melhora a qualidade do movimento de uma semana para a outra, trata-se de um exercício funcional e eficaz.

Especificidade biomecânica

Nos capítulos anteriores, foram discutidos o significado do movimento funcional e o princípio da especificidade. Sabe-se que quanto mais próximo um exercício simula a atividade-alvo, mais específico e funcional ele é. No entanto, existem muitos exercícios eficazes que não se encaixam nesse princípio geral. Por exemplo, o *leg press* unilateral e a ponte unipodal com bola suíça (ou *fitball*) são duas progressões funcionais que melhoram a velocidade da corrida sem se parecer com um exercício de corrida. Estas progressões funcionam porque a especificidade se aplica a uma fração de um movimento, tanto quanto se aplica ao movimento total. No caso da ponte unipodal com bola suíça, obviamente não há a carga vertical que ocorre no movimento de corrida. No entanto, esse exercício ensina os posteriores da coxa a puxar e estender o quadril, enquanto simultaneamente controla a flexão e a extensão. O fato de o exercício de ponte unipodal com bola suíça poder ser usado por um corredor que não pode correr em razão de canelite ou lesão na parte lombar da coluna vertebral o torna uma das mais poderosas progressões de exercício funcional para a corrida, mesmo que não se pareça em nada com a corrida em si.

Treinamento sem dor

Treinar sem dor é essencial no caso da força e do condicionamento. Todo mundo aprecia a força mental e a atuação com dor durante momentos competitivos especiais; no entanto, o treinamento deve permanecer livre de dor. A dor é um dos mecanismos que o corpo usa para se proteger enquanto repara alguma estrutura ou tecido. Ela limita a amplitude de movimento ou a carga imposta a uma estrutura ou tecido alterando os padrões de movimento. Portanto, o treinamento com dor é o treinamento com um padrão de movimento alterado. Ensinar e reforçar padrões de movimento incorretos podem reduzir o alto desempenho dos atletas e predispô-los a mais lesões, possivelmente permanentes. Por essa razão, costuma-se orientar para trabalhar em torno da dor, não através dela. A mensagem é: treinar sem dor.

Bom controle

O bom controle do movimento correto é a razão pela qual a progressão adequada é fundamental, e não apenas legal de se ter. O movimento correto é essencial por uma infinidade de razões. De uma perspectiva do desempenho, ele fornece a produção de força sinérgica entre músculos e sistemas musculares que se traduz em mais força e potência. Quando os músculos trabalham de maneira mais coordenada, o corpo pode produzir mais força com menos esforço. O movimento correto também fornece uma melhor distribuição da força sobre os sistemas musculares. Isso significa que nenhuma articulação ou estrutura recebe uma carga excessiva, evitando um significativo desgaste em áreas específicas, como os joelhos. A boa qualidade do movimento também pode ajudar a evitar lesões, reduzindo muito a probabilidade de lesões sem contato, como as lacerações do ligamento cruzado anterior (LCA).

Progresso constante

Tradicionalmente, o progresso tem sido visto como a quantidade de peso que um atleta pode levantar. No entanto, o progresso vem em muitas formas. Menos dor, movimento mais rápido, cargas mais pesadas e maior coordenação são formas de progresso. Ao observar o treinamento a partir de uma perspectiva funcional, nota-se que o progresso é menos objetivamente quantificado e mais subjetivamente avaliado. É difícil colocar no papel como a estabilidade melhorou em um alcance anterior unipodal, como o corpo melhorou sua rigidez por meio da transição rotacional do T *push-up* ou como o ritmo da pelve e da coluna vertebral melhoraram no avanço com alcance. No entanto, todos esses são exemplos de progresso e são as melhorias que levam ao aprimoramento atlético.

As chaves para o progresso são a paciência e a progressão. A maioria dos atletas e técnicos concorda com isso, mas poucos praticam o que pregam. O maior erro cometido no treinamento funcional, e até mesmo no treinamento em geral, é a falta de progressão, que muitas vezes decorre da falta de paciência. Técnicos, treinadores e até mesmo atletas sempre querem seguir para o exercício mais avançado ou a carga mais elevada, mas o mau controle associado ao avanço rápido demais acaba por retardar o progresso, impedindo que o atleta obtenha um volume suficiente de trabalho de qualidade. Por exemplo, todos querem realizar o alcance anterior unipodal sem gastar um tempo suficiente com o alcance anterior em posição de avanço. Obtém-se mais resultado com 20 alcances anteriores em posição de avanço bem realizados do que com 10 alcances unipodais) mal executados. Portanto, para alcançar um progresso constante, é melhor obter resultado com um volume maior do exercício básico se ele for mais bem executado.

Manipulação da intensidade funcional

Saber como progredir e regredir um exercício possibilita combinar a intensidade perfeita do exercício com a habilidade de um atleta. Algumas técnicas simples podem ser usadas para regredir ou progredir a intensidade de qualquer exercício de modo a adequá-lo à capacidade do praticante. Estas técnicas utilizam o ambiente operacional previamente discutido neste livro, bem como as leis mecânicas da física, para adicionar ou reduzir a carga de treinamento e intensidade. A seguir, serão abordados alguns desses ajustes práticos que podem fazer qualquer exercício ser o correto.

Manipulação da velocidade do movimento

Alterar a velocidade do movimento pode mudar a intensidade de qualquer exercício. De modo geral, quanto mais rápido é um exercício, mais difícil ele é. Isso ocorre porque é necessária potência adicional para aumentar e, em seguida, reduzir o impulso produzido pela velocidade. Isso é especialmente verdadeiro para movimentos de potência, como os saltos. Um salto requer mais força durante a decolagem e a aterrissagem que um agachamento só com o peso do corpo.

No entanto, a velocidade pode funcionar de outra maneira durante alguns exercícios de fortalecimento. Desacelerar a velocidade de um exercício pode aumentar o tempo sob tensão e o trabalho desempenhado, aumentando assim a sua intensidade. Por exemplo, se um atleta pode realizar 10 elevações rapidamente, desacelerá-las contando até 3 em cima e em baixo aumentará o trabalho feito e reduzirá as repetições para 4 ou 5.

Manipulação do braço de alavanca

O braço de alavanca de um exercício é a distância de um ponto fixo ao local em que a força é aplicada (Fig. 3.1). Quanto mais longo o braço de alavanca, maior a carga e mais difícil o exercício.

O uso mais comum do braço de alavanca como uma modificação em exercícios funcionais pode ser visto na flexão de braços. Uma flexão de braços realizada no chão é mais difícil que uma flexão de braços realizada com as mãos em um banco ou com apoio

Figura 3.1 Braço de alavanca.

nos joelhos em vez de nos pés (Fig. 3.2). Isso ocorre porque a flexão de braços no chão fornece o maior braço de alavanca dos pés (o ponto fixo) aos ombros (o ponto distal). A mesma abordagem se aplica a progressões como *flys versus* supinos horizontais e elevações laterais *versus* desenvolvimentos de ombro.

Manipulação da base de apoio

Manipular a base de apoio de um exercício pode alterar drasticamente a sua intensidade. Aumentar a base de apoio fornece mais estabilidade e equilíbrio, reduz a carga sobre os pontos de estabilização e a dificuldade do movimento. Reduzir a base de apoio impõe maior tensão sobre a estrutura de apoio. Por exemplo, realizar uma rosca de bíceps com halter unipodal requer mais estabilidade do *core* e do quadril para manter a figura em sete em comparação ao mesmo exercício sendo realizado sobre duas pernas. Em razão da necessidade de equilíbrio, a velocidade de movimentação dos halteres também diminui, dando ao bíceps mais tempo sob tensão (i. e., um melhor estímulo à hipertrofia).

Reduzir a base de apoio (indo de uma posição de quatro apoios para uma posição de três apoios) também aumenta a carga sobre outras estruturas de apoio, mesmo que não necessariamente em contato com o solo, como na flexão de braços sobre três apoios (Fig. 3.3). Durante esse exercício, observam-se cargas maiores não apenas no braço de apoio, mas também no *core*, que deve evitar rotacionar e cair.

O objetivo dessas informações sobre pedagogia e progressão é que elas demonstrem o quão importante é a instrução para o desenvolvimento e a segurança de um atleta. Há uma razão pela qual nem todo mundo pode ser um técnico: é preciso muita formação, uma abordagem sistemática, paciência e disciplina para fornecer a instrução correta no momento certo para facilitar a execução precisa e uma melhora contínua no desem-

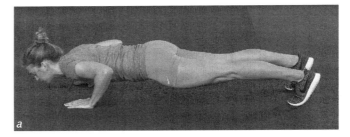

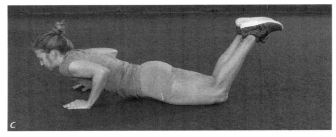

Figura 3.2 Flexão de braços e braço de alavanca: (*a*) flexão de braços completa no chão; (*b*) flexão de braços em um banco; (*c*) flexão de braços no chão com apoio nos joelhos. Reduzir o braço de alavanca cria uma progressão mais fácil do exercício de flexão de braços.

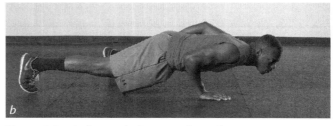

Figura 3.3 A flexão de braços sobre três apoios impõe uma maior demanda sobre a estabilidade do ombro do braço de apoio e também desenvolve excelente rigidez do *core*.

penho esportivo. Como o treinamento funcional é mais intensivo do ponto de vista de instrução que outras modalidades de treinamento de força (como com aparelhos de musculação e pesos), a instrução, a progressão e a execução são particularmente importantes.

Manipulação da amplitude de movimento

Ajustar a amplitude de movimento de um exercício pode alterar grandemente a sua dificuldade e a intensidade do treino. Maiores amplitudes de movimento, especialmente durante um movimento lento e controlado em que o momento não desempenha um papel significativo na produção do movimento, exigem mais trabalho e, muitas vezes, maior controle. Um exemplo disso pode ser visto nas progressões dos exercícios de alcance unipodal e agachamento unipodal. Um alcance até o pé é mais difícil que um alcance até o joelho, e um agachamento profundo unipodal é mais difícil que um agachamento parcial unipodal. Apenas alguns centímetros a mais em profundidade ou alcance podem transformar um exercício de iniciante em um exercício avançado. Essa mudança fácil e imediata na intensidade torna este ajuste eficaz em realizar séries piramidais, em que algumas repetições são feitas na intensidade maior, algumas são feitas em uma intensidade média e o descanso é feito em uma intensidade menor.

Ser capaz de ajustar um exercício simples para iniciantes e torná-lo um exercício avançado com apenas alguns centímetros de movimento é uma ferramenta poderosa quando se trabalha com atletas de diferentes níveis. Esse ajuste é um salva-vidas durante o treinamento em grupo, bem como no mundo do *personal training*, em que os clientes diferem em habilidades e, em algum momento, trabalham em pares e pequenos grupos.

Outras estratégias de manipulação

Existem outras maneiras de regredir ou progredir a intensidade dos exercícios funcionais. O mais óbvio é adicionar resistência externa, como um halter, *medicine ball*, elástico ou polia para aumentar a intensidade de treinamento. A adição de movimento, como uma passada e rotação em determinados exercícios (p. ex., desenvolvimentos com elásticos, remadas com elásticos) também pode aumentar a intensidade da progressão. Adicionar um estímulo, como uma plataforma vibratória ou uma barra oscilante, pode aumentar a dificuldade de exercícios como os agachamentos e os alcances anteriores. A vibração pode adicionar instabilidade e propriocepção que melhoram a comunicação entre músculos e sistemas musculares. Essa comunicação melhorada pode, então, ser traduzida em função por meio de exercícios funcionais específicos. No entanto, a vibração não fornece um passe livre como treinamento funcional. Ela deve ser usada para motivos e aplicações específicos, alguns dos quais estão além do escopo deste livro.

Outras estratégias para manipular a intensidade do treinamento funcional incluem mover-se em planos de movimento alvos e específicos, ou usar motivações específicas para facilitar padrões de movimento desejados. Por exemplo, o alcance anterior unipodal pode ser intensificado realizando o alcance para a frente e para cada lado, no que se chama de *padrão ABC*. Esse padrão força o quadril em maior rotação quando o atleta alcança os lados de fora e de dentro do pé de apoio.

Avaliação dos padrões de movimento

Recentemente tem havido muito progresso nas avaliações do movimento. Embora seja necessário algum método de avaliação para identificar onde os atletas estão no espectro funcional, as avaliações funcionais tornaram-se excessivamente complicadas, oferecendo a atletas, técnicos e treinadores poucas informações significativas para o treinamento. Alguns sistemas de avaliação do movimento associam números à qualidade da execução a fim de fornecer uma pontuação numérica.

Não há uma avaliação de movimento que preveja ou avalie corretamente o desempenho ou a suscetibilidade a lesões. O Dr. Stu McGill, uma das principais autoridades mundiais em estabilidade da coluna vertebral, estudou algumas dessas avaliações e encontrou resultados semelhantes. Além disso, muitas dessas avaliações utilizam posições não funcionais (p. ex., agachamento com os braços acima da cabeça) e tentam extrapolar informações funcionais a partir dessas posições. Usar um teste como um agachamento com os braços acima da cabeça para avaliar a função do corpo é equivalente a realizar a posição em cruz nas argolas da ginástica para avaliar a função do ombro. Embora algumas técnicas de avaliação dos sistemas disponíveis possam ser úteis para a coleta de informações pertinentes a um programa de exercícios, nenhum sistema, até o momento, parece ter tudo o que é necessário. Portanto, o autor criou seu próprio sistema.

O sistema de movimento utilizado para avaliar em que ponto do espectro do movimento está um atleta é semelhante a uma entrevista feita para descobrir se uma pessoa é adequada para um trabalho. Não há números a atribuir, não há preditores específicos de desempenho ou lesão e todos os movimentos precisam estar relacionados com uma função específica ou com o treinamento para essa função. Nessa abordagem de avaliação, o movimento (i. e., a avaliação) é o treinamento e o treinamento é o movimento. Pouco importa se a melhoria vem de aprender o movimento ou adquirir uma nova força que melhora o movimento; às vezes, ambos os fatores se tornam um e o mesmo.

Foram escolhidos oito exercícios básicos para avaliar e treinar os quatro pilares do movimento humano e, portanto, os *big four* dos movimentos esportivos. Dessa maneira, o treinamento fornece avaliação contínua e a avaliação contínua fornece treinamento contínuo e, portanto, melhora contínua no desempenho. Cada série e repetição destes exercícios é uma oportunidade para avaliar um pilar, enquanto também melhora esse pilar. Para cada uma das oito progressões, é fornecida a finalidade do exercício, os músculos trabalhados, as instruções de movimento e as sugestões a partir das perspectivas importantes dos movimentos (i. e., nas vistas frontal, lateral e posterior). Também são fornecidos alguns desvios comuns vistos na prática, suas causas gerais e exercícios que abordam os desvios, fortalecendo quaisquer músculos que possam estar fracos. Por fim, é fornecida uma meta realista que forma uma grande base a partir da qual se pode continuar o programa de treinamento funcional.

O primeiro exercício utilizado para corrigir qualquer desvio é o exercício que mostra o desvio. Basta usar as estratégias de manipulação fornecidas para regredir a intensidade do exercício e remover o desvio, e depois repetir o exercício de maneira correta. Por fim, o corpo se acostuma com a forma correta. À medida que a qualidade do movimento melhora, mais força é expressa, e progressões que antes eram impossíveis tornam-se mais fáceis de executar.

Aviso

Este processo de avaliação é também uma grande ferramenta de orientação que pode ser usada para avaliar e ensinar qualquer outro movimento funcional. No entanto, não é uma avaliação ortopédica de problemas musculares ou ortopédicos. Se você tiver dor, desconforto ou qualquer problema que não possibilite a conclusão adequada de qualquer uma dessas progressões, pare e entre em contato com um especialista em ortopedia e um fisioterapeuta para realizar uma avaliação biomecânica completa.

Alcance anterior contralateral unipodal

O alcance anterior contralateral unipodal é o exercício mais popular para melhorar e avaliar a locomoção. Este exercício trabalha a coordenação dos músculos posteriores da coxa, glúteos e paravertebrais em apoio unipodal. É particularmente eficaz para ensinar os músculos posteriores da coxa a estender o quadril e controlar a flexão e a extensão do joelho, bem como durante a fase de propulsão da corrida. A posição unipodal também fornece estabilidade de quadril na figura em sete, tão importante para qualquer habilidade locomotora.

Para realizar este exercício, deve-se: equilibrar-se sobre a perna esquerda e elevar o braço direito. Flexionar os quadris e abaixar-se o máximo possível com bom controle (Fig. 3.4). Iniciantes podem manter a mão na altura do joelho e atletas intermediários na altura da tíbia. Levar a mão à altura do pé aumenta ainda mais o grau de dificuldade do exercício para qualquer pessoa.

Em vista frontal, manter a figura em sete, conservando o quadril estável. O quadril, o joelho e o pé devem estar alinhados e os quadris estáveis e paralelos ao solo (i. e., produzindo uma figura de 7). Em vista lateral, manter o pé plano e estável e o joelho ligeiramente flexionado, alinhado sobre o pé. A maior parte do movimento deve vir da articulação do quadril, mantendo o joelho ligeiramente flexionado. As costas devem estar retas ou ligeiramente flexionadas para que o movimento seja sempre livre de dor. Em vista posterior, manter um alinhamento paralelo dos ombros e dos quadris durante todo o movimento.

Figura 3.4 Alcance anterior contralateral unipodal: (*a*) vista frontal; (*b*) vista lateral; (*c*) vista posterior.

Principais falhas
- Joelhos inclinados para dentro indicam fraqueza nos músculos posteriores da coxa, glúteos e paravertebrais.
- Elevação do calcanhar indica fraqueza nos músculos da panturrilha, posteriores da coxa, glúteos e paravertebrais.
- Quadris inclinados posteriormente (em vista lateral) ou deslocando-se para a direita ou para a esquerda (em vista posterior) indicam fraqueza nos músculos posteriores da coxa, glúteos e paravertebrais.

Exercícios corretivos

Para a fraqueza nos músculos glúteos, posteriores da coxa e paravertebrais, fazer os seguintes exercícios:
- Agachamento unipodal.
- Todos os tipos de avanço (variações tradicionais e com alcance).
- Todas as variações de levantamentos-terra e remadas compostas usando halteres, barras, elásticos ou polia.
- Ponte com bola suíça, hiperextensão com bola suíça e hiperextensão reversa com bola suíça.

Para a fraqueza nas panturrilhas, fazer os seguintes exercícios:
- Todos os tipos de exercício de marcha na parede.
- Ativação de panturrilha a 45°.

Meta básica

Em cada perna, fazer 10 repetições em menos de 15 segundos sem que a perna livre toque o chão.

Aumento da dificuldade do alcance anterior contralateral unipodal

Pode-se aumentar a dificuldade deste exercício usando halteres ou um elástico ou polia para uma progressão perfeita para o desenvolvimento de força.

Agachamento unipodal

Semelhantemente ao alcance anterior contralateral unipodal, o agachamento unipodal é um exercício fundamental usado para melhorar a figura em sete e todos os aspectos das atividades unipodais, especialmente quando se aplicam forças ao chão durante a fase de apoio da corrida. Ao contrário do alcance anterior contralateral unipodal, o agachamento unipodal usa mais flexão de joelho, o que aumenta o foco no quadríceps.

Deve-se, para tanto, equilibrar-se na perna direita enquanto segura a perna esquerda para contrabalançar. As mãos podem permanecer nos quadris ou ser estendidas para a frente para contrabalançar. Flexionar o tornozelo, o joelho e o quadril e abaixar o joelho da perna livre o máximo possível, mantendo o controle (Fig. 3.5).

Figura 3.5 Agachamento unipodal: (*a*) vista frontal; (*b*) vista lateral; (*c*) vista posterior.

Em vista frontal, sustentar uma figura em sete mantendo o quadril estável e um bom alinhamento do joelho. Observar se o quadril, o joelho e o pé estão alinhados e se os quadris estão estáveis e paralelos ao solo (i. e., criando uma figura de 7). Em vista lateral, manter o pé plano, estável e uma igual contribuição de flexão de tornozelo, joelho e quadril. As costas ficam retas durante todo o movimento, que sempre deve ser livre de dor. Em vista posterior, manter um alinhamento paralelo dos ombros e do quadril durante todo o movimento.

Principais falhas

- Joelhos inclinados para dentro indicam fraqueza nos músculos posteriores da coxa, glúteos e paravertebrais.
- Elevação do calcanhar indica fraqueza nos músculos da panturrilha, posteriores da coxa, glúteos e paravertebrais.
- Quadris inclinados posteriormente (em vista lateral) ou deslocando-se para a direita ou para a esquerda (em vista posterior) indicam fraqueza nos músculos posteriores da coxa, glúteos e paravertebrais.

Exercícios corretivos

Para a fraqueza nos músculos glúteos, posteriores da coxa e paravertebrais, fazer os seguintes exercícios:

- Alcance anterior contralateral unipodal.
- Todos os tipos de avanço (variações tradicionais e com alcance).
- Todas as variações de levantamentos-terra e remadas compostas usando halteres, barras, elásticos ou polia.
- Ponte com bola suíça, hiperextensão com bola suíça e hiperextensão reversa com bola suíça.

Para a fraqueza nas panturrilhas, fazer os seguintes exercícios:

- Todos os tipos de exercício de marcha na parede.
- Ativação de panturrilha a 45°.

Meta básica

Em cada perna, fazer 5 repetições com o joelho flexionado 90° ou um agachamento completo (joelho de trás toca o chão com o pé em contato com o chão).

Aumento da dificuldade do agachamento unipodal

Pode-se aumentar a dificuldade deste exercício usando halteres ou uma *medicine ball* para uma progressão perfeita para o desenvolvimento de força.

Agachamento bipodal
utilizando o peso corporal

O agachamento é um exercício fundamental utilizado para melhorar todos os aspectos das mudanças de nível e mecânica de levantamento. É excelente para o desenvolvimento da musculatura da parte inferior do corpo e do *core* posterior.

Dispor os pés afastados um pouco além da largura dos ombros. As mãos podem estar atrás da cabeça, nos quadris ou estendidas para a frente para contrabalançar. Mantendo as costas retas, iniciar o agachamento flexionando o quadril e igualmente os tornozelos, os joelhos e os quadris (Fig. 3.6).

Em vista frontal, formar uma posição em A pelo alinhamento dos ombros, quadris, joelhos e pés. Observar se quadris, joelhos e pés estão alinhados e se quadris e ombros estão paralelos ao chão. Em vista lateral, manter os pés planos e estáveis e obter igual contribuição à flexão do tornozelo, joelho e quadril. As costas permanecem retas durante todo o movimento, que deve ser realizado sem dor. Em vista posterior, manter um alinhamento paralelo de ombros e quadris durante todo o movimento.

Figura 3.6 Agachamento bipodal utilizando o peso corporal: (*a*) vista frontal; (*b*) vista lateral; (*c*) vista posterior.

Principais falhas
- Joelhos inclinados para dentro indicam fraqueza nos músculos posteriores da coxa, glúteos e paravertebrais.
- Elevação dos calcanhares indica fraqueza nos músculos da panturrilha, posteriores da coxa, glúteos e paravertebrais.
- Quadris inclinados posteriormente (em vista lateral) ou deslocando-se para a direita ou para a esquerda (em vista posterior) indicam fraqueza nos músculos posteriores da coxa, glúteos e paravertebrais.

Exercícios corretivos
Para a fraqueza nos músculos glúteos, posteriores da coxa e paravertebrais, fazer os seguintes exercícios:
- Agachamento unipodal e alcance anterior contralateral unipodal.
- Todos os tipos de avanço (variações tradicionais e com alcance).
- Todas as variações de levantamentos-terra e remadas compostas usando halteres, barras, elástico ou polia.
- Ponte com bola suíça, hiperextensão com bola suíça e hiperextensão reversa com bola suíça.
- Agachamento em padrão ABC com *medicine ball*.

Para a fraqueza nas panturrilhas, fazer os seguintes exercícios:
- Marcha ou corrida na parede a 45°.
- Ativação de panturrilha a 45°.

Meta básica

Realizar 20 agachamentos paralelos em 20 segundos sem dor muscular tardia no dia seguinte. Uma meta básica mais atlética e preferida para os atletas iniciantes envolve realizar 3 séries de 20 agachamentos com cerca de 2 minutos de descanso entre as séries e sem dor muscular tardia no dia seguinte.

Aumento da dificuldade do agachamento bipodal utilizando o peso corporal

Pode-se aumentar a dificuldade deste exercício usando barras, halteres, *kettlebells* ou *medicine ball* para uma progressão perfeita para o desenvolvimento de força.

Avanço alternado calistênico

Em razão da sua velocidade, padrão alternado e maior componente excêntrico, o avanço alternado tradicional é uma progressão intermediária para a maioria das pessoas. Para aqueles que não podem realizar essa progressão, um agachamento búlgaro ou um avanço unilateral repetido poderia ser um bom ponto de partida a partir do qual progredir para um avanço alternado. O avanço tradicional não só fortalece a figura em sete e alonga os flexores de quadril da perna de trás como também requer que o corpo trabalhe em desaceleração enquanto muda de nível.

A partir de uma posição em pé com os pés unidos e paralelos, dar um grande passo para a frente com um pé e flexionar os dois joelhos de modo a abaixar o corpo em direção ao chão, terminando em uma posição de agachamento búlgaro (Fig. 3.7). A partir desta posição, empurrar com o pé da frente e dar um passo para trás em direção ao pé de trás para retornar à posição inicial.

Em vista frontal, manter um posicionamento em A: alinhamento perfeito do pé, joelho, quadril e ombro, com o quadril e ombro perfeitamente paralelos ao chão. Em vista lateral, a tíbia da perna da frente deve sempre permanecer na posição vertical, e o joelho da perna de trás deve estar alinhado com ou atrás da linha do quadril e do ombro. Em vista posterior, os ombros devem estar paralelos aos quadris e ao chão. Evitar qualquer amplitude de movimento que provoque dor nos joelhos ou na parte lombar da coluna vertebral.

Figura 3.7 Avanço alternado calistênico: (*a*) vista frontal; (*b*) vista lateral; (*c*) vista posterior.

Principais falhas

- Joelhos inclinados para dentro indicam fraqueza nos músculos posteriores da coxa, glúteos e paravertebrais do mesmo lado.
- Elevação do calcanhar do pé da frente indica fraqueza nos músculos da panturrilha, posteriores da coxa, glúteos e paravertebrais do mesmo lado.
- Quadris deslocando-se para a direita ou para a esquerda (em vista posterior) indicam fraqueza nos músculos posteriores da coxa, glúteos e paravertebrais à esquerda ou à direita.

Exercícios corretivos

Para a fraqueza nos músculos glúteos, posteriores da coxa e paravertebrais, fazer os seguintes exercícios:

- Todos os tipos de avanço.
- Todos os exercícios unipodais.
- Todas as variações de levantamentos-terra e remadas compostas usando halteres, barras, elásticos ou polia.
- Ponte com bola suíça, hiperextensão com bola suíça e hiperextensão reversa com bola suíça.
- Agachamento em padrão ABC com *medicine ball.*

Para a fraqueza nas panturrilhas, faça os seguintes exercícios:

- Marcha ou corrida na parede a 45°.
- Ativação de panturrilha a 45°.

Meta básica

Realizar 20 avanços alternados (10 cada perna) em 30 segundos sem qualquer dor muscular tardia no dia seguinte. Uma meta básica mais atlética e preferida para os atletas iniciantes envolve realizar 3 séries de 20 avanços com cerca de 2 minutos de descanso entre as séries e sem dor muscular tardia no dia seguinte.

Aumento da dificuldade do avanço alternado

Pode-se aumentar a dificuldade deste exercício usando barra, halteres, *kettlebells* ou *medicine ball* para uma progressão perfeita para o desenvolvimento de força.

Flexão de braços utilizando o peso corporal

A flexão de braços utilizando o peso corporal é um exercício de flexão essencial no treinamento funcional. É um excelente exercício para a estabilidade do ombro, força da parte superior do corpo, rigidez do *core* e alongamento dos flexores de quadril.

Começar com as mãos no chão embaixo dos ombros, cotovelos estendidos e dedos dos pés apoiados no chão. Quando estiver pronto, flexionar os cotovelos abaixando o corpo até uma altura que mantenha uma boa técnica (Fig. 3.8). Estender os braços para retornar à posição inicial.

Em vista frontal, manter os ombros paralelos durante o movimento e não deixar que as escápulas se afastem do corpo. Em vista lateral, manter as costas retas, de modo que os quadris permaneçam alinhados com os ombros e a parte lombar da coluna vertebral não fique arqueada. Se isso ocorrer como resultado de um *core* fraco, usar um banco ou outra estrutura resistente para elevar o apoio de mão e encurtar o braço de alavanca, o que reduz a quantidade de peso necessário para realizar a flexão de braços. Uma vez que a flexão de braços utilizando o peso corporal na posição elevada é dominada com boa técnica e controle, baixar gradualmente o exercício até o chão. Se houver dor nos punhos, ombros ou cotovelos durante a flexão de braços, elevar o apoio de mão ou usar pegadas paralelas portáteis durante o exercício para que este possa ser realizado sem dor.

Figura 3.8 Flexão de braços utilizando o peso corporal: (*a*) vista frontal; (*b*) vista lateral; (*c*) vista posterior.

Principais falhas

- A queda do quadril (colapso do *core*) indica fraqueza no abdome e flexores de quadril.
- A elevação dos quadris indica fraqueza no abdome e nos flexores de quadril.
- A protrusão das escápulas (colapso do ombro) indica fraqueza nos estabilizadores de ombro durante o movimento de empurrar.

Exercícios corretivos

Para a fraqueza no abdome e flexores de quadril, fazer os seguintes exercícios:
- Todos os tipos de avanço.
- Todas as variações dos exercícios de prancha e flexão de braços.
- Desenvolvimento alternado em posição de avanço com elásticos ou polias.
- Todas as variações de flexão de joelho.
- *V-up*.

Para a fraqueza nos estabilizadores de ombro durante o movimento de empurrar, fazer os seguintes exercícios:
- Todas as variações dos exercícios de prancha.
- Todas as variações de flexão de braços.
- Todas as variações de desenvolvimento com elásticos ou polias.

Meta básica

Realizar 15 a 20 flexões de braços perfeitas.

Instabilidade na flexão de braços

Pode-se aumentar a dificuldade deste exercício realizando-o em uma superfície instável, como uma bola suíça ou duas *medicine balls* ou fazendo o exercício com um só braço.

Remada inclinada

A remada inclinada trabalha os músculos da parte superior das costas e a estabilidade do *core* posterior. Ela fortalece a estabilidade de tração dos ombros, desenvolvendo a rigidez do *core* em toda a musculatura do *core* posterior. Também é excelente para o desenvolvimento de força no punho, bem como força no bíceps.

Segurar uma barra ou equipamento de suspensão, como um sistema TRX ou cordas. Deitar de costas de modo que o corpo esteja em uma linha reta dos ombros aos tornozelos. Ao retrair as escápulas e empurrar os quadris para cima, elevar o corpo, levando o tórax em direção às mãos (Fig. 3.9). Controlar o movimento de descida conforme os cotovelos começam a estender. Manter os ombros retraídos durante todo o movimento.

A resistência varia dependendo da posição do corpo. Quanto mais ereto o corpo estiver antes da puxada, mais fácil será o exercício. Conforme o corpo é abaixado em direção ao chão, haverá um aumento notável na resistência.

Em vista frontal, manter um alinhamento reto do corpo e os braços dispostos simetricamente. Em vista lateral, o corpo deve estar reto. Os quadris não devem cair quando a posição inferior é alcançada. Em vista posterior, as escápulas devem ser puxadas para trás e devem permanecer no lugar durante todo o movimento.

Figura 3.9 Remada inclinada: (*a*) vista frontal; (*b*) vista lateral; (*c*) vista posterior.

Principais falhas

- A queda do quadril na parte inferior do movimento (colapso do *core*) indica fraqueza nos posteriores da coxa, glúteos e paravertebrais.
- A proeminência das escápulas (colapso do ombro) indica fraqueza nos estabilizadores de ombro durante a puxada.

Exercícios corretivos

Para a fraqueza nos músculos glúteos, posteriores da coxa e paravertebrais, fazer os seguintes exercícios:
- Remada composta com elásticos ou polias.
- Ponte com bola suíça.
- Hiperextensão com bola suíça e hiperextensão reversa com bola suíça.
- Elevação/extensão lombar a 45°.
- Levantamento-terra 45° com elásticos ou polias.

Para a fraqueza nos estabilizadores de ombro durante a puxada, fazer os seguintes exercícios:
- Todas as remadas com elásticos ou polias.
- Todas as remadas com halteres e *kettlebell*.
- Nadador com elásticos.

Meta básica

Realizar 15 a 20 remadas inclinadas perfeitas em um ângulo corporal de 45°.

Aumento da dificuldade da remada inclinada

Pode-se aumentar a dificuldade deste exercício realizando-o com vários pegadores e unilateralmente.

Rotação com pivô

A rotação com pivô é um dos exercícios fundamentais utilizados para desenvolver a rotação de quadril, também parte do quarto pilar. Este exercício pode ser usado para avaliar e fortalecer a mobilidade do quadril, especificamente a rotação interna. É também um bom exercício para incluir em um aquecimento. O movimento de pivô pode ser adicionado a muitos exercícios, como o desenvolvimento de ombro alternado com halteres ou a rosca alternada com halteres, para adicionar um componente de rotação de quadril.

Começar com os pés afastados na largura dos ombros, braços na frente do corpo com as palmas das mãos unidas. Virar para a direita levando as mãos ao lado direito, enquanto faz um movimento de pivô sobre o pé esquerdo para a direita (Fig. 3.10). Retornar ao centro e, em seguida, fazer o mesmo para o lado esquerdo.

Em vista frontal, os dedos do pé e o joelho da perna estacionária devem apontar para a frente durante o movimento de pivô. Se o joelho da perna estacionária virar para fora, limiar o pivô a uma amplitude de movimento em que o joelho e o pé dessa perna permaneçam apontados para a frente.

Figura 3.10 Rotação com pivô: (*a*) lado direito; (*b*) lado esquerdo.

Principais falhas

- A falta de coordenação durante a descarga de peso da direita para a esquerda indica uma falta de coordenação corporal.
- Se os dedos do pé e o joelho da perna inferior estacionária (a perna que não faz o movimento de pivô) apontam para fora, isso indica fraqueza nos glúteos no plano rotacional no lado que não realiza o movimento de pivô.

Exercícios corretivos

Para a falta de controle do corpo durante o movimento de pivô, fazer o seguinte:
- Realizar todos os movimentos de pivô primeiro para um lado, e depois para o outro lado.
- Não realizar pivôs alternados.

Para a fraqueza dos glúteos no plano rotacional, fazer os seguintes exercícios:
- Rotação/*chop* de baixo para cima com elásticos ou polias.
- Avanço lateral com halteres ou *kettlebells*.
- *Chop* diagonal curto com *medicine ball*.
- Desenvolvimento cruzado acima da cabeça com haltere ou *kettlebell* com pivô.

Meta básica

Realizar 20 repetições alternadas corretas (10 cada lado) sem rotação para fora do joelho ou tornozelo da perna estacionária. Em outras palavras, girar medialmente o quadril sem girar o joelho ou o tornozelo do mesmo lado (i. e., rotação interna de quadril).

Aumento da dificuldade da rotação com pivô

Pode-se aumentar a dificuldade deste exercício realizando-o contra a resistência de um elástico ou polia, ou segurando um instrumento com peso, como uma anilha ou *medicine ball*.

Rotação sem pivô

A rotação sem pivô é um dos exercícios funcionais fundamentais que desenvolve a rigidez do *core* e a sua capacidade de transferir forças entre os quadris e ombros. Pode ser usado para avaliar e fortalecer a rigidez do *core* necessária para transferir a força dos quadris para os ombros, especialmente durante as atividades de rotação.

Manter as mãos na frente do corpo com as palmas das mãos unidas e os cotovelos estendidos. Começando de baixo para cima, os pés devem estar afastados na largura dos quadris, os dedos dos pés voltados para a frente, os quadris fixos no lugar, o *core* contraído, os cotovelos estendidos, e os ombros voltados para a frente. Como exemplo, pode-se imaginar em pé no centro de um relógio, com o 12 logo à frente. Mover as mãos à esquerda até 10 horas (Fig. 3.11) e depois à direita até 2 horas, sem mover os pés nem os quadris. Fazer um movimento rápido e suave.

Em vista frontal, verificar se os pés e os quadris não estão girando com as mãos e os ombros.

Principais falhas

Se os quadris tremerem e se moverem com os ombros enquanto os braços estão se movendo, isso indica uma falta de rigidez do *core*.

Figura 3.11 Rotação sem pivô: (a) 10 horas; (b) 2 horas.

Exercícios corretivos

Para a falta de rigidez do *core*, realizar os seguintes exercícios:
- Todas as variações dos exercícios de prancha.
- Todas as variações dos exercícios de flexão de braços.
- Todas as variações de *chops* com elásticos ou polias e rotações curtas com elásticos ou polias.
- Todos os desenvolvimentos e remadas com elásticos ou polias.

Metas básicas

- Realizar este exercício com boa velocidade por 20 segundos sem permitir que os quadris tremam.
- Realizar qualquer rotação curta de 10 a 2 horas sem permitir que os quadris tremam.

Aumento da dificuldade da rotação sem pivô

Pode-se aumentar a dificuldade deste exercício realizando-o contra a resistência de um elástico ou polia, ou segurando um instrumento com peso, como uma anilha ou *medicine ball*.

Conclusão

Este capítulo lançou as bases para o aprendizado e a realização da progressão apropriada do treinamento funcional. A execução correta das progressões básicas que apoiam os quatro pilares resultará em uma excelente ferramenta de avaliação, bem como preparará o cenário para a execução correta dos exercícios deste livro. Os próximos capítulos fornecem uma ampla seleção de exercícios de treinamento funcional que se expandem sobre as oito progressões básicas abordadas neste capítulo.

PARTE II

EXERCÍCIOS

CAPÍTULO 4

Fundamentos

Esta é a parte mais esperada do livro – os exercícios de treinamento. Este capítulo abrange as três principais modalidades de treinamento funcional: utilizando o peso corporal, elástico ou polia, halteres e *kettlebells*. Para cada modalidade, são fornecidos os exercícios mais comuns e eficazes e as melhores práticas de treinamento funcional. Cada exercício inclui fotos para ilustrar o movimento, detalhes sobre o exercício e instruções para apoiar a execução adequada.

No capítulo anterior, foram discutidos oito exercícios utilizando o peso corporal (ou seja, os oito exercícios básicos) que são usados na avaliação e treinamento dos quatro pilares. Os oito exercícios básicos também são as principais bases a partir das quais derivam todos os outros exercícios deste livro. É essencial dominar os oito exercícios básicos, a fim de aprender facilmente e executar com eficácia os outros exercícios deste livro.

A regra mais importante ao executar os exercícios deste livro é insistir no treinamento sem dor. A dor é o melhor aliado na manutenção da segurança; afastar-se de pressão, desconforto ou dor evita problemas. A próxima regra é inicialmente realizar todos os exercícios de maneira controlada e deliberada. Depois de dominar um exercício, deve-se executar as versões mais dinâmicas ou difíceis. O maior erro no treinamento é não dominar um movimento antes de passar para uma progressão mais avançada. Independentemente do tempo dispendido, é preciso concentrar-se na execução correta; a carga e a velocidade são consequências naturais.

Peso corporal/calistênico

Antes de adicionar velocidade ou carga externa ao corpo, é preciso garantir a posição corporal e o controle corretos. É por isso que o peso corporal é a modalidade mais importante a dominar. O ideal é primeiro aprender a mecânica corporal adequada e, em seguida, aplicar a boa biomecânica aprendida com o treinamento do peso corporal a todas as outras modalidades. Nesta seção, serão apresentadas algumas progressões naturais dos oito exercícios básicos (ver Cap. 3), acrescentando velocidade, amplitude de movimento, múltiplos planos de movimento e uma base de apoio reduzida.

Subir degrau/*step*

Detalhes e benefícios
- Esta é uma grande progressão básica para todo trabalho unipodal.
- Desenvolve a estabilidade do quadril e a extensão do quadril na figura em sete.
- Desenvolve a velocidade de corrida e ajuda a prevenir lesões nos posteriores da coxa.
- A dificuldade pode ser ajustada de acordo com a altura do degrau; quanto mais alto o degrau, mais difícil o exercício.
- Começar com uma altura de degrau que possibilite dar o passo sem empurrar com a perna de trás.

Figura 4.1 Subir degrau/*step*: (*a*) posição inicial; (*b*) subindo no degrau ou caixa.

Posição inicial
- Em pé no chão, com o degrau ou caixa à frente.
- Colocar todo o pé direito sobre o degrau ou caixa (Fig. 4.1*a*).

Movimento
- Apoiando-se apenas na perna direita, subir no degrau ou caixa com a perna esquerda (Fig. 4.1*b*).
- Apoiando-se apenas na perna direita, descer do degrau até o chão com a perna esquerda.
- Não usar a perna esquerda para empurrar o chão.
- Repetir a ação de subir degrau pelas repetições ou tempo desejado e realizar o movimento com ambas as pernas.

Aumento da dificuldade de subir degrau
Pode-se aumentar a carga deste exercício com o uso de halteres ou com uma *medicine ball*.

Impulsão unilateral
O exercício de subir degrau pode ser realizado explosivamente, passando a ser chamado de impulsão unilateral. Este é um grande desenvolvedor de potência e um complemento ao agachamento alternado unilateral com salto. Colocar o pé direito sobre o degrau ou caixa e subir explosivamente no degrau, realizando uma extensão potente até que todo o corpo esteja no ar. Não usar a perna esquerda para empurrar o chão. Aterrissar com o pé direito sobre a caixa e trazer o pé esquerdo de volta ao chão. Repetir a impulsão com a perna direita pelas repetições ou períodos desejados e fazer para ambos os lados.

Alcance do corredor

Detalhes e benefícios
- Progressão mais avançada do alcance anterior contralateral unipodal.
- Desenvolve a estabilidade do quadril na figura em sete.
- Ótimo para desenvolver a velocidade de corrida e prevenir lesões nos posteriores da coxa.

Posição inicial
- Em pé sobre a perna esquerda com o joelho esquerdo flexionado em cerca de 20°, como se estivesse correndo.
- Deixar a perna direita mover-se para trás enquanto os ombros se inclinam para a frente.
- Colocar os braços em posição de marcha – braço direito à frente, braço esquerdo atrás – com os cotovelos a 90° (Fig. 4.2a).

Movimento
- Estender o corpo enquanto traz o braço esquerdo à frente e leva o braço direito para trás.
- Enquanto os braços estão se movendo, levar também o joelho direito à frente e o pé direito para cima. Usar o comando verbal "joelho para cima, dedos dos pés para baixo" no topo da posição de corrida (Fig. 4.2b).
- No topo do movimento, o corpo deve estar apoiado sobre a ponta do pé esquerdo com o joelho esquerdo totalmente estendido (Fig. 4.2c). O joelho direito está elevado, os dedos do pé direito estão para cima, o braço esquerdo está à frente e o braço direito está atrás com ambos os cotovelos a 90°.
- Voltar à posição inicial e repetir.

Figura 4.2 Alcance do corredor: (a) posição inicial; (b) posição média; (c) topo do movimento.

Agachamento rotacional unipodal

Detalhes e benefícios
- Progressão multiplanar mais avançada do agachamento unipodal do Capítulo 3.
- Ótimo para o desenvolvimento de um controle rotacional unipodal para ajudar a prevenir lesões no LCA.

Posição inicial
- Em pé sobre a perna esquerda com o joelho esquerdo ligeiramente flexionado.
- Elevar a perna direita até que a coxa fique paralela ao chão e o pé apontado para cima (Fig. 4.3a).
- Manter os braços em qualquer posição confortável que ajude a manter o equilíbrio (p. ex., nos quadris).

Movimento
- Mantendo o joelho esquerdo voltado para a frente, agachar sobre a perna esquerda enquanto gira o joelho direito para a direita até que este esteja apontando para o lado direito do corpo (Fig. 4.3b).
- Girar lateralmente o quadril esquerdo enquanto vira, de modo que o joelho esquerdo permaneça apontando para a frente.
- Fazer para ambos os lados.

Figura 4.3 Agachamento rotacional unipodal: (a) posição inicial; (b) agachamento e giro do joelho direito.

Prancha

Detalhes e benefícios
- Pré-requisito para a flexão de braços.
- Excelente para a rigidez do *core* e a estabilidade do ombro.

Posição inicial
- Posição de flexão de braços estável, equilibrando-se apoiado nas mãos e na ponta dos pés (Fig. 4.4).
- Pode-se realizar este exercício sobre uma superfície macia apoiando-se nos cotovelos ou usar alças de flexão de braços caso haja problemas de punho.

Movimento
- Manter a posição durante o tempo prescrito.
- Garantir que a região lombar não se hiperestenda.
- Garantir que as escápulas estejam retraídas, e não aladas.

Figura 4.4 Prancha.

Prancha lateral em T

Detalhes e benefícios
- Pré-requisito para todos os exercícios de flexão de braços.
- Excelente para a rigidez do *core* e a estabilidade do ombro.

Posição inicial
- Posição de flexão de braços estável, equilibrando-se entre as mãos e a ponta dos pés.
- Girar para a esquerda, equilibrando-se sobre a mão direita, mantendo a parte interna do pé esquerdo e a parte externa do pé direito apoiadas no chão. Apontar o braço esquerdo em direção ao teto, formando um T para os lados (Fig. 4.5).
- Pode-se realizar este exercício sobre uma superfície macia apoiando-se nos cotovelos ou usar alças de flexão de braços caso haja problemas de punho.

Movimento
- Manter a posição durante o tempo prescrito.
- Garantir que o *core* não ceda nem desça durante o movimento.
- Fazer para ambos os lados.

Figura 4.5 Prancha lateral em T.

Flexão de braço com um braço (parte excêntrica)

Detalhes e benefícios
- Pré-requisito para a flexão de braço unilateral e a flexão de braços cruzada/alternada com *medicine ball*.
- Progressão avançada para desenvolver força no tórax superior, ombro e *core*.

Posição inicial
- Posição de flexão de braços estável, equilibrando-se entre as mãos e os pés.
- Elevar o braço esquerdo do chão e equilibrar-se sobre a mão direita em uma prancha de três pontos (Fig. 4.6a).
- Podem-se usar alças de flexão de braços caso haja problemas de punho.

Movimento
- Flexionar o ombro e o cotovelo esquerdos de modo a abaixar lentamente o corpo até que o tórax toque o chão (Fig. 4.6b). Fazer o movimento mais lento possível.
- Usar ambos os braços para voltar à posição de prancha de quatro pontos. Em seguida, equilibrar-se sobre o braço esquerdo novamente e repetir o movimento excêntrico.
- Fazer para ambos os lados. Para um treinamento avançado, pode-se realizar todas as repetições com o braço direito antes de realizá-las com o braço esquerdo. Para uma intensidade mais baixa, alternar os lados, realizando um movimento com o braço direito e, em seguida, com o braço esquerdo.

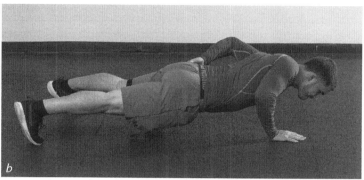

Figura 4.6 Flexão de braço com um braço (parte excêntrica): (*a*) posição inicial em prancha de três pontos; (*b*) abaixando o corpo.

Flexão de braços em T

Detalhes e benefícios
- Progressão mais avançada do exercício de flexão de braços, combinando a flexão de braços tradicional com a prancha lateral.
- Desenvolve a estabilidade do ombro e a rigidez rotacional do *core*.

Posição inicial
- Posição de flexão de braços estável (Fig. 4.7*a*).
- Equilibrar-se entre as mãos e a ponta dos pés.

Movimento
- Flexionar os cotovelos e abaixar o corpo até que o tórax fique a alguns centímetros do chão (Fig. 4.7*b*);
- Estender os braços e empurrar para cima, girando simultaneamente para a direita e equilibrando-se sobre a mão esquerda, mantendo a parte interna do pé direito e a parte externa do pé esquerdo apoiados no chão. Apontar o braço direito em direção ao teto, formando um T lateral (Fig. 4.7*c*).
- Girar de volta para a esquerda e colocar a mão direita no chão. Fazer uma flexão de braços e, em seguida, girar para a esquerda e equilibrar-se sobre a mão direita, mantendo a parte interna do pé esquerdo e a parte externa do pé direito no chão. Apontar o braço esquerdo em direção ao teto, formando um T lateral. Seguir alternando os lados.
- Pode-se usar alças de flexão de braços caso haja problemas de punho.

Figura 4.7 Flexão de braços em T: (a) posição inicial; (b) abaixar o corpo; (c) empurrar para cima e girar.

Mergulho

Detalhes e benefícios
- Progressão mais avançada dos exercícios de flexão de braços e pranchas.
- Desenvolve a estabilidade e a flexibilidade do ombro, juntamente com a força do peitoral e do tríceps.

Posição inicial
- Em pé sobre uma caixa ou outra estrutura resistente de modo a ficar posicionado entre duas barras paralelas afastadas na largura dos ombros.
- Colocar as mãos sobre as barras e segurá-las firmemente.
- Saltar na barra tirando os pés da caixa, mantendo o corpo estável e equilibrado entre as duas barras, e os braços totalmente estendidos (Fig. 4.8a).

Movimento
- Mantendo o *core* contraído e ligeiramente inclinado para a frente, flexionar os cotovelos e os ombros até que o tórax esteja alguns centímetros acima das mãos (Fig. 4.8b).
- Na base do mergulho, estender os braços e pressionar para cima até que os braços estejam totalmente estendidos.
- Repetir o movimento de mergulho.

Aumento da dificuldade do mergulho
Pode-se aumentar a carga deste exercício com um cinto com peso nos quais é possível fixar anilhas ou halteres.

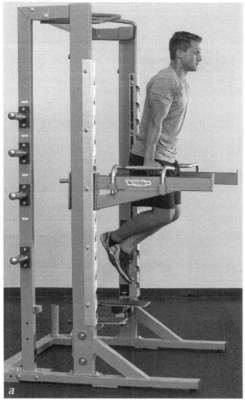 

Figura 4.8 Mergulho: (*a*) posição inicial; (*b*) mergulho.

X-up

Detalhes e benefícios
- Progressão dinâmica das pranchas e das flexões de braços.
- Ótimo exercício complementar à rotação/*chop* de cima para baixo com elástico ou polia.
- Desenvolve a musculatura diagonal do *core*, tornando-o um excelente exercício para praticantes de esportes que envolvem chutes e atletas de combate.

Posição inicial
- Deitar de costas no chão em posição de X – braços e pernas abertos, com os pés apontando para fora durante todo o exercício.
- Contrair o *core* antes de se mover a fim de estabilizar a região lombar da coluna vertebral.

Movimento
- Simultaneamente, elevar a mão direita e o pé esquerdo de modo que a mão direita toque no arco do pé esquerdo (Fig. 4.9*a*).
- Alternadamente, unir o braço direito e o pé esquerdo, e então o braço esquerdo e o pé direito (Fig. 4.9*b*).
- Os braços e as pernas devem permanecer estendidos, e os pés devem estar voltados para fora durante todo o movimento do *X-up*.

Figura 4.9 *X-up*: (*a*) mão direita no pé esquerdo; (*b*) mão esquerda no pé direito.

V-up

O *V-up* é uma variação popular do *X-up* que se concentra em movimentos mais simultâneos no plano sagital. Deitar de costas, olhando para cima e completamente estendido, com as mãos acima da cabeça e os pés unidos. Flexionar simultaneamente os quadris e unir as mãos e os pés acima da linha do quadril; em seguida, voltar à posição estendida. Manter os braços e as pernas completamente estendidos durante todo o exercício.

Ativação de panturrilha a 45°

Detalhes e benefícios
- Versão específica para velocidade do tradicional exercício de musculação de fortalecimento da panturrilha (elevação na ponta dos pés).
- Excelente para desenvolver a rigidez do tornozelo necessária para uma velocidade de corrida ideal.

Posição inicial
- Em pé de frente para uma parede.
- Apoiar as mãos na parede com os braços estendidos. Assumir uma inclinação de 45° e equilibrar-se na ponta do pé direito.
- Colocar o joelho e o pé na posição de marcha (Fig. 4.10*a*).

Movimento
- Mantendo os braços e o *core* rígidos e contraídos, realizar minibombeamentos de tornozelo sem permitir que o calcanhar toque o chão (Fig. 4.10*b*).
- Fazer para ambos os lados durante o tempo prescrito.

Figura 4.10 Ativação de panturrilha a 45°: (*a*) posição inicial; (*b*) bombeamento de tornozelo.

Corrida na parede a 45°

Detalhes e benefícios
- Progressão natural da ativação de panturrilha a 45°.
- Excelente para o desenvolvimento da postura do *core* durante a locomoção e da rigidez do tornozelo necessárias para a potência em aceleração.

Posição inicial
- Em pé, de frente para uma parede.
- Apoiar as mãos na parede com os braços estendidos. Assumir uma inclinação de 45° e equilibrar-se sobre a ponta do pé direito.
- Trazer o joelho e o pé esquerdos para cima à posição de corrida (sugestão de comando verbal: "joelho para cima, dedos do pé para cima") (Fig. 4.11*a*).

Movimento
- Manter os braços estendidos e o *core* rígido durante todo o movimento.
- Realizar um movimento rápido de corrida, simultaneamente levando o pé esquerdo ao chão enquanto traz o joelho e o pé direitos para cima (sugestão de comando verbal: "joelho para cima, dedos do pé para cima") (Fig. 4.11*b*).
- Os pés devem aterrissar sempre no mesmo ponto, para não perder o ângulo do corpo.
- Manter os tornozelos rígidos, nunca permitindo que os calcanhares se aproximem do chão.
- Continuar o movimento dinâmico pelas repetições ou período prescrito.

Figura 4.11 Corrida na parede a 45°: (*a*) posição inicial; (*b*) movimento de corrida.

Salto vertical

Detalhes e benefícios
- Progressão natural do agachamento bipodal utilizando o peso corporal e complementar ao arremesso inverso em concha com *medicine ball*.
- Excelente para a tríplice extensão e a potência do quadril necessárias para os saltos verticais.

Posição inicial
- Em pé e ereto.
- Manter os pés afastados na largura dos ombros (os pés podem apontar ligeiramente para fora).
- As mãos podem permanecer atrás da cabeça (i. e., posição do prisioneiro), nos quadris (Fig. 4.12a) ou soltas nas laterais do corpo de modo a criar um contramovimento.

Movimento
- Flexionar os joelhos e os quadris e agachar (Fig. 4.12b). Ir o mais profundamente quanto necessário para impor carga ao movimento. (A profundidade depende da quantidade de força elástica *versus* muscular apresentada.) Se os braços estiverem sendo usados para um contramovimento, eles vêm para baixo e para trás na parte inferior da posição de carga.
- Realizar um movimento explosivo de salto vertical, mantendo o corpo totalmente estendido enquanto estiver no ar (Fig. 4.12c). Se os braços estiverem sendo usados para proporcionar impulso, colocá-los acima da cabeça enquanto salta.
- Aterrissar suavemente sobre os dois pés.

Figura 4.12 Salto vertical: (*a*) posição inicial; (*b*) agachamento; (*c*) salto.

Salto com agachamento
O salto com agachamento é o salto vertical realizado repetidamente sem descanso entre os saltos. É eficaz para desenvolver resistência à fadiga e aumentar a demanda metabólica da parte inferior do corpo e do sistema cardiorrespiratório. Para realizar o salto com agachamento, deve-se executar um salto

vertical e pousar suavemente sobre os pés, porém permitindo que o impulso para baixo imediatamente leve à posição paralela de agachamento. Na parte inferior do agachamento, saltar imediatamente de novo e repetir a quantidade atribuída de repetições.

Aumento da dificuldade do salto vertical

Pode-se aumentar a carga deste exercício com halteres ou *medicine balls*.

Agachamento alternado unilateral com salto

Detalhes e benefícios

- Progressão natural dos avanços utilizando o peso corporal.
- Excelente para a força e a flexibilidade do quadril, tornando-o um exercício de desaceleração muito bom.

Posição inicial

- Em pé, ereto, com as mãos atrás da cabeça (posição do prisioneiro), nos quadris ou nas laterais do corpo, caso os braços sejam usados para realizar um contramovimento.
- Os pés devem estar afastados entre a largura dos ombros e dos quadris em uma posição *split* (i. e., posição de avanço) baixa com o pé direito à frente (Fig. 4.13a).
- A posição *split* deve ser suficientemente ampla para manter o joelho direito acima do tornozelo e o joelho esquerdo flexionado e atrás da linha vertical do ombro-quadril. O calcanhar esquerdo deve estar fora do chão.

Movimento

- Realizar um movimento explosivo de salto vertical, simultaneamente trocando a posição das pernas – a perna esquerda vai para a frente e a perna direita para trás (Fig. 4.13b). Manter as mãos atrás da cabeça se estiver usando a posição do prisioneiro. Se estiver usando o contramovimento, mover os braços conforme necessário para produzir energia e manter o equilíbrio.
- Aterrissar suavemente sobre os dois pés e permitir que o impulso para baixo leve imediatamente ao agachamento na posição *split*.
- Na parte inferior do agachamento na posição *split*, saltar novamente.
- Repetir, alternando o lado do agachamento com salto.

Aumento da dificuldade do agachamento alternado unilateral com salto

Pode-se aumentar a carga deste exercício com um colete com peso, halteres ou *medicine ball*.

Figura 4.13 Agachamento unilateral com salto: (a) posição inicial; (b) salto vertical e alternância de perna.

Patinador

Detalhes e benefícios
- Progressão natural para o avanço lateral com halteres ou *kettlebells* do Capítulo 4.
- Excelente para o desenvolvimento de potência em atletas de esportes com patinação e deslocamentos laterais em esportes de campo e de quadra, tornando-o um ótimo exercício para atletas de patinação e esportes de campo.

Posição inicial
- Em pé sobre a perna direita, com o joelho e o quadril direitos ligeiramente flexionados.
- Inclinar os ombros para a frente com o braço esquerdo cruzado na frente do corpo e o braço direito para trás (Fig. 4.14a).

Movimento
- Usando os braços para contrabalançar, saltar para a esquerda.
- Aterrissar sobre o pé esquerdo, estabilizar a posição com o braço direito cruzado na frente do corpo e o braço esquerdo para trás e saltar imediatamente de volta para a direita (Fig. 4.14b).
- Repetir o movimento de salto lateral, usando os braços para contrabalançar.

Aumento da dificuldade do patinador
Pode-se aumentar a carga deste exercício com um colete com peso, halteres ou *medicine ball*.

Figura 4.14 Patinador: (a) salto para a esquerda; (b) salto para a direita.

Burpee

Detalhes e benefícios
- Progressão natural do agachamento bipodal utilizando o peso corporal e da flexão de braços utilizando o peso corporal.
- Excelente para a força e a flexibilidade, tornando-o um ótimo exercício para mudanças de nível para atletas de combate e de campo.

Posição inicial
- Em pé, ereto, com os braços na lateral do corpo.
- Manter o *core* contraído durante todo o movimento.

Movimento
- A partir da posição em pé, agachar e colocar as mãos no chão, na frente do corpo (Fig. 4.15a).
- Deslocar-se para trás em uma posição de prancha enquanto mantém o *core* contraído (Fig. 4.15b).
- Saltar com os pés de volta à posição original e levantar. Repetir.

Figura 4.15 *Burpee*: (a) posição de agachamento; (b) posição de flexão de braços.

Aumento da dificuldade do *burpee*
Pode-se aumentar a carga deste exercício com um colete com peso, halteres ou *medicine balls*. Se estiver usando halteres, manter um haltere em cada mão. Durante o agachamento, colocar os halteres no chão sob as mãos enquanto salta para trás até a posição de prancha. Se estiver usando uma *medicine ball*, segurar com as duas mãos, colocá-la no chão e apoiar as duas mãos sobre a *medicine ball* enquanto salta para trás para assumir a posição de prancha.

Flexão de braços explosiva

Detalhes e benefícios
- Progressão natural da prancha e da flexão de braços utilizando o peso corporal.
- Excelente para a rigidez do *core* dinâmico e a potência no movimento de empurrar.

Posição inicial
- Posição de flexão de braços estável.
- Equilibrar-se sobre as mãos e a ponta ou dedos dos pés.

Movimento

- Flexionar os cotovelos e abaixar o corpo até que o tórax esteja a alguns centímetros acima do chão (Fig. 4.16a).
- Estender explosivamente os braços e empurrar o chão, mantendo os braços estendidos durante todo o tempo que o corpo estiver fora do chão (Fig. 4.16b).
- Aterrissar suavemente em uma posição de flexão de braços com o tórax a alguns centímetros do chão. Em seguida, repetir o movimento explosivo e voltar ao ar.

Figura 4.16 Flexão de braços explosiva: (a) abaixar o corpo até o solo; (b) estender os braços de maneira explosiva.

Elásticos e polias

Uma vez que o peso corporal é dominado, o próximo passo é controlar o movimento rotacional e a desaceleração no mais alto grau possível. Para impor carga aos vetores diagonais e horizontais que controlam o movimento rotacional, nada é melhor que elástico ou polia. As polias, também chamadas de *cabos*, oferecem massa constante e são preferidas para os movimentos pesados e lentos normalmente encontrados no treinamento de força. Por outro lado, os elásticos oferecem resistência variável e possibilitam os movimentos explosivos normalmente encontrados no treinamento de força. O Capítulo 1 fornece informações sobre os melhores elásticos para o treinamento funcional. A maioria dos exercícios nesta seção pode ser feita tanto com um elástico como uma polia.

Algumas informações sobre a nomenclatura relacionada com o posicionamento e o movimento facilitarão o entendimento das descrições de exercícios a seguir. O nome do exercício é autoexplicativo. Quanto às descrições, primeiro descreve-se a base, depois a posição (ou movimento) do corpo todo, depois o padrão de sustentação de membros superiores e parte superior do corpo e, por fim, o movimento propriamente dito. A posição de referência é a posição em pé bipodal, estável, com as duas pernas em posição paralela, com as duas mãos segurando um equipamento (p. ex., pegadores de elásticos) e movimento simultâneo da parte superior do corpo. Qualquer coisa além dessa posição é descrita no nome do exercício. Por exemplo, o nome *levantamento-terra 45° com elástico ou polia* implica que o exercício é bipodal em uma posição paralela e com as duas mãos segurando nos pegadores. Por outro lado, o desenvolvimento de braço contralateral com elástico ou polia em posição de avanço pressupõe que a base é uma posição de avanço, a posição é vertical e o desenvolvimento é realizado pelo braço oposto ao pé da frente (i. e., o braço contralateral). Além disso, ponto de carga se refere à origem da carga ou onde o elástico está conectado. Existem algumas exceções a essa nomenclatura, mas os nomes dos exercícios serão óbvios e descritivos.

Levantamento-terra 45° com elástico ou polia

Detalhes e benefícios
- Progressão natural do agachamento bipodal utilizando o peso corporal com foco na flexão de quadril.
- Excelente exercício de fortalecimento do quadril, com comprometimento mínimo do joelho e compressão espinal reduzida.
- Excelente para atletas com problemas no joelho e determinados problemas nas costas.

Posição inicial
- Estabelecer o ponto de carga o mais próximo possível do chão.
- De frente para a carga, em pé, ereto, com os pegadores nas mãos, inclinar-se para trás para contrabalançar a tração da carga (Fig. 4.17a).

Movimento
- Mantendo as costas retas, sentar para trás de modo que os quadris se flexionem e soltar-se ligeiramente em direção ao chão conforme os ombros se movem em direção ao ponto de carga. Parar ao sentir uma tração confortável nos posteriores da coxa (Fig. 4.17b).
- Flexionando os quadris, permitir uma ligeira flexão de joelhos (10° a 15°), manter as escápulas retraídas, permitir que os braços façam um movimento de alcançar e mover os ombros no sentido da tração.
- Estender os quadris e voltar à posição inicial.

Figura 4.17 Levantamento-terra 45° com elástico ou polia: (*a*) posição inicial; (*b*) sentar posteriormente.

Levantamento-terra contralateral com elástico ou polia em posição de avanço

Detalhes e benefícios
- Progressão natural do alcance anterior contralateral unipodal e todas as progressões dos avanços com alcance.
- Grande precursor de todas as progressões de remadas em posição de avanço.
- Excelente exercício unilateral de fortalecimento das costas e do quadril com comprometimento mínimo do joelho e compressão espinal reduzida.
- Popular entre atletas que usam posições abaixadas e mecânica de desaceleração lenta.

Posição inicial
- Estabelecer o ponto de carga mais baixo possível e segurar o pegador com a mão esquerda.
- De frente para o ponto de carga, em pé em uma posição de avanço baixo (*split*), com a perna direita na frente e o joelho sobre o tornozelo (Fig. 4.18a).
- A perna esquerda está atrás, com o joelho flexionado e atrás da linha vertical do ombro-quadril, com os pés voltados para a frente e a perna de trás estável, apoiada sobre a ponta dos pés.

Movimento
- Manter as costas eretas, flexionar os quadris e permitir que o braço e o ombro se movam na direção da tração (Fig. 4.18b). Parar ao sentir uma tração confortável nos posteriores da coxa direitos.
- Estender os quadris e voltar à posição inicial.
- Garantir que ambos os joelhos se mantenham levemente flexionados (10° a 15°), manter as escápulas retraídas e manter o *core* contraído durante todo o movimento.
- Fazer para ambos os lados.

Figura 4.18 Levantamento-terra contralateral com elástico ou polia em posição de avanço: (*a*) posição inicial; (*b*) sentar-se posteriormente.

Desenvolvimento de braço contralateral com elástico ou polia em posição de avanço

Detalhes e benefícios
- Progressão natural do avanço alternado calistênico e da flexão de braços utilizando o peso corporal.
- Excelente exercício para o *core* anterior e o tórax.
- Popular entre corredores e arremessadores.

Posição inicial
- Estabelecer o ponto de carga aproximadamente na altura do tórax.
- Segurando o pegador com a mão direita, afastar-se da carga e ficar em pé em uma posição de avanço baixo (*split*) com ambos os joelhos ligeiramente flexionados (10° a 15°) e a perna esquerda à frente com o joelho sobre o tornozelo.
- A perna direita fica atrás, com o joelho flexionado e atrás da linha vertical do ombro-quadril, com os pés voltados para a frente e a perna estável, apoiada sobre a ponta do pé.
- Mantendo o *core* contraído, segurar o pegador ligeiramente ao lado direito do tórax e do ombro direito (Fig. 4.19a).

Movimento
- Mantendo o *core* contraído, pressionar o pegador para a frente com a mão direita sem esfregar o elástico ou polia na parte superior do braço (Fig. 4.19b).
- Repetir o movimento de desenvolvimento.
- Fazer para ambos os lados, alternando a posição das pernas.

Figura 4.19 Desenvolvimento de braço contralateral com elástico ou polia em posição de avanço: (a) posição inicial; (b) desenvolvimento.

Desenvolvimento inclinado contralateral com elástico ou polia em posição de avanço

Este exercício é ideal para corredores e arremessadores desenvolverem o *core* anterior e o tórax. A posição inicial e o movimento básico são os mesmos do desenvolvimento de braço contralateral com elástico ou polia em posição de avanço, exceto que o ponto de carga está abaixo dos joelhos e deve-se pressionar o pegador para cima em um ângulo de 45° (Fig. 4.20). Repetir e fazer para ambos os lados do corpo, alternando a posição das pernas.

Desenvolvimento declinado contralateral com elástico ou polia em posição de avanço

Como o desenvolvimento de braço contralateral com elástico ou polia em posição de avanço e o desenvolvimento inclinado contralateral com elástico ou polia em posição de avanço, o desenvolvimento declinado contralateral com elástico e polia em posição de avanço é perfeito para corredores, arremessadores e atletas de combate. A posição inicial e o movimento básico são os mesmos do desenvolvimento de braço contralateral com elástico ou polia em posição de avanço, exceto que o ponto de carga está bem acima da cabe-

Figura 4.20 Desenvolvimento inclinado contralateral com elástico ou polia em posição de avanço.

ça (Fig. 4.21a) e deve-se pressionar o pegador para baixo em um ângulo de 45° sem esfregar o elástico ou cabo na parte externa do braço (Fig. 4.21b). Repetir e fazer para ambos os lados, alternando a posição das pernas.

Figura 4.21 Desenvolvimento declinado contralateral com elástico ou polia em posição de avanço: (*a*) posição inicial; (*b*) pressão para baixo.

Desenvolvimento horizontal com elástico ou polia em posição de avanço

Detalhes e benefícios
- Progressão natural do avanço alternado calistênico, da flexão de braços utilizando o peso corporal e um complemento perfeito para as progressões anteriores dos desenvolvimentos de braço contralateral em posição de avanço.
- Excelente exercício para o *core* anterior e o peitoral.
- Popular entre corredores e atletas em situações de combate que precisam empurrar um oponente.

Posição inicial
- Estabelecer o ponto de carga aproximadamente na altura do tórax.
- Segurando um pegador em cada mão, afastar-se da carga e ficar em pé em uma posição de avanço baixo (*split*) com ambos os joelhos ligeiramente flexionados (10° a 15°) e a perna esquerda à frente com o joelho sobre o tornozelo.
- A perna direita fica atrás, com o joelho flexionado e atrás da linha vertical do ombro-quadril, com os pés voltados para a frente e a perna estável apoiada sobre a ponta do pé.
- Mantendo o *core* contraído, segurar um pegador em cada mão ligeiramente lateral ao tórax e ao ombro (Fig. 4.22a).

Movimento
- Mantendo o *core* contraído, pressionar simultaneamente os dois pegadores para a frente sem esfregar o elástico ou cabo no braço (Fig. 4.22b).
- Repetir o movimento de pressão.
- Alternar as posições da perna e repetir.

Figura 4.22 Desenvolvimento horizontal com elástico ou polia em posição de avanço: (*a*) posição inicial; (*b*) pressão.

Desenvolvimento alternado com elástico ou polia em posição de avanço

Este exercício compartilha os mesmos benefícios e características que o desenvolvimento horizontal com elástico ou polia em posição de avanço, mas o padrão alternado dos braços (Fig. 4.23) adiciona um componente rotacional. Este exercício enfatiza a musculatura do serape anterior. Depois de completar uma série, trocar a posição das pernas e repetir.

Figura 4.23 Desenvolvimento alternado com elástico ou polia em posição de avanço.

Fly com elástico ou polia em posição de avanço

Detalhes e benefícios
- Progressão natural do avanço alternado calistênico, da flexão de braços utilizando o peso corporal e do desenvolvimento com elástico ou polia.
- Excelente exercício pré-fadiga, para o *core* anterior e o peitoral.
- Popular entre corredores, arremessadores e atletas em situações de contato e de combate.

Posição inicial
- Estabelecer o ponto de carga aproximadamente na altura do tórax.
- Segurar um pegador em cada mão.
- Afastar-se da carga e manter-se em posição ereta em uma posição de avanço baixo (*split*) com ambos os joelhos ligeiramente flexionados (10° a 15°) e a perna esquerda à frente com o joelho sobre o tornozelo.
- A perna direita fica atrás, com o joelho flexionado e atrás da linha vertical do ombro-quadril, com os pés voltados para a frente e a perna estável apoiada sobre a ponta do pé.
- Mantendo o *core* contraído, manter os braços nas laterais do corpo com os cotovelos ligeiramente flexionados, alinhados com os ombros, e as palmas das mãos voltadas uma para a outra (Fig. 4.24a). Evitar o alongamento excessivo do tórax e dos ombros, mantendo as mãos na frente da linha do ombro.

Movimento

- Mantendo o *core* contraído, os braços nas laterais do corpo, os cotovelos ligeiramente flexionados e as palmas das mãos voltadas para a frente, aproximar as mãos uma da outra até quase se tocarem (Fig. 4.24b).
- O movimento deve ocorrer apenas nas articulações do ombro.
- Trazer os braços de volta à posição estendida e repetir o movimento de *fly*.
- Fazer com posições alternadas de pernas.

Figura 4.24 *Fly* com elástico ou polia em posição de avanço: (*a*) posição inicial; (*b*) aproximando as mãos.

Remada com elástico ou polia

Detalhes e benefícios

- É o mais básico de todos os movimentos de remada em pé.
- Progressão natural do agachamento bipodal utilizando o peso corporal e da remada inclinada.
- Exercício excelente, fundamental para trabalhar toda a parte posterior do corpo.

Posição inicial

- Estabelecer o ponto de carga entre a altura do tórax e do joelho. (Quanto mais baixo o ponto de carga, mais pesada a carga pode ser.)
- De frente para o ponto de carga, ficar em pé com os pés paralelos e afastados na largura dos ombros.
- Segurar um pegador em cada mão.
- Flexionar ligeiramente os joelhos e inclinar-se para trás, conforme necessário, de modo a contrabalançar a carga (Fig. 4.25a).

Movimento

- Mantendo as costas retas e o *core* contraído, puxar simultaneamente os pegadores para trás até que as mãos estejam nas laterais do tórax (Fig. 4.25b).
- Retornar as mãos à posição inicial.
- Repetir o movimento de remada.

Figura 4.25 Remada com elástico ou polia: (a) posição inicial; (b) puxando os pegadores para trás.

Remada alternada com elástico ou polia em posição de avanço

Detalhes e benefícios
- Progressão natural e complemento aos alcances anteriores, avanços com alcance e remada contralateral em posição de avanço.
- Excelente exercício para a rigidez do *core* e o quadril, focando nos músculos rotacionais do *core*.

Posição inicial
- Estabelecer o ponto de carga entre a altura do tórax e do quadril.
- De frente para o ponto de carga, ficar em pé e segurar um pegador em cada mão.
- Manter-se ereto em uma posição de avanço baixo (*split*) com ambos os joelhos ligeiramente flexionados (10° a 15°) e a perna esquerda à frente com o joelho sobre o tornozelo.
- A perna direita fica atrás, com o joelho flexionado e atrás da linha vertical do ombro-quadril, com os pés voltados para a frente e a perna estável apoiada sobre a ponta do pé.
- Puxar o pegador direito até que ele esteja na lateral do tórax enquanto mantém o cotovelo esquerdo estendido (Fig. 4.26a).

Movimento
- Remar simultaneamente com o braço esquerdo enquanto estende o braço direito (Fig. 4.26b).
- Repetir, alternando o padrão de remada.
- Trocar as pernas e repetir.

Figura 4.26 Remada alternada com elástico ou polia em posição de avanço: (a) posição inicial; (b) remada.

Remada curvada alternada com elástico ou polia em posição de avanço

Detalhes e benefícios
- Progressão natural do agachamento bipodal utilizando o peso corporal, da remada inclinada e do levantamento-terra 45° com elástico ou polia.
- Excelente exercício de força e flexibilidade para posteriores da coxa, costas e ombros.
- Popular entre nadadores, arremessadores, atletas de esportes de raquete e *grapplers*.

Posição inicial
- Estabelecer o ponto de carga entre a altura do tórax e do quadril.
- De frente para o ponto de carga, ficar em pé e segurar um pegador em cada mão.
- Ficar em pé em uma posição de avanço baixo (*split*) com ambos os joelhos ligeiramente flexionados (10° a 15°) e a perna esquerda à frente com o joelho sobre o tornozelo.
- A perna direita fica atrás, com o joelho flexionado e atrás da linha vertical do ombro-quadril, com os pés voltados para a frente e a perna estável apoiada sobre a ponta do pé.
- Flexionar os quadris, mantendo as costas tão eretas quanto possível, sentindo um bom alongamento nos posteriores da coxa esquerdos.
- Manter os braços acima da cabeça, apontando diretamente na direção da tração.

Movimento
- Mantendo os quadris flexionados e o braço esquerdo estendido, puxar o pegador direito até que ele esteja na lateral do ombro direito (Fig. 4.27a).
- Simultaneamente, estender o braço direito e puxar com o esquerdo (Fig. 4.27b).
- Mantendo os quadris flexionados e as costas retas, repetir o movimento de remada alternada.
- Fazer com posições alternadas de pés.

Figura 4.27 Remada curvada alternada com elástico ou polia em posição de avanço: (*a*) remada com o braço direito; (*b*) remada com o braço esquerdo.

Remada composta com elástico ou polia

Detalhes e benefícios
- Progressão do agachamento bipodal utilizando o peso corporal; acrescenta um foco na articulação do quadril e é uma transição perfeita do levantamento-terra 45° com elástico ou polia.
- Excelente exercício de fortalecimento das costas e do quadril com mínimo comprometimento do joelho ou compressão espinal.
- Excelente para atletas com problemas no joelho e determinados problemas nas costas.

Posição inicial
- Estabelecer o ponto de carga mais baixo possível.
- De frente para a carga, ficar em pé com os pegadores em suas mãos.
- Inclinar-se para trás para contrabalançar a tração da carga.

Movimento
- Mantendo as costas retas, permitir que o quadril flexione movendo as costas para trás enquanto os ombros vão para a frente. Parar ao sentir uma tensão confortável nos posteriores da coxa (Fig. 4.28*a*).
- Flexionando os quadris, flexionar ligeiramente os joelhos (10° a 15°), manter as escápulas retraídas e realizar um movimento de alcançar com os braços no sentido da tração.
- Estender os quadris enquanto simultaneamente faz um movimento de remada com ambos os braços até que cada mão esteja na lateral do tórax (Fig. 4.28*b*).
- Repetir o movimento de remada composta.

Figura 4.28 Remada composta com elástico ou polia: (a) sentar-se atrás; (b) remada com os dois braços.

Remada contralateral com elástico ou polia em posição de avanço

Detalhes e benefícios
- Progressão natural do alcance anterior contralateral unipodal ou avanço com alcance anterior com halteres ou *kettlebells*, mais adiante neste capítulo.
- Excelente exercício de fortalecimento das costas e do quadril com mínimo comprometimento do joelho.
- Popular entre atletas que usam posições abaixadas, como jogadores de tênis e lutadores.

Posição inicial
- Estabelecer o ponto de carga na altura do quadril e segurar um pegador na mão esquerda.
- De frente para o ponto de carga, ficar em pé em uma posição de avanço baixo (*split*), com a perna direita na frente e o joelho sobre o tornozelo, com ambos os joelhos ligeiramente flexionados (10° a 15°) (Fig. 4.29a).
- A perna esquerda fica atrás, com o joelho flexionado e atrás da linha vertical do ombro-quadril, com os pés voltados para a frente e a perna estável apoiada sobre a ponta do pé.

Movimento
- Mantendo as costas retas, puxar a mão esquerda até a lateral esquerda do tórax (Fig. 4.29b).
- Repetir o movimento de remada.
- Fazer para ambos os lados, trocando as posições dos pés.

Figura 4.29 Remada contralateral com elástico ou polia em posição de avanço: (*a*) posição inicial; (*b*) remada.

Remada de cima para baixo contralateral com elástico ou polia em posição de avanço

A remada de cima para baixo contralateral com elástico ou polia em posição de avanço tem os mesmos benefícios da remada contralateral com elástico ou polia em posição de avanço, mas a configuração e o movimento são ligeiramente diferentes. Estabelecer o ponto de carga acima da cabeça e segurar o pegador com a mão esquerda (Fig. 4.30*a*). Assumir a posição inicial de avanço baixo (*split*) com a perna direita à frente. Mantendo as costas eretas, puxar a mão esquerda para baixo em um ângulo de 45° até chegar na lateral esquerda do tórax (Fig. 4.30*b*). Repetir e fazer para ambos os lados, trocando as posições dos pés.

Figura 4.30 Remada de cima para baixo contralateral com elástico ou polia em posição de avanço: (*a*) posição inicial; (*b*) remada.

Remada de baixo para cima contralateral com elástico ou polia em posição de avanço

A configuração e o movimento na remada de baixo para cima contralateral com elástico ou polia em posição de avanço são ligeiramente diferentes da remada contralateral com elástico ou polia em posição de avanço. Estabelecer o ponto de carga mais baixo possível e segurar o pegador com a mão esquerda. Assumir a posição inicial de avanço baixo (*split*) com a perna direita à frente. Mantendo as costas eretas e o braço esquerdo estendido, flexionar o quadril e inclinar os ombros para frente até que o *core* esteja perpendicular à linha de tração e seja possível sentir um bom alongamento nos posteriores da coxa esquerdos (Fig. 4.31a). Fazer o movimento de remada com a mão esquerda em um ângulo de 45° até que a mão esquerda alcance a lateral esquerda do tórax (Fig. 4.31b). Repetir o movimento de remada para ambos os lados, trocando as posições dos pés.

Figura 4.31 Remada de baixo para cima contralateral com elástico ou polia em posição de avanço: (*a*) posição inicial com flexão de quadril e inclinação; (*b*) remada.

Remada composta contralateral com elástico ou polia em posição de avanço

A remada composta contralateral com elástico ou polia em posição de avanço proporciona uma dose dupla de treinamento dos glúteos unilaterais. Trata-se de uma combinação entre a remada contralateral com elástico ou polia em posição de avanço e o levantamento-terra contralateral com elástico ou polia em posição de avanço; a configuração e a posição inicial são as mesmas. Assumir a posição inicial de avanço baixo (*split*) com a perna direita à frente. Segurar o pegador com a mão esquerda. Mantendo as costas eretas e o braço esquerdo estendido, flexionar o quadril e inclinar os ombros para frente até que o *core* fique perpendicular à linha de tração e seja sentido um bom alongamento nos posteriores da coxa direitos (Fig. 4.32a). Enquanto os quadris estão flexionados, flexionar levemente os joelhos (10° a 15°), manter as escápulas retraídas e permitir que o braço direito faça um movimento de alcançar no sentido da tração. Estender os quadris enquanto puxa a mão esquerda até a lateral esquerda do tórax (Fig. 4.32b). Repetir o movimento de remada composta e fazer para ambos os lados, trocando as posições dos pés.

Figura 4.32 Remada composta contralateral com elástico ou polia em posição de avanço: (a) posição inicial; (b) remada.

Nadador com elástico

Detalhes e benefícios
- Progressão natural do agachamento bipodal utilizando o peso corporal, do levantamento-terra 45° com elástico ou polia e progressões composta e curvada dos exercícios com elástico ou polia.
- Excelente exercício fundamental para trabalhar a força da musculatura do *core* anterior e a flexibilidade da musculatura do *core* posterior.

Posição inicial
- Estabelecer o ponto de carga o mais alto possível, bem acima da cabeça.
- De frente para o ponto de carga, ficar em pé com os joelhos ligeiramente flexionados e em uma posição paralela, com os pés afastados na largura dos ombros (Fig. 4.33a).
- Segurar um pegador em cada mão com as palmas voltadas para baixo.
- Manter os braços estendidos e apontando para o ponto de carga.

Movimento
- Flexionar explosivamente o corpo inteiro em posição do *crunch*.
- Mantendo os braços estendidos, simultaneamente puxar as mãos para baixo e para trás (ou seja, movimento de braçada) até que eles estejam ao lado dos quadris e o elástico ou polia toque ligeiramente os ombros (Fig. 4.33b).
- Estender o corpo de volta à posição inicial e repetir.

Figura 4.33 Nadador com elástico: (a) posição inicial; (b) movimento de braçada.

Rotação/*chop* de cima para baixo com elástico ou polia

Detalhes e benefícios
- Progressão natural para todos os tipos de prancha, flexão de braços e rotação com e sem pivô.
- Excelente exercício fundamental para o *core* diagonal anterior e posterior.
- Útil em todos os esportes que envolvem a oscilação de um instrumento, como no beisebol e no golfe, bem como arremessos e golpes para baixo em esportes de combate.

Posição inicial
- Estabelecer o ponto de carga o mais alto possível, bem acima da cabeça.
- Segurar um pegador com as duas mãos (ou seja, segurar o pegador com a mão direita e envolver a mão esquerda sobre a mão direita).
- Girar à esquerda de modo que o ponto de carga fique à direita e acima da cabeça.
- Manter os joelhos ligeiramente flexionados, com os braços estendidos e à frente do corpo.

Movimento
- Mantendo o *core* rígido, fixar a perna direita e girar o quadril direito.
- Girar o corpo e as mãos em direção ao ponto de carga (Fig. 4.34a).
- Opcionalmente, fazer um ligeiro movimento de pivô do pé esquerdo para ajudar na rotação interna do quadril direito. Não permitir que o tornozelo e o joelho direitos girem para o lado da carga (não permitir a rotação externa).
- Depois que as mãos estiverem no topo do movimento, fazer um *chop* diagonal para baixo.
- Quando os pegadores estiverem no meio do movimento (na altura do tórax), deslocar o peso para o pé esquerdo com os dedos do pé apontando para a frente e continuar o movimento de *chop* para baixo até que as mãos estejam lateralmente ao quadril esquerdo e abaixo dele (Fig. 4.34b).

- Se necessário, permitir um ligeiro movimento de pivô do pé direito para terminar o *chop*.
- Repetir a sequência.
- Fazer para ambos os lados.

Figura 4.34 Rotação/*chop* de cima para baixo com elástico ou polia: (*a*) alto; (*b*) baixo.

Rotação/*chop* de baixo para cima com elástico ou polia

Detalhes e benefícios
- Progressão natural para a rotação com e sem pivô, assim como todas as progressões dos avanços e *chops*.
- Excelente exercício fundamental para a musculatura diagonal posterior e anterior, especialmente os glúteos.
- Útil para todos os esportes que envolvem mudança de direção e oscilação de um instrumento, como o tênis e o beisebol, bem como no *clinch* e arremessos nos esportes de combate.

Posição inicial
- Estabelecer o ponto de carga o mais baixo possível.
- Segurar um pegador com as duas mãos (ou seja, segurar o pegador com a mão direita e envolver a mão esquerda sobre a mão direita).
- Girar à esquerda de modo que o ponto de carga fique à direita e abaixo dos joelhos.
- Manter os joelhos ligeiramente flexionados, com os braços estendidos e à frente do corpo.

Movimento
- Mantendo o *core* rígido, fixar a perna direita e girar o quadril direito. Inclinar-se para a frente flexionando um pouco o quadril. Permitir que o corpo gire e as mãos desçam em direção ao ponto de carga (Fig. 4.35*a*). Permitir um ligeiro movimento de pivô do pé esquerdo para ajudar na rotação interna do quadril direito. Não permitir que o tornozelo e o joelho direitos girem para o lado da carga (não permitir a rotação externa).

- Depois que as mãos estiverem na parte inferior do movimento, realizar um movimento de *chop* diagonal reverso para cima até que as mãos estejam acima e à esquerda do ombro esquerdo (Fig. 4.35b). Completar o movimento perfeitamente centrado entre os pés e as mãos na frente do corpo, com os cotovelos estendidos.
- Repetir a sequência.
- Fazer para ambos os lados.

Figura 4.35 Rotação/*chop* de baixo para cima com elástico ou polia: (a) baixo; (b) alto.

Rotação curta com elástico ou polia (10 a 2 horas do relógio)

Detalhes e benefícios
- Progressão natural da rotação com e sem pivô e todas as pranchas e flexões de braços.
- Exercício fundamental para a rigidez rotacional do *core*.
- Populares entre os atletas de combate e que envolvem arremessos, bem como aqueles que fazem movimentos de oscilação com seus instrumentos.

Posição inicial
- Estabelecer o ponto de carga aproximadamente na altura do tórax.
- Segurar um pegador com as duas mãos (ou seja, segurar o pegador com a mão direita e envolver a mão esquerda sobre a mão direita).
- Girar à esquerda de modo que o ponto de carga fique à direita.
- Manter os joelhos ligeiramente flexionados, com os braços estendidos e na frente do corpo (12 horas).

Movimento

- Mantendo o *core* rígido, realizar rotações curtas para a esquerda (10 horas, Fig. 4.36a) e a direita (2 horas; Fig. 4.36b), sem permitir que os quadris se movam.
- Repetir em ambos os lados.

Figura 4.36 Rotação curta com elástico ou polia (10 a 2 horas): (a) 10 horas; (b) 2 horas.

Backswing pulsado com elástico ou polia

Detalhes e benefícios

- Progressão natural para todas as rotações/*chops* de cima para baixo, flexões de braços e rotações com e sem pivô.
- Único exercício que desenvolve a força e a flexibilidade dos quadris e *core* necessárias para a mecânica rotacional.
- Útil em todos os esportes que envolvem oscilar um instrumento, como no beisebol e no golfe, especialmente no *backswing* do golfe.

Posição inicial

- Estabelecer o ponto de carga o mais alto possível, bem acima da cabeça.
- Segurar um pegador com as duas mãos (ou seja, segurar o pegador com a mão esquerda e envolver a mão direita sobre a mão esquerda).
- Girar à esquerda de modo que o ponto de carga fique à direita e acima da cabeça, o elástico ou cabo sobre a cabeça e o pegador em posição alta e à esquerda (Fig. 4.37a).
- É preciso estar na posição de *backswing* que o esporte exige.

Movimento
- Mantendo o *core* rígido, fixar a perna esquerda e girar medialmente o quadril esquerdo, permitindo que a carga o leve mais profundamente no *backswing*.
- Permitir que o corpo gire e as mãos sigam em direção ao ponto de carga (Fig. 4.37*b*), mantendo uma mecânica perfeita para o seu esporte.
- Pulsar ao longo de uma curta amplitude de movimento (cerca de 25 cm) para a frente e para trás.
- Sentir o *core* enrijecer, o quadril esquerdo girar medialmente e a amplitude de movimento do *backswing* melhorar.
- Fazer para ambos os lados.

Figura 4.37 *Backswing* pulsado com elástico ou polia: (*a*) posição inicial; (*b*) as mãos se movem em direção ao ponto de carga.

Puxar-empurrar com elástico ou polia

Detalhes e benefícios
- Progressão natural das rotações com e sem pivô e todas as progressões dos desenvolvimentos e remadas horizontais em pé.
- Exercício de cabo duplo fundamental para a rigidez rotacional do *core* e para a estabilidade do ombro.
- Popular entre os corredores, atletas de combate e que fazem movimentos de oscilação com seus instrumentos.

Posição inicial
- Escolher um sistema de cabo duplo que tenha dois pontos de carga opostos, separados por 2,5 a 3 m. Se um sistema de cabo duplo não estiver disponível, este exercício pode ser feito com dois elásticos separados e assistência de parceiros.
- Estabelecer os pontos de carga aproximadamente na altura do tórax.

- Segurar um pegador de cada coluna de cabo em cada mão.
- De frente para o aparelho de cabo, girar à esquerda e assumir uma posição de avanço baixo (*split*), enquanto permanece de frente para o cabo direito de modo que o braço direito esteja estendido e a mão esquerda esteja ao lado do tórax, pronta para pressionar (Fig. 4.38a).

Movimento
- Mantendo o *core* rígido, simultaneamente fazer um movimento de remada com a mão direita e de puxada com a mão esquerda (Fig. 4.38b).
- Repetir, empurrando e puxando simultaneamente.
- Repetir em ambos os lados, trocando as posições dos pés.

Figura 4.38 Puxar-empurrar com elástico ou polia: (*a*) posição inicial; (*b*) remada com a mão direita e desenvolvimento com a mão esquerda.

Halteres e *kettlebells*

Uma vez dominados os exercícios utilizando o peso corporal e elástico ou polia, halteres e *kettlebells* são o equipamento de escolha para impor carga externa a qualquer exercício de treinamento funcional. Como permitem que a carga seja imposta a cada mão separadamente e que os exercícios sejam realizados nos lados direito e esquerdo, é possível abordar desequilíbrios musculares de maneira fácil e natural. A capacidade de usar cargas pesadas ou leves possibilita focar na qualidade desejada, seja um trabalho de força pesado a um trabalho de resistência leve, e qualquer atividade entre estes extremos. Mesmo a carga assimétrica ou unilateral pode ser facilmente abordada impondo carga a somente uma mão. O Capítulo 1 forneceu informações sobre onde obter os melhores halteres e *kettlebells* para o treinamento funcional.

Agachamento com halteres ou *kettlebells*

Detalhes e benefícios
- Este é um exercício fundamental que desenvolve o *core* e a parte inferior do corpo.
- É uma excelente maneira de aumentar a intensidade do agachamento bipodal utilizando o peso corporal sem impor carga diretamente à coluna vertebral (como no agachamento com barra).
- Várias versões e posições de carga estão disponíveis; descreve-se aqui a variação básica de carga no ombro.

Posição inicial
- Em pé com os pés voltados para a frente e afastados na largura dos ombros.
- Segurar um haltere ou *kettlebell* em cada mão na altura dos ombros (Fig. 4.39a).
- Usar a posição neutra (ou seja, as palmas voltadas para dentro) para segurar os halteres ou *kettlebells*.

Movimento
- Mantendo o *core* rígido e segurando os halteres ou *kettlebells* no mesmo lugar, agachar em posição paralela (Fig. 4.39b).
- Levantar para retornar à posição inicial.
- Repetir o movimento de agachamento.

Figura 4.39 Agachamento com halteres ou *kettlebells*: (a) posição inicial; (b) agachamento.

Swing unilateral com *kettlebell*

Detalhes e benefícios
- Progressão natural e complemento a todas as progressões dos levantamentos-terra e agachamentos.
- Excelente exercício para desenvolver a extensão dinâmica de tornozelos, joelhos e quadris utilizada no salto.
- Popular entre todos os atletas do salto.

Posição inicial
- Segurar o *kettlebell* na mão direita, com o braço estendido na frente do corpo e a palma da mão voltada para o corpo.
- Flexionar os quadris com as costas retas, os joelhos ligeiramente flexionados e os pés voltados para a frente, afastados na largura dos ombros (Fig. 4.40a).

Movimento

- Estender rapidamente todo o corpo para impulsionar o *kettlebell* para cima em um trajeto circular até que o *kettlebell* esteja aproximadamente na altura do ombro, com o braço direito estendido na frente do corpo (Fig. 4.40b).
- Permitir que o *kettlebell* desça pelo mesmo trajeto que subiu. Desacelerar na parte inferior da oscilação e repetir o movimento de extensão.
- Repetir nos dois lados.

Figura 4.40 *Swing* unilateral com *kettlebell*: (*a*) posição inicial; (*b*) oscilando o *kettlebell* para cima.

Levantamento-terra romeno unipodal com haltere ou *kettlebell*

Detalhes e benefícios

- Progressão natural e complemento ao alcance anterior contralateral unipodal e todas as progressões de remada e levantamentos-terra com elástico ou polia em posição de avanço.
- Excelente para desenvolver posteriores da coxa e glúteos fortes e mecânica de desaceleração.
- Popular entre os atletas que necessitam de posições abaixadas fortes e habilidades de desaceleração lenta e mudança de direção.

Posição inicial

- Segurar o peso na mão direita com o braço estendido e pendendo na frente do corpo, com a palma da mão voltada para dentro.

- Equilibrar-se sobre a perna esquerda, com o joelho esquerdo ligeiramente flexionado e a perna direita para trás e fora do chão (Fig. 4.41a).

Movimento

- Estabilizando a posição unipodal, flexionar o quadril esquerdo até que o *core* esteja quase paralelo ao chão ou até sentir um alongamento confortável nos posteriores da coxa esquerdos.
- Mantendo as costas retas durante todo o movimento, deixar o braço em uma posição vertical em todos os momentos (Fig. 4.41b).
- Estender o quadril para retornar à posição inicial.
- Repetir o movimento de flexão de quadril e fazer para os dois lados do corpo.

Figura 4.41 Levantamento-terra romeno unipodal com haltere ou *kettlebell*: (a) posição inicial; (b) abaixando o peso em direção ao chão.

Avanço com halteres ou *kettlebells*

Detalhes e benefícios

- Progressão intermediária a avançada uma vez dominado o avanço alternado calistênico.
- Excelente exercício para a parte inferior do corpo e o *core*, que foca nos quadris e no *core*.
- Popular entre atletas de combate e de esportes de campo e quadra, como jogadores de futebol e tênis.

Posição inicial

- Em pé, ereto, com os pés apontando para a frente e afastados na largura dos ombros.
- Segurar um haltere ou *kettlebell* em cada mão. As mãos ficam em frente ao corpo, na posição de carga do ombro – a posição usada antes de realizar um desenvolvimento acima da cabeça com punho em posição neutra (Fig. 4.42a).

Movimento
- Mantendo as costas eretas, dar um grande passo à frente com a perna direita.
- À medida que o pé direito aterrissa, afundar em uma posição de avanço profundo ou avanço baixo (*split*) (Fig. 4.42b).
- Empurrar com o pé direito para voltar à posição inicial.
- Repetir no lado esquerdo e continuar o padrão alternado.

Figura 4.42 Avanço com halteres ou *kettlebells*: (a) posição inicial; (b) avanço.

Avanço com alcance anterior com halteres ou *kettlebells*

Detalhes e benefícios
- Progressão natural e complemento ao avanço alternado calistênico e ao levantamento-terra 45° com elástico ou polia em posição de avanço e progressões da remada composta.
- Excelente para fortalecer as costas, quadris e posteriores da coxa com envolvimento mínimo do joelho.
- Popular entre atletas que ficam em posições abaixadas, como lutadores e atletas que desaceleram para mudar de direção, como jogadores de tênis e receptores.

Posição inicial
- Em pé com halteres ou *kettlebells* em ambas as mãos (Fig. 4.43a).
- Braços na lateral do corpo, com as palmas das mãos voltadas para dentro.
- Pés afastados na largura dos quadris.

Movimento

- Dar um grande passo com o pé esquerdo e aterrissar em uma posição de avanço baixo (*split*). O passo deve ser longo o suficiente para manter o joelho esquerdo acima do tornozelo e o joelho direito atrás da linha vertical do ombro-quadril. O calcanhar direito deve estar fora do chão.
- Quando o pé esquerdo aterrissar, manter o *core* contraído. Flexionar os quadris e permitir que os halteres ou *kettlebells* alcancem as laterais do pé esquerdo (Fig. 4.43b). Descer tanto quanto a flexibilidade dos posteriores da coxa esquerdos permitir.
- Uma vez alcançada a parte inferior do movimento, empurrar com o pé esquerdo usando os posteriores da coxa e glúteos esquerdos para estender o corpo, e dar um passo atrás de volta à posição inicial.
- Repetir no outro lado.

Figura 4.43 Avanço com alcance anterior com halteres ou *kettlebells*: (a) posição inicial; (b) avanço e alcance.

Avanço lateral com halteres ou *kettlebells*

Detalhes e benefícios

- Progressão natural e complemento a todas as progressões dos exercícios unipodais e à rotação/*chop* de baixo para cima com elástico ou polia.
- Excelente exercício para desenvolver estabilidade rotacional e flexibilidade dos rotadores externos de quadril, bem como para fortalecer a musculatura diagonal posterior.
- Especialmente bom para atividades unilaterais de glúteos e rotadores externos de quadril.
- Utiliza mínima flexão de joelho, reduzindo o desgaste e a laceração sobre eles, enquanto fortalece os quadris e melhora as mudanças de direção; boa progressão para atletas que têm problemas no joelho.

- Popular entre os atletas que precisam de mudanças rápidas de direção (p. ex., jogadores de tênis e futebol), bem como atletas que fazem movimentos de oscilação com seus instrumentos (p. ex., taco de beisebol, taco de golfe).

Posição inicial
- Em pé com halteres ou *kettlebells* em ambas as mãos (Fig. 4.44a).
- Braços na lateral do corpo, com as palmas das mãos voltadas para dentro.
- Pés afastados na largura dos quadris.

Movimento
- Dar um grande passo para a esquerda e aterrissar sobre uma base alargada, aproximadamente o dobro da largura dos ombros.
- À medida que o pé esquerdo aterrissa, flexionar os quadris, movendo-os para trás.
- Flexionar o joelho esquerdo, mas minimizando a flexão de modo que a tíbia esquerda fique na posição vertical, alinhada com o tornozelo esquerdo (Fig. 4.44b).
- Mantendo as costas retas, continuar flexionado os quadris e fazer movimentos de alcance levando os halteres ou *kettlebells* às laterais do pé esquerdo.
- Uma vez alcançada a parte inferior do movimento, empurrar com o pé esquerdo usando os posteriores da coxa e glúteos esquerdos para estender o corpo e dar um passo de volta à posição inicial.
- Repetir no outro lado (Fig. 4.44c).

Figura 4.44 Avanço lateral com halteres ou *kettlebells*: (a) posição inicial; (b) avanço para a esquerda e alcance levando os pesos até o pé; (c) avanço para a direita e alcance levando os pesos até o pé.

Avanço com alcance em rotação (transverso) com halteres ou *kettlebells*

Detalhes e benefícios
- Progressão natural e complemento ao agachamento rotacional unipodal, a todas as progressões de exercícios unipodais, à rotação/*chop* de baixo para cima com elástico ou polia e a todas as progressões de avanços com alcance.
- Excelente exercício para desenvolver estabilidade rotacional e flexibilidade dos quadris, bem como para fortalecer a musculatura diagonal posterior, especialmente os glúteos.
- Utiliza mínima flexão de joelho, reduzindo o desgaste e a laceração sobre eles; boa progressão para atletas que têm problemas no joelho.
- Popular entre os atletas que precisam de rapidez na arrancada inicial e nas mudanças de direção.

Posição inicial
- Em pé com halteres ou *kettlebells* em ambas as mãos (Fig. 4.45a).
- Braços na lateral do corpo, com as palmas das mãos voltadas para dentro.
- Pés afastados na largura dos quadris.

Movimento
- Como se estivesse em pé no meio de um quadrado, dar um grande passo (aproximadamente o dobro da largura dos ombros) até o canto posterior direito.
- Aterrissar com as pernas afastadas com o pé esquerdo voltado para a frente e o pé direito de frente para o canto posterior direito do quadrado imaginário.
- Ao aterrissar o pé direito, mover os quadris em direção ao pé direito, flexionar os quadris e o joelho direito de modo que a tíbia direita fique em posição vertical e sobre o tornozelo direito (Fig. 4.45b).

Figura 4.45 Avanço com alcance em rotação (transverso) com halteres ou *kettlebells*: (a) posição inicial; (b) avanço à posição posterior direita e alcance levando os pesos até o pé; (c) avanço à esquerda e alcance levando os pesos até o pé.

- Mantendo as costas retas e minimizando a flexão do joelho direito, continuar flexionando o quadril direito e fazer um movimento de alcançar com cada haltere nas laterais do pé direito. Alcançar tão longe quanto os posteriores da coxa direitos permitirem.
- Uma vez alcançada a parte inferior do movimento, empurrar com o pé direito usando os músculos posteriores da coxa, glúteos e paravertebrais direitos para estender o corpo e dar um passo de volta à posição inicial.
- Repetir no outro lado (Fig. 4.45c).

Remada curvada unilateral com haltere ou *kettlebell* em posição de avanço

Detalhes e benefícios
- Progressão natural e complemento ao alcance anterior contralateral unipodal e todas as progressões da remada e do levantamento-terra 45° com elástico ou polia em posição de avanço.
- Excelente para desenvolver músculos posteriores da coxa, glúteos e das costas fortes.
- Popular entre os atletas que necessitam de posteriores da coxa fortes para corridas e levantamentos, como atletas de combate, campo e quadra.

Posição inicial
- Segurar o peso com a mão direita usando uma pegada neutra com os braços estendidos na lateral do corpo.
- Em pé em uma posição de avanço baixa (*split*) com a perna esquerda à frente e o joelho sobre o tornozelo. A perna direita está atrás, com o joelho flexionado e atrás da linha vertical ombro-quadril, os pés voltados para a frente e a perna estável sobre a ponta do pé.
- Flexionar os quadris até que o *core* esteja quase paralelo ao chão ou até sentir um alongamento confortável nos posteriores da coxa esquerdos.
- Manter as costas retas durante todo o movimento e manter o braço direito sempre em posição vertical (Fig. 4.46a).

Movimento
- Mantendo uma posição de avanço baixa (*split*) curvada estável, puxar com a mão direita em um movimento de remada até a lateral direita da caixa torácica (Fig. 4.46b).
- Retornar o braço à posição inicial e repetir o movimento de remada.
- Fazer para ambos os lados.
- Para um treinamento mais avançado do quadril, este exercício pode ser realizado unipodalmente.

Figura 4.46 Remada curvada unilateral com haltere ou *kettlebell* em posição de avanço: (a) posição inicial; (b) remada.

Desenvolvimento acima da cabeça com halteres ou *kettlebells*

Detalhes e benefícios
- Progressão natural e complemento a todas as progressões de desenvolvimento com elástico ou polia e de flexão de braços.
- Excelente exercício para desenvolver a força e a estabilidade do ombro e a força do *core*.
- Popular entre os atletas que precisam de força no corpo todo e flexibilidade de ombro.

Posição inicial
- Em pé, ereto, com os pés voltados para a frente e afastados na largura dos ombros. Manter o *core* contraído durante o movimento.
- Segurar um haltere ou *kettlebell* em cada mão na altura do ombro, com as palmas das mãos voltadas uma para a outra (Fig. 4.47a).

Movimento
- Embora o padrão alternado seja explicado aqui, este exercício pode ser realizado simultaneamente com ambos os braços.
- Fazer o desenvolvimento de ombro com a mão direita enquanto mantém a mão esquerda na linha do ombro (Fig. 4.47b).

Figura 4.47 Desenvolvimento acima da cabeça com halteres ou *kettlebells*: (a) posição inicial; (b) desenvolvimento acima da cabeça.

- Trazer a mão direita para baixo até o ombro direito, enquanto faz o desenvolvimento levando a mão esquerda acima da cabeça.
- Pode-se usar uma leve flexão lateral do corpo para acomodar a amplitude de movimento reduzida nos ombros, mas manter o *core* contraído e acionado o tempo todo.
- Repetir a ação de desenvolvimento alternado.

Desenvolvimento lateral acima da cabeça com halteres ou *kettlebells*

Este exercício pode ser realizado com os braços nas laterais do corpo e as palmas das mãos voltadas para a frente, movendo-se os braços simultaneamente (Fig. 4.48). Esta versão fornece um maior acionamento do ombro e é popular entre os fisiculturistas. As variações unilaterais e a adição de um movimento lateral do corpo também possibilitam um desenvolvimento vertical mais fácil, caso haja problemas de flexibilidade de ombro.

Figura 4.48 Desenvolvimento lateral acima da cabeça com halteres ou *kettlebells*: (*a*) posição inicial; (*b*) desenvolvimento acima da cabeça.

Desenvolvimento em Y acima da cabeça com halteres ou *kettlebells*

Detalhes e benefícios
- Progressão natural e complemento a todas as progressões de desenvolvimento com elástico ou polia e de flexão de braços.
- Excelente exercício para desenvolver a força do ombro e a força e a estabilidade do *core*.
- Popular entre os atletas que precisam de força no corpo todo e de flexibilidade do ombro.

Posição inicial
- Em pé, ereto, com os pés voltados para a frente e afastados na largura dos ombros. Manter o *core* contraído durante todo o movimento.
- Segurar um haltere ou *kettlebell* em cada mão na lateral dos ombros, com as palmas das mãos voltadas para a frente (Fig. 4.49a).

Movimento
- Fazer um desenvolvimento de ombro diagonal acima da cabeça (para cima e para fora) com a mão direita enquanto mantém a mão esquerda lateralmente à linha do ombro esquerdo (Fig. 4.49b).
- Trazer a mão direita para baixo até a lateral do ombro direito, enquanto faz um desenvolvimento diagonal com a mão esquerda.
- Manter o *core* contraído e acionado o tempo todo.
- Repetir a ação de desenvolvimento em Y alternadamente.

Figura 4.49 Desenvolvimento em Y acima da cabeça com halteres ou *kettlebells*: (a) posição inicial; (b) desenvolvimento à direita.

Desenvolvimento cruzado acima da cabeça com halteres ou *kettlebells*

Detalhes e benefícios
- Progressão natural e complemento a todas as progressões de desenvolvimento com elástico ou polia, de flexão de braços e progressões rotacionais.
- Excelente exercício para desenvolver força e estabilidade do ombro, rotação interna do quadril e força do *core* observada no *backswing* e desaceleração do *swing*.
- Popular entre os atletas que fazem movimentos de oscilação com seus instrumentos, como o taco de beisebol e o taco de golfe.

Posição inicial

- Em pé, ereto, com pés voltados para a frente e afastados na largura dos ombros.
- Segurar um haltere ou *kettlebell* em cada mão na altura dos ombros, com as palmas das mãos voltadas uma para a outra (Fig. 4.50a).

Movimento

- Realizar um desenvolvimento acima da cabeça com a mão direita enquanto fixa o pé esquerdo e faz um movimento de pivô com o pé direito, girando medialmente o quadril esquerdo (Fig. 4.50b). Evitar a rotação externa do joelho e do tornozelo esquerdos.
- Trazer a mão direita para baixo até o ombro direito e virar à esquerda até a posição inicial.
- Passar suavemente pelo ponto de partida e realizar o desenvolvimento cruzado acima da cabeça com a mão esquerda até o lado direito, enquanto faz o movimento de pivô sobre o pé esquerdo.
- Repetir a ação de desenvolvimento em rotação.

Figura 4.50 Desenvolvimento cruzado acima da cabeça com halteres ou *kettlebells*: (a) posição inicial; (b) desenvolvimento acima da cabeça.

Soco cruzado alto com halteres

O desenvolvimento cruzado acima da cabeça sem um movimento de pivô é também chamado de *soco cruzado alto*. É popular entre os atletas de combate para desenvolver a força do ombro e a rigidez do *core*. Geralmente é realizado com halteres. Em pé, ereto, com os pés voltados para a frente e afastados na largura dos ombros. Segurar um haltere em cada mão na altura dos ombros, com as palmas das mãos voltadas uma para a outra. Mantendo o *core* e a parte inferior do corpo rígidos, fazer um movimento de soco com a mão direita cruzando o corpo e para cima, levando o haltere a uma posição acima e lateral ao ombro esquerdo (Fig. 4.51). Trazer a mão direita de volta e realizar um soco cruzado alto com a mão esquerda. Repetir o padrão.

Figura 4.51 Soco cruzado alto com halteres.

Rosca de braço com halteres ou *kettlebells*

Detalhes e benefícios
- Progressão natural e complemento a todas as progressões do carregamento e da remada alta com halteres ou *kettlebells*.
- Excelente exercício para desenvolver a força do braço, do ombro e do *core*.
- Popular entre atletas de combate e de contato.

Posição inicial
- Em pé, ereto, com os pés voltados para a frente e afastados na largura dos ombros. Manter o *core* contraído durante o movimento.
- Segurar um haltere ou *kettlebell* em cada mão, mantendo-as abaixadas na lateral do corpo, com as palmas das mãos voltadas para a frente.

Movimento
- Embora aqui seja explicado o padrão alternado, este exercício pode ser realizado simultaneamente com ambos os braços.
- Fazer uma rosca com o braço direito, enquanto mantém a mão esquerda na lateral do corpo (Fig. 4.52a).
- Descer a mão direita de volta à lateral direita enquanto faz uma rosca com o braço esquerdo (Fig. 4.52b).
- Podem-se usar leves movimentos do *core*, se necessário, para manter o equilíbrio, mas deve-se mantê-lo contraído e acionado o tempo todo.
- Repetir a ação de rosca alternada.
- Este exercício pode ser realizado unipodalmente para adicionar o treinamento da estabilidade em figura em sete, ao mesmo tempo em que desenvolve a força de braço.

Figura 4.52 Rosca de braço com halteres ou *kettlebells*: (*a*) rosca à direita; (*b*) rosca à esquerda.

Rosca de corredor

O exercício de rosca de corredor pode ser realizado com a adição de uma ação de corrida, e é um incrível complemento em um programa de corrida. Para realizar a rosca de corredor, deve-se ficar em pé com os joelhos ligeiramente flexionados, *core* contraído e braços nas laterais do corpo com as palmas das mãos voltadas para o corpo. Flexionar o braço direito até que esteja a 90° e o haltere esteja na frente do corpo. Ao mesmo tempo, deixar o braço esquerdo atrás do corpo para contrabalançar (Fig. 4.53). Realizar um movimento de corrida com os braços sem permitir que o *core* ou a parte inferior do corpo se mova.

Figura 4.53 Rosca de corredor: (*a*) flexão de braço direito; (*b*) flexão de braço esquerdo.

Remada alta com halteres ou *kettlebells*

Detalhes e benefícios
- Progressão natural e complemento a todas as progressões da remada de baixo para cima e da rosca de braço.
- Excelente exercício para desenvolver a força do braço, do ombro e do *core*.
- Popular entre corredores, atletas de combate e de contato.

Posição inicial
- Em pé, ereto, com os pés voltados para a frente e afastados na largura dos ombros. Manter o *core* contraído durante o movimento.
- Flexionar o tronco ligeiramente para a frente de modo que os halteres ou *kettlebells* possam mover-se sem entrar em contato com o corpo.
- Segurar um haltere ou *kettlebell* em cada mão, mantendo-as abaixadas na frente do corpo, com as palmas das mãos voltadas para o corpo.

Movimento
- Embora aqui seja explicado o padrão alternado, este exercício pode ser realizado simultaneamente com ambos os braços.
- Fazer uma remada alta com a mão direita até que o haltere ou *kettlebell* esteja aproximadamente na altura do tórax. Ao mesmo tempo, mantenha a mão esquerda para baixo na frente do corpo (Fig. 4.54a).
- Trazer a mão direita para baixo na frente do corpo enquanto realiza uma remada alta com a mão esquerda até que o haltere ou *kettlebell* esteja aproximadamente na altura do tórax (Fig. 4.54b).
- Pode-se usar um leve movimento rotacional do ombro e do *core* conforme necessário para o equilíbrio, mas manter o *core* contraído e acionado o tempo todo.
- Repetir a ação de remada alternada.
- Este exercício pode ser realizado unipodalmente para adicionar o treinamento de estabilidade em figura em sete, ao mesmo tempo em que desenvolve a força de braço.

Figura 4.54 Remada alta com halteres ou *kettlebells*: (a) remada à direita; (b) remada à esquerda.

Gancho cruzado com halteres ou *kettlebells*

Detalhes e benefícios
- Progressão natural e complemento a todas as progressões dos exercícios de rosca, carregamento e remada alta com haltere ou *kettlebell*.
- Excelente exercício para desenvolver a força do braço, do ombro e do *core*.
- Popular entre corredores, atletas de combate e de contato.

Posição inicial
- Em pé, ereto, com os pés voltados para a frente e afastados na largura dos ombros. Manter o *core* contraído durante o movimento.
- Segurar um haltere ou *kettlebell* em cada mão, mantendo-as abaixadas na lateral do corpo, com as palmas das mãos voltadas para o corpo.

Movimento
- Flexionar o braço direito e fazer um movimento de gancho cruzado, cruzando o corpo e indo para a esquerda – enquanto faz um movimento de pivô com o pé direito até que o haltere ou *kettlebell* esteja na mesma linha que o ombro esquerdo e lateralmente a ele (Fig. 4.55a).
- Abaixar a mão direita até a lateral direita do corpo, mantendo o cotovelo direito flexionado. Ao mesmo tempo, fazer um gancho cruzado com o braço esquerdo cruzando o corpo e indo para a direita, enquanto faz um movimento de pivô com o pé esquerdo até que o haltere ou *kettlebell* esteja na mesma linha que o ombro direito e lateralmente a ele (Fig. 4.55b).
- Manter o *core* contraído e acionado o tempo todo.
- Repetir o gancho cruzado alternadamente.

Figura 4.55 Gancho cruzado com halteres ou *kettlebells*: (*a*) gancho à direita; (*b*) gancho à esquerda.

Clinch com rosca modificado

O ganho com haltere ou *kettlebell* simultâneo é também chamado de *clinch com rosca modificado*. Atletas de combate usam-no para criar um forte *clinch* (luta agarrada em pé) e mecânica de levantamento forte. Parece uma forma de rosca com "trapaça". Ficar em pé, com halteres ou *kettlebells* nas mãos, com os braços flexionados a cerca de 90°, quadris flexionados, costas retas e ombros inclinados para a frente como se fosse pegar uma caixa à frente na altura do quadril (Fig. 4.56a). A posição de base também pode ser abaixada, pois permite que os antebraços se apoiem nas coxas. Usar a profundidade necessária para os esportes para os quais está se preparando. Usando todo o corpo, estenda-o e faça um movimento de rosca com os pesos até que eles estejam na altura dos ombros (Fig. 4.56b). Voltar à posição inicial e repetir.

Figura 4.56 *Clinch* com rosca modificado: (a) posição inicial; (b) rosca com ambos os pesos.

Fly horizontal rotacional com halteres

Detalhes e benefícios
- Progressão natural e complemento a *X-ups*, rotações com elástico ou polia, *fly* com elástico ou polia e desenvolvimentos com elástico ou polia.
- Exercício excepcional que desenvolve a estabilidade do *core* durante os movimentos rotacionais.
- Popular entre golfistas, jogadores de beisebol e atletas de esportes de quadra que usam a parte superior do corpo como uma alavanca longa para facilitar o movimento da parte inferior do corpo e a potência rotacional de todo o corpo.

Posição inicial
- Em pé, ereto, com os pés voltados para a frente e afastados na largura dos ombros, com os joelhos ligeiramente flexionados.
- Segurar um haltere para cima e para fora em cada mão na altura dos ombros em uma posição em T; os cotovelos estão ligeiramente flexionados e as palmas das mãos estão voltadas para a frente (Fig. 4.57a).

Movimento

- Manter o *core* rígido e os pés firmemente apoiados no chão, girar o corpo para a direita, movendo o braço esquerdo para a frente e o braço direito para trás (Fig. 4.57b). Os quadris e os ombros devem sempre girar juntos, com um *core* muito rígido e uma leve flexão nos joelhos.
- Quando a rotação à direita estiver completa, girar para a esquerda, levando o braço direito à frente e o braço esquerdo atrás, passando suavemente pelo ponto de partida até o extremo da rotação à direita.
- Repetir a rotação para ambos os lados.

Figura 4.57 *Fly* horizontal rotacional com halteres: (*a*) posição inicial; (*b*) rotação à direita.

Fly diagonal/unilateral com rotação com halteres

Detalhes e benefícios

- Progressão natural e complemento a: rotação/*chop* de baixo para cima e de cima para baixo com elástico ou polia, *chop* diagonal curto com *medicine ball* (Cap. 5), *fly* horizontal rotacional com halteres e avanço lateral com halteres ou *kettlebells*.
- Exercício excepcional que desenvolve a estabilidade do *core* para movimentos rotacionais e movimentos em desaceleração no arremesso.
- Popular entre golfistas, jogadores de beisebol e atletas de esportes de quadra que usam a parte superior do corpo como uma alavanca longa para facilitar o movimento da parte inferior do corpo e a potência rotacional de todo o corpo.

Posição inicial

- Em pé, ereto, com os pés voltados para a frente e afastados na largura dos ombros, com os joelhos ligeiramente flexionados e os pés firmemente apoiados no chão.
- Segurar um haltere na mão direita na lateral direita do corpo e acima da cabeça, permitindo que os ombros girem para a direita, como ao se preparar para arremessar uma bola (Fig. 4.58a).

Movimento

- Manter o *core* rígido, fazer um movimento de arremesso diagonal com a mão direita, levando-a para a lateral esquerda do corpo, entre o quadril e o joelho esquerdos (Fig. 4.58b).
- Quadris e ombros devem sempre girar juntos, com uma boa rotação interna do quadril esquerdo e um ligeiro movimento em pivô do pé direito para facilitar tal rotação. Não deve haver rotação no joelho ou tornozelo esquerdos durante todo o movimento.
- Ao final da rotação, trazer a mão direita de volta à posição inicial.
- Repetir o movimento de arremesso e fazê-lo para ambos os lados.

Figura 4.58 *Fly* diagonal/unilateral com rotação com halteres: (*a*) posição inicial; (*b*) movimento de arremesso.

Carregamento com halteres ou *kettlebells*

Detalhes e benefícios

- Exercício fundamental que desenvolve a rigidez do *core* necessária para realizar qualquer exercício ou atividade em pé, especialmente se envolve carregar um objeto.
- Desenvolve a respiração diafragmática e a rigidez do *core* dinâmico necessárias em esportes de contato, especialmente em esportes de combate agarrado.

Posição inicial

- Em pé, ereto, com um peso em cada mão (Fig. 4.59).
- Flexionar os cotovelos até aproximadamente 90°.

Movimento

- Manter o *core* rígido e os halteres ou *kettlebells* no lugar.
- Embora este exercício possa ser realizado estacionário por um período estabelecido, a melhor opção é realizá-lo enquanto caminha.

Figura 4.59 Carregamento com halteres ou *kettlebells*.

Conclusão

As modalidades e os exercícios deste capítulo são os mais versáteis e essenciais para o treinamento funcional. Qualquer atleta que treina e domina os exercícios de avaliação do Capítulo 3 e estes exercícios do Capítulo 4 estará preparado para atuar no seu melhor *status*, independentemente do nível. As modalidades e os exercícios do Capítulo 5 acrescentarão ainda mais diversidade ao seu programa de treinamento funcional.

CAPÍTULO 5

Materiais de apoio

O Capítulo 4 mostrou os principais exercícios necessários para um programa de treinamento funcional. Este capítulo mostra o restante dos exercícios para adicionar diversidade, eficácia e diversão ao seu treinamento. Este capítulo inclui aplicações de *medicine ball* para melhorar o *core* e a potência, além de exercícios rotacionais e para o *core* na bola suíça/*fitball*, exercícios usando acessórios convencionais para o treinamento da força e potência, e até alguns exercícios tradicionais de hipertrofia que ilustram a eficácia do treinamento híbrido do Institute of Human Performance (IHP). Os exercícios seguem o mesmo formato usado no Capítulo 4: fotos para ilustrar o movimento, alguns detalhes sobre o exercício e instruções para apoiar a execução adequada do exercício.

Lembre-se de que a dor e o controle são os dois melhores indicadores de quão apropriada é a progressão: a ausência de dor e a boa forma quase sempre significam que a progressão está apropriada. Em caso de dúvida, recomenda-se começar de maneira conservadora e adicionar repetições para aumentar o volume do treinamento. O volume é a melhor variável a se aumentar, especialmente no início do treinamento. O volume possibilita a aprendizagem, reforça bons padrões, ajuda a eliminar desequilíbrios, fornece força e queima calorias, o que é importante para os atletas que estão tentando perder o excesso de gordura. Implementa-se um aumento da carga e da velocidade quando o movimento é automático e pode ser realizado corretamente sem que precise se pensar a respeito.

Medicine ball

As *medicine balls* têm sido usadas por atletas de combate e de pista há muitos anos. Seu uso original centrava-se em exercícios para o *core* e envolvendo arremessos. Com o aumento na popularidade dos exercícios para o *core* e do treinamento funcional, as *medicine balls* passaram por uma evolução. Eles agora vêm em muitas formas e tamanhos, algumas com alças, cordas e acessórios para barras. Enquanto as *medicine balls* originais pesavam poucos quilos, agora elas podem pesar mais de 18 kg e podem fornecer treinamento de força de alto nível às mais variadas pessoas.

Wood chop com *medicine ball*

Detalhes e benefícios
- Progressão básica utilizando o corpo todo a ser adicionada ao agachamento bipodal utilizando o peso corporal (Cap. 3).
- Indiscutivelmente é o melhor exercício com *medicine ball* para o corpo todo.
- Pode ser usado para aquecer o corpo todo, avaliar o movimento e melhorar os saltos verticais.

Posição inicial

- Em pé, com os pés apontando para a frente e afastados na largura dos ombros.
- Segurar a *medicine ball* com ambas as mãos elevadas acima da cabeça, com os cotovelos estendidos o mais confortavelmente possível (Fig. 5.1a).

Movimento

- Mantendo as costas retas, agachar flexionando os quadris, joelhos e tornozelos enquanto faz um movimento de *chop* semicircular para baixo com a *medicine ball* (Fig. 5.1b).
- Parar quando a coxa estiver paralela ao chão, a *medicine ball* estiver perto do chão e os cotovelos estiverem entre as coxas.
- Voltar à posição inicial e repetir o movimento de *chop* na mesma direção.

Wood chop curto com *medicine ball*

O *wood chop* pode ser realizado com movimentos curtos, sem o movimento de agachamento. Fixar os pés no chão com os joelhos ligeiramente flexionados e o *core* ereto e rígido. Segurar a *medicine ball* na frente do corpo com os braços estendidos. Sem mover o *core* nem a parte inferior do corpo, fazer um movimento de *chop* vertical do topo à base de um retângulo imaginário na frente do corpo (da cabeça aos quadris e de um ombro a outro) (Fig. 5.2). Repetir o movimento de *chop* o mais rápido possível, sem mover o *core*.

Figura 5.1 *Wood chop* com *medicine ball*: (a) posição inicial; (b) agachamento e *chop*.

Figura 5.2 *Wood chop* curto com *medicine ball*.

Chop diagonal com *medicine ball*

Detalhes e benefícios
- Progressão básica utilizando o corpo todo do *wood chop* com *medicine ball* e de todas as progressões de agachamentos, bem como um perfeito complemento ao *chop* baixo para cima com elástico ou polia.
- Pode ser usado para aquecer o corpo todo, avaliar o movimento e melhorar as mudanças laterais de direção e a mecânica da oscilação.

Posição inicial
- Em pé, com os pés apontando para a frente e afastados na largura dos ombros.
- Segurar a *medicine ball* com ambas as mãos acima da cabeça à direita do corpo, com os braços estendidos e o pé esquerdo em movimento de pivô virado para dentro (girando medialmente o quadril direito) (Fig. 5.3a).

Movimento
- Mantendo as costas retas, agachar e girar para a esquerda, flexionando quadris, joelhos e tornozelos.
- Ao alcançar a metade da rotação (virado para a frente), girar medialmente o quadril esquerdo, fazendo um movimento de pivô para dentro no pé direito e realizando um *chop* diagonal para baixo com a *medicine ball* (Fig. 5.3b).
- Parar quando a bola estiver no lado de fora do joelho esquerdo.
- Voltar à posição inicial e repetir o movimento de *chop* diagonal.
- Fazer em ambos os lados do corpo.

Figura 5.3 *Chop* diagonal com *medicine ball*: (a) posição inicial; (b) *chop* para baixo.

Chop diagonal curto com *medicine ball*

O *chop* diagonal com *medicine ball* pode ser realizado como um *chop* diagonal curto, sem o movimento de agachamento, assim como a rotação curta com elástico ou polia e a rotação sem pivô. Fixar os pés no chão com os joelhos ligeiramente flexionados e o *core* ereto e rígido. Segurar a *medicine ball* na frente do corpo com os braços estendidos. Sem mover o *core* nem a parte inferior do corpo, fazer um movimento de *chop* do canto superior direito ao canto inferior esquerdo de um retângulo imaginário na frente do corpo (da cabeça aos quadris e de um ombro a outro) (Fig. 5.4). Repetir o movimento de *chop* o mais rápido possível, sem mover o *core*. Fazer o movimento de *chop* em ambos os lados do corpo (i. e., superior esquerdo para inferior direito).

Figura 5.4 *Chop* diagonal curto com *medicine ball*.

Agachamento em padrão ABC com *medicine ball*

Detalhes e benefícios
- Progressão básica utilizando o corpo todo que adiciona um estímulo multiplanar a todas as progressões do agachamento.
- Complemento perfeito para um agachamento.
- Pode ser usado para corrigir quaisquer desvios de quadril observados durante o agachamento.
- Popular entre atletas que precisam de movimentos multidirecionais em uma posição de agachamento baixa, como receptores no beisebol e jogadores de voleibol.

Posição inicial
- Em pé, com os joelhos ligeiramente flexionados, os pés apontando para a frente e afastados na largura dos ombros.
- Segurar a *medicine ball* perto do corpo e na altura do tórax com as duas mãos.

Movimento
- Mantendo as costas retas, agachar abaixando os quadris e flexionando os joelhos e tornozelos enquanto empurra a *medicine ball* para a frente (ou seja, 12 horas, Fig. 5.5a).
- Parar quando as coxas estiverem paralelas ao chão.
- Retornar à posição inicial.
- Agachar novamente, desta vez empurrando a *medicine ball* para o lado direito do corpo (ou seja, 2 horas, Fig. 5.5b).
- Retornar à posição inicial.
- Agachar uma última vez, empurrando a *medicine ball* para o lado esquerdo do corpo (ou seja, 10 horas, Fig. 5.5c).

- Retornar à posição inicial.
- Repetir a sequência de agachar e empurrar nas três direções (i. e., padrão ABC).

Figura 5.5 Agachamento em padrão ABC com *medicine ball*: (a) 12 horas; (b) 2 horas; (c) 10 horas.

Avanço com rotação com *medicine ball*

Detalhes e benefícios
- Progressão intermediária a avançada, uma vez que as progressões do avanço alternado calistênico e da rotação com pivô (Cap. 3) tenham sido dominadas.
- Excelente exercício para a parte inferior do corpo e o *core* rotacional que se destina à musculatura diagonal posterior e anterior.
- Popular entre tenistas.

Posição inicial
- Em pé, ereto, com os pés apontando para a frente e afastados aproximadamente na largura dos ombros.
- Segurar a *medicine ball* com ambas as mãos na frente do corpo, com os cotovelos flexionados (Fig. 5.6a).

Movimento
- Mantendo as costas retas, dar um grande passo para a frente com a perna direita.
- À medida que o pé direito aterrissa, afundar girando a parte superior do corpo e a *medicine ball* para a direita (Fig. 5.6b).
- Empurrar com o pé direito para retornar à posição inicial.
- Repetir no lado esquerdo, girando a bola e a parte superior do corpo para a esquerda.
- Continuar alterando o avanço.

Figura 5.6 Avanço com rotação com *medicine ball*: (a) posição inicial; (b) rotação para a direita.

Flexão de braço unilateral com *medicine ball* (empurrar para cima)

Detalhes e benefícios

- Progressão intermediária a avançada da flexão de braços dos exercícios de flexão de braços utilizando o peso corporal, prancha e flexão de braço com um braço (parte excêntrica); grande guia para qualquer prancha unilateral ou variação da flexão de braços.
- Desenvolve a potência no movimento de empurrar e a musculatura diagonal anterior do *core* usada por atletas de combate e jogadores de futebol americano.

Posição inicial

- Estabilizar o corpo em uma posição de prancha com a mão direita no chão e o cotovelo estendido. A mão esquerda está sobre uma *medicine ball* com o cotovelo flexionado (Fig. 5.7a).
- Garantir que os ombros estejam paralelos ao chão em todos os momentos.

Movimento

- Flexionar os cotovelos para realizar uma flexão de braços à direita da *medicine ball*, mantendo o *core* contraído, o corpo reto e os ombros paralelos ao chão em todos os momentos (Fig. 5.7b).
- Quando o cotovelo estiver flexionado a 90°, empurrar para cima até que o braço direito estendido paire no ar e o braço esquerdo fique bloqueado sobre a *medicine ball* em uma posição de três apoios (Fig. 5.7c).
- Abaixar o corpo usando apenas a mão esquerda até que o braço direito toque o chão e o corpo todo assuma uma posição de flexão de braços convencional, com apoio sobre ambos os braços.
- Repetir o movimento de empurrar com o braço esquerdo por quantas repetições forem desejadas.
- Fazer em ambos os braços.

Figura 5.7 Flexão de braço unilateral com *medicine ball* (empurrar para cima): (*a*) posição inicial; (*b*) abaixar o corpo até o solo; (*c*) empurrar para cima até que o braço direito esteja fora do chão e o braço esquerdo esteja bloqueado.

Flexão de braços cruzada/alternada com *medicine ball*

Detalhes e benefícios
- Progressão intermediária a avançada da flexão de braços que segue a flexão de braços utilizando o peso corporal, a prancha e progressão da flexão de braço unilateral com *medicine ball* (empurrar para cima).
- Desenvolve a potência no movimento de empurrar e a musculatura diagonal anterior do *core* usada por atletas de combate e jogadores de futebol.

Posição inicial
- Estabilizar o corpo em uma posição de prancha com a mão direita no chão e o cotovelo estendido. A mão esquerda está sobre uma *medicine ball* com o cotovelo flexionado.
- Garantir que os ombros estejam paralelos ao chão em todos os momentos.

Movimento
- Flexionar os cotovelos para realizar uma flexão de braços à direita da *medicine ball*, mantendo o *core* contraído, o corpo reto e os ombros paralelos ao chão em todos os momentos (Fig. 5.8a).
- Quando o cotovelo esquerdo estiver flexionado a 90°, empurrar para cima e colocar a mão direita sobre a *medicine ball*, ao lado da mão esquerda (Fig. 5.8b).
- Deslocar o peso do corpo para o lado esquerdo da *medicine ball* e colocar a mão esquerda no chão para fazer uma flexão de braço no lado esquerdo da *medicine ball*, mantendo a mão direita sobre ela (Fig. 5.8c).
- Flexionar os cotovelos realizando uma flexão de braços até que o cotovelo direito esteja flexionado a 90°. Em seguida, empurrar para cima e colocar a mão esquerda ao lado da mão direita sobre a *medicine ball*.
- Deslocar o peso do corpo para o lado direito da *medicine ball* e colocar a mão direita no chão do lado direito dela, mantendo a mão esquerda sobre a *medicine ball*.
- Repetir a sequência.

Figura 5.8 Flexão de braços cruzada/alternada com *medicine ball*: (a) flexão de braços à direita; (b) ambas as mãos sobre a *medicine ball*; (c) flexão de braços à esquerda.

Rotação com pivô com *medicine ball (chop* horizontal)

Detalhes e benefícios

- Progressão básica utilizando o corpo todo da rotação com pivô utilizando o peso corporal e da rotação curta com elástico ou polia, bem como um complemento perfeito à rotação/*chop* de baixo para cima com elástico ou polia.
- Pode ser usado para aquecer o corpo todo, avaliar o movimento e melhorar a flexibilidade de quadril, as mudanças laterais de direção e a mecânica da oscilação.

Posição inicial

- Em pé, com os pés apontando para a frente e afastados aproximadamente na largura dos ombros.
- Segurar a *medicine ball* com as duas mãos na frente do corpo, com os cotovelos ligeiramente flexionados.

Movimento

- Mantendo as costas retas, girar para a esquerda, girando medialmente o quadril esquerdo e fazendo um movimento de pivô com o pé direito sem girar lateralmente o joelho ou tornozelo esquerdos (Fig. 5.9*a*).
- Parar quando não conseguir mais girar medialmente o quadril esquerdo.
- Rodar para a direita, fixando no chão o pé direito voltado para a frente e fazendo um movimento de pivô com o pé esquerdo enquanto gira medialmente o quadril direito sem girar lateralmente o joelho ou o tornozelo direitos (Fig. 5.9*b*).
- Parar quando não conseguir mais girar medialmente o quadril direito.
- Continuar fazendo rotações de um lado para o outro com pivôs.

Rotação sem pivô com *medicine ball*

A rotação com pivô com *medicine ball* pode ser realizada sem pivô de modo a produzir rotações curtas e maior rigidez do *core*. Fixar os pés no chão com os joelhos ligeiramente flexionados e o *core* rígido. Segurar a *medicine ball* em frente ao corpo com os cotovelos levemente flexionados. Imaginando-se sobre um relógio, segurar a *medicine ball* em 12 horas. Sem mover o *core* nem a parte inferior do corpo, girar os ombros e mover a *medicine ball* até 10 horas. Girando apenas os ombros, mover a *medicine ball* até 2 horas. Continuar a rotação de 10 para 2 horas sem mover o *core* nem a parte inferior do corpo.

Figura 5.9 Rotação com pivô com *medicine ball* (*chop* horizontal): (*a*) rotação à esquerda; (*b*) rotação à direita.

Arremesso de bola contralateral inclinado com *medicine ball* em posição de avanço

Detalhes e benefícios

- Trata-se de uma progressão única de exercício para os peitorais e *core* rotacional que segue o desenvolvimento cruzado acima da cabeça com halteres ou *kettlebell* com pivô e os desenvolvimentos com elástico ou polia (Cap. 4).
- Desenvolve a potência nos movimentos de puxar e empurrar usados por atletas de combate e arremessadores de quadra e campo, como os arremessadores de peso. Também aumenta a potência rotacional utilizada por todos os atletas de esportes de arremesso.
- Usar uma bola que quica se arremessar a longa distância; usar uma bola que não quica ao arremessar perto de uma parede, especialmente em uma academia lotada.

Posição inicial

- Ficar de lado para uma parede a cerca de 5 m de distância ou mais perto se estiver usando uma bola que não quica.
- Em pé, com os pés afastados na largura dos ombros, com o pé e o ombro esquerdos mais próximos da parede, quase em uma posição de rebater.
- Segurar a *medicine ball* com ambas as mãos à direita do tórax, com o cotovelo direito para baixo e as palmas das mãos sobre a *medicine ball* (Fig. 5.10a).
- Usar a mão esquerda para manter a *medicine ball* no lugar.

Movimento

- Mantendo o *core* contraído, empurrar com o pé direito e dar um passo com o pé esquerdo, como se estivesse realizando um movimento de rebater.
- Simultaneamente, girar para a esquerda enquanto usa a mão direita para empurrar a *medicine ball* para cima em um ângulo de 45° (Fig. 5.10b).
- Terminar o arremesso com um movimento de pivô do pé direito, de frente para a parede, em uma posição de avanço amplo.
- Pegar a *medicine ball* no ressalto e repetir.
- Fazer em ambos os lados do corpo.

Figura 5.10 Arremesso de bola contralateral inclinado com *medicine ball* em posição de avanço: (a) posição inicial; (b) girar para a esquerda e empurrar a *medicine ball* para cima em um ângulo de 45°.

Arremesso direto contralateral com *medicine ball* em posição de avanço

Detalhes e benefícios
- Popular progressão para exercícios dos peitorais e *core* rotacional que segue as flexões de braço e desenvolvimentos com polias.
- Desenvolve a potência do soco usado por atletas de combate, bem como movimentos como o *stiff arm* usado no futebol americano. Também aumenta a potência rotacional utilizada por todos os atletas de esportes de arremesso.
- Usar uma bola que quica se arremessar a longa distância; usar uma bola que não quica ao arremessar perto de uma parede, especialmente em uma academia lotada.

Posição inicial
- Ficar de lado para uma parede a cerca de 5 m de distância (ou mais perto se estiver usando uma bola que não quica).
- Em pé, com os pés afastados na largura dos ombros, com o pé e o ombro esquerdos mais próximos da parede, quase em uma posição de rebater.
- Segurar a *medicine ball* com ambas as mãos à direita do tórax, com o cotovelo direito para cima e o antebraço paralelo ao chão (Fig. 5.11a).
- A palma da mão direita está sobre a *medicine ball* e a mão esquerda a mantém no lugar.

Movimento
- Mantendo o *core* contraído, empurrar com o pé direito e dar um passo com o pé esquerdo, como se estivesse realizando um movimento de rebater.
- Simultaneamente, girar para a esquerda enquanto empurra a *medicine ball* com a mão direita diretamente para a parede (Fig. 5.11b).
- Terminar o arremesso com um movimento de pivô do pé direito, de frente para a parede, em uma posição de avanço amplo.
- Pegar a bola no ressalto e repetir.
- Fazer em ambos os lados do corpo.

Figura 5.11 Arremesso direto contralateral com *medicine ball* em posição de avanço: (a) posição inicial; (b) girar para a esquerda e empurrar a *medicine ball* diretamente à parede.

Arremesso de bola contralateral declinado com *medicine ball* em posição de avanço

Detalhes e benefícios
- Popular progressão básica para exercícios dos peitorais e *core* rotacional que segue as flexões de braço e os desenvolvimentos com polias.
- Desenvolve a potência dos movimentos de empurrar para baixo usados por atletas de combate, como os lutadores.
- Usar uma bola que quica e arremessar a distância; usar uma bola que não quica ao arremessar perto de uma parede.

Posição inicial
- Em pé de lado para uma parede a cerca de 2 m de distância (ou mais perto se usar uma bola que não quica), com os pés afastados na largura dos ombros, com o pé e o ombro esquerdos mais próximos da parede.
- Segurar a *medicine ball* com ambas as mãos à direita do tórax, com o cotovelo esquerdo para cima e o antebraço esquerdo apontando para baixo (Fig. 5.12a).
- A palma da mão esquerda está sobre a *medicine ball* e a mão direita a mantém no lugar.

Movimento
- Mantendo o *core* contraído, empurrar com o pé esquerdo e dar um passo com o pé direito.
- Simultaneamente, girar para a direita usando a mão esquerda para empurrar a *medicine ball* para baixo em um ângulo de 45° (Fig. 5.12b).
- Terminar o arremesso com um movimento de pivô do pé esquerdo, de frente para a parede, em uma posição de avanço amplo.
- Rebater a *medicine ball* no chão e na parede. Pegá-la e repetir.
- Fazer em ambos os lados do corpo.

Figura 5.12 Arremesso de bola contralateral declinado com *medicine ball* em posição de avanço: (a) posição inicial; (b) girar e empurrar a *medicine ball* para baixo.

Arremesso de *medicine ball* ao solo

Detalhes e benefícios
- Progressão eficaz para exercícios do ombro e do *core* que seguem quaisquer progressões dos exercícios de puxada ou remada, *X-up* e flexão de joelho.
- Desenvolve a potência do arremesso usado por muitos atletas de esportes de campo. É também popular para o treinamento do ombro e do *core* de nadadores e de atletas de combate.
- Usar uma bola com quique baixo.

Posição inicial
- Em pé, com os pés em posição paralela, afastados na largura dos ombros.
- Segurar a *medicine ball* com as duas mãos na frente do corpo, com os braços estendidos.

Movimento
- Mantendo o *core* contraído, elevar a *medicine ball* acima da cabeça, estendendo completamente o corpo (Fig. 5.13a).
- Atire a *medicine ball* a uma distância de cerca de 0,5 a 1 m à frente (Fig. 5.13b).
- Cuidado para não arremessá-la muito perto, para evitar o contato com o corpo. A *medicine ball* deve estar suficientemente longe do corpo ao cair para que não bata no rosto ao quicar.
- Pegar a *medicine ball* no rebote e repetir. Pode-se dar um pequeno passo para a frente para pegá-la, se necessário.
- Fazer em ambos os lados do corpo.

Figura 5.13 Arremesso de *medicine ball* ao solo: (a) bola acima da cabeça; (b) empurrar a bola contra o chão.

Arremesso de *medicine ball* ao solo de um lado a outro

Esta variação é um exercício intermediário para o ombro, o *core* e o componente rotacional. Como no arremesso de *medicine ball* ao solo, este exercício desenvolve a potência no arremesso usado por muitos atletas de campo e o giro rotacional usado no golfe. Certificar-se do uso de uma bola com quique baixo.

A posição inicial é a mesma que no arremesso de *medicine ball* ao solo. Trazer a *medicine ball* acima da cabeça, estendendo completamente o corpo. Girar para a direita, fazendo um movimento de pivô sobre o pé esquerdo e jogando a *medicine ball* para baixo a cerca de 30 cm do pé direito (Fig. 5.14a). Pegá-la no rebote e, em seguida, girar para a esquerda, fazendo um movimento de pivô sobre o pé direito e jogando a *medicine ball* para baixo a cerca de 30 cm do pé esquerdo (Fig. 5.14b). Repetir em ambos os lados. Cuidado para não jogar a *medicine ball* muito perto do pé, a fim de evitar o contato com o corpo, especialmente com o rosto.

Figura 5.14 Arremesso de *medicine ball* ao solo de um lado a outro: (a) girar para a direita e jogar a *medicine ball* para baixo; (b) girar para a esquerda e jogar a *medicine ball* para baixo.

Arremesso rotacional perpendicular com *medicine ball*

Detalhes e benefícios
- Progressão fundamental dos exercícios de potência rotacional com *medicine ball*; ele suplementa todo o treinamento rotacional.
- Desenvolve a potência rotacional usada por muitos atletas de esportes de campo e de quadra, quer envolvam o arremesso ou a oscilação de um acessório.
- Usar uma bola que quica se for um arremesso de longa distância; usar uma bola que não quica se for um arremesso perto de uma parede, especialmente em uma academia lotada.

Posição inicial
- Em pé, de lado para uma parede a cerca de 5 m de distância (ou mais perto se estiver usando uma bola que não quica), com os pés afastados na largura dos ombros, com o pé e o ombro esquerdos mais próximos da parede, quase em uma posição de rebater.
- Segurar a *medicine ball* com as duas mãos na frente do corpo, com os braços estendidos.

Movimento

- Mantendo o *core* contraído e os braços estendidos, girar para a direita para preparar o arremesso fixando o pé direito no chão e fazendo um ligeiro movimento de pivô sobre o pé esquerdo (Fig. 5.15a). Essa ação impõe carga ao quadril direito.
- Mantendo o *core* contraído, empurrar com o pé direito e dar um passo com o pé esquerdo, como se estivesse realizando um movimento de rebater (Fig. 5.15b).
- Terminar o arremesso com um movimento de pivô do pé direito, de frente para a parede, em uma posição de avanço amplo.
- Recuperar a *medicine ball* e repetir.
- Fazer em ambos os lados do corpo.

Figura 5.15 Arremesso rotacional perpendicular com *medicine ball*: (a) rotação para a direita; (b) rotação para a esquerda e arremesso da *medicine ball*.

Arremesso inverso em concha com *medicine ball*

Detalhes e benefícios

- Excelente progressão para exercícios de agachamento e saltos.
- Melhora a mecânica da extensão tripla e o salto vertical.
- Pode ser realizado em um campo aberto com um parceiro (recomendado) ou contra uma parede perto do corpo. Recomenda-se um campo aberto porque arremessar uma *medicine ball* acima da cabeça e evitar o contato com o quique exige um pouco de prática.
- Uma *medicine ball* em movimento pode causar lesões a qualquer um que esteja nos arredores. Se for usar um rebote na parede, usar uma bola com um quique suave para limitar o rolamento e a velocidade.

Posição inicial

- Em pé, com os pés em posição paralela, afastados na largura dos ombros.
- Segurar uma *medicine ball* com as duas mãos na frente do corpo, com os braços estendidos.

Movimento

- Mantendo os braços estendidos e o *core* contraído, fazer um agachamento até ¼ e flexionar os quadris para trazer a *medicine ball* entre as pernas e os antebraços entre as coxas (Fig. 5.16a).
- Fazer um movimento explosivo para cima e arremessar a *medicine ball* para trás em um ângulo de 45°, obtendo o máximo de altura e distância (Fig. 5.16b).

Figura 5.16 Arremesso inverso em concha com *medicine ball*: (a) agachamento até ¼; (b) arremesso.

Bola suíça

As bolas suíças têm sido usadas como ferramenta de exercício desde o final da década de 1980. Elas passaram por uma evolução significativa em termos de *design* e materiais. Quando entraram pela primeira vez no mundo da força e do condicionamento, elas eram frequentemente usadas para fornecer um ambiente de treinamento instável. À medida que o treinamento funcional evoluiu, percebeu-se que o uso excessivo do treinamento de equilíbrio e em posição instável não era útil para a transferência de alta potência do esporte. Essa constatação, juntamente com alguns acidentes infelizes, forçou a indústria a reavaliar o uso das bolas suíças como uma superfície instável para o treino pesado (p. ex., supino com barra pesado e agachamento na bola). A bola suíça é preferencialmente utilizada para três propósitos principais:

1. Apoiar posições dinâmicas em um ambiente estacionário (p. ex., deslizamento lateral na parede em apoio unipodal).
2. Apoiar o que poderia ser uma posição perigosa em um ambiente seguro (p. ex., flexão e extensão da coluna vertebral).
3. Fornecer uma superfície de rolamento que facilite o movimento e a instabilidade natural.

Esta seção oferece uma seleção de exercícios em cada uma dessas três categorias.

Deslizamento lateral com bola suíça na parede em apoio unipodal

Detalhes e benefícios
- Progressão de outros exercícios unipodais.
- Um dos exercícios mais eficazes para desenvolver mudanças laterais de direção sem nenhum desgaste nem lesão às articulações de tornozelo e joelho, tornando-o ótimo para atletas de esportes de campo e de quadra.

Posição inicial
- Em pé, com uma parede à direita.
- Colocar uma bola suíça entre a axila e a parede, com o braço direito apoiado na bola e a mão colocada na parede para facilitar o equilíbrio.
- Caminhar cerca de 0,5 m à esquerda para criar uma inclinação à direita contra a bola e elevar o pé direito (pé de dentro), equilibrando-se sobre o pé esquerdo (pé de fora) (Fig. 5.17a).

Movimento
- Fazer miniagachamentos sobre a perna esquerda enquanto inclina contra a bola e usa o braço direito na bola e a mão direita na parede para manter o equilíbrio (Fig. 5.17b).
- Colocar o pé direito perto do esquerdo e levantar o pé esquerdo do chão.
- Fazer miniagachamentos com a perna esquerda.
- Fazer no outro lado.

Figura 5.17 Deslizamento lateral com bola suíça na parede em apoio unipodal: (a) posição inicial; (b) miniagachamento na perna esquerda.

Flexão de braços com as mãos sobre a bola suíça

Detalhes e benefícios
- Progressão natural de todas as flexões de braços e tipos de prancha.
- Progressão ideal para desenvolver a estabilização do *core* e do ombro se forem observadas escápulas aladas e um *core* fraco em uma flexão de braços comum.

Posição inicial
- Posição de prancha com as mãos sobre a bola suíça. As mãos ficam sobre os lados de fora da bola, com os dedos apontando para o chão (Fig. 5.18a).
- O *core* deve estar contraído e os joelhos devem estar estendidos, com o peso sobre a ponta dos pés e os pés afastados na largura dos ombros.

Movimento
- Flexionar os cotovelos de modo a abaixar o tórax até ficar a poucos centímetros da bola (Fig. 5.18b).
- Terminar o movimento estendendo os braços para retornar à posição de prancha.
- Para diminuir a intensidade deste exercício, colocar a bola sobre uma superfície mais alta ou fixá-la entre o chão e a parede.

Figura 5.18 Flexão de braços com as mãos sobre a bola suíça: (*a*) posição inicial; (*b*) abaixar o tórax em direção à bola.

Flexão de joelho com bola suíça (bilateral para unilateral)

Detalhes e benefícios
- Este exercício é uma progressão intermediária de qualquer exercício de flexão do *core* e flexão de braços.
- É um bom exercício para o *core* anterior que também requer uma forte estabilização do ombro, tornando-o popular entre atletas que necessitam de movimentos de flexão e estabilidade do ombro, como ginastas, mergulhadores e atletas de combate.
- Aqui é descrito como um exercício bilateral, mas o objetivo é realizá-lo unilateralmente assim que múltiplas séries de 15 repetições puderem ser realizadas com as duas pernas.

Posição inicial
- Posição de flexão de braços com as mãos no chão e a bola suíça sob a parte média a inferior das coxas (Fig. 5.19a).
- Manter o *core* contraído e evitar a hiperextensão da coluna vertebral.

Movimento
- Estabilizando o movimento com as mãos, manter o *core* contraído e flexionar quadris e joelhos, levando os joelhos em direção ao tórax.
- Continuar a flexão de quadris e joelhos até que estes estejam flexionados a 90° e os joelhos estejam sobre a bola suíça (Fig. 5.19b). Para obter flexibilidade adicional, pode-se dobrar ainda mais os joelhos e os quadris.
- Estender o corpo de volta à posição inicial.
- Repetir o movimento de flexão.

Figura 5.19 Flexão de joelho com bola suíça (bilateral): (a) posição inicial; (b) flexão.

Rolamento com bola suíça na parede

Detalhes e benefícios
- Progressão natural de pranchas, flexões de braços e trabalho do *core* anterior.
- Progressão versátil para alongar e fortalecer o *core* anterior, bem como para fortalecer a articulação do ombro, tornando-o popular entre nadadores, atletas de esportes de arremesso e atletas de combate.

Posição inicial
- A progressão favorita do rolamento é realizada em uma parede, pois oferece a aplicação mais segura e fornece uma excelente intensidade. No entanto, pode-se tentar progressões mais avançadas com a bola no solo e variadas posições de braço (p. ex., apoio na mão ou nos cotovelos).
- Segurar uma bola suíça na frente do corpo e contra a parede, braços estendidos e palmas das mãos sobre a bola como se estivesse em uma posição de prancha, equilibrando-se sobre a ponta dos pés e a bola suíça (Fig. 5.20a).
- Para aumentar a intensidade do rolamento, afastar os pés da parede e ficar em pé sobre a ponta dos pés.

Movimento
- Mantendo o corpo rígido, abrir os ombros e rolar as mãos e os antebraços sobre a bola até que o corpo esteja totalmente estendido.
- Na posição estendida, apoiar-se sobre a ponta dos pés, com a bola suíça mais perto dos ombros (Fig. 5.20b).
- Uma vez totalmente estendido, usar os músculos de tração para puxar os braços de volta, rolando-os sobre a bola até a posição de prancha inicial.

Figura 5.20 Rolamento com bola suíça na parede: (*a*) posição inicial; (*b*) rolamento de mãos e antebraços sobre a bola.

Ponte com bola suíça
(apoio bipodal para unipodal)

Detalhes e benefícios
- Esta é uma das progressões mais básicas e efetivas para o simultâneo fortalecimento do *core* posterior e o alongamento do *core* anterior.
- É essencial para qualquer atleta que corre, e é o reabilitador de posteriores da coxa mais comum.
- Aqui é descrito como um exercício bipodal, mas o objetivo é realizá-lo unipodalmente assim que múltiplas séries de 15 repetições puderem ser realizadas com as duas pernas.

Posição inicial
- Deitar de costas com os braços abertos a cerca de 45° e as palmas das mãos voltadas para baixo.
- Colocar a bola suíça sob as panturrilhas (mais fácil) ou tornozelos (mais difícil), mantendo os joelhos e tornozelos unidos.
- Mantendo os joelhos levemente flexionados, levantar os quadris em direção ao teto até que uma ponte se forme entre os ombros no chão e as pernas na bola (Fig. 5.21a).

Movimento
- Abaixar os quadris até próximo do chão, mas sem tocá-lo (Fig. 5.21b) e voltar à posição de ponte.
- Repetir.

Figura 5.21 Ponte com bola suíça (apoio bipodal): (*a*) posição inicial; (*b*) descida dos quadris.

Elevação de quadril com bola suíça (apoio bipodal para unipodal)

A elevação de quadril com bola suíça é uma progressão básica a intermediária que segue a ponte com bola suíça. Ela simultaneamente fortalece o *core* posterior e alonga o *core* anterior enquanto aciona as panturrilhas. É uma progressão ótima para fortalecer os posteriores da coxa e melhorar o comprimento da passada e a velocidade de corrida. Como a ponte com bola suíça, este exercício é aqui descrito como um exercício bipodal, mas o objetivo é realizá-lo assim que múltiplas séries de 15 repetições puderem ser realizadas com as duas pernas.

A posição inicial é semelhante à da ponte com bola suíça, mas a posição do pé é diferente. Deitar de costas com os braços abertos a cerca de 45° e as palmas das mãos voltadas para baixo. Colocar a bola suíça sob a ponta dos pés, mantendo os joelhos e tornozelos unidos. Trazer os quadris em direção ao teto até que uma ponte se forme entre os ombros no chão e os pés na bola (Fig. 5.22a). Abaixar os quadris sem tocar no chão (Fig. 5.22b) e repetir o movimento de ponte.

Figura 5.22 Elevação de quadril com bola suíça (apoio bipodal): (*a*) ponte; (*b*) descida dos quadris.

Rosca de perna com bola suíça (apoio bipodal para unipodal)

Detalhes e benefícios
- Este é um exercício básico de reabilitação dos posteriores da coxa e uma maneira eficaz de desenvolver os posteriores da coxa como flexores de joelho.
- É essencial para qualquer atleta que corre ou atletas de combate que usam a posição em guarda deitado de costas.
- Aqui é descrito como um exercício bipodal, mas o objetivo é realizá-lo em uma só perna assim que múltiplas séries de 15 repetições puderem ser realizadas com as duas pernas.

Posição inicial
- Deitar de costas com os braços abertos a cerca de 45° e as palmas das mãos voltadas para baixo.
- Colocar a bola suíça sob as panturrilhas (mais fácil) ou tornozelos (mais difícil), mantendo os joelhos e os tornozelos unidos.
- Elevar os quadris em direção ao teto até que uma ponte se forme entre os ombros no chão e os pés na bola (Fig. 5.23*a*).
- Manter os quadris elevados durante todo o movimento.

Movimento
- Flexionar os joelhos e rolar os pés sobre a bola e de volta em direção aos glúteos (Fig. 5.23*b*).
- Estender as pernas até que os joelhos estejam quase totalmente estendidos para retornar à posição inicial.
- Repetir o movimento de flexão de joelhos enquanto mantém os quadris elevados.

Figura 5.23 Rosca de perna com bola suíça (apoio bipodal): (a) posição inicial; (b) flexão dos joelhos.

Hiperextensão com bola suíça

Detalhes e benefícios
- Progressão básica que pode ajudar todas as variações de agachamentos, levantamentos-terra e avanços com alcance.
- Progressão ótima para fortalecer os músculos paravertebrais médios a superiores utilizados em posições esportivas flexionadas, bem como para levantar-se em esportes de combate.

Posição inicial
- Ajoelhar com os dois joelhos e colocar a bola suíça sob a região abdominal.
- Equilibrando-se sobre a bola suíça e a ponta dos pés, estender as pernas (mantendo os joelhos levemente flexionados) e elevar os joelhos do chão.
- Colocar as mãos nas laterais da cabeça (ou seja, cobrindo as orelhas) e equilibrar-se sobre a bola suíça e a ponta dos pés.

Movimento
- Curvar o *core* em torno da bola (Fig. 5.24a) e, em seguida, estender a coluna tanto quanto possível sem que isso produza dor ou pressão na região lombar da coluna vertebral (Fig. 5.24b).
- Curvar o *core* ao redor da bola e repetir o movimento de extensão.

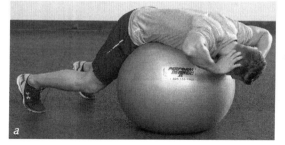

Figura 5.24 Hiperextensão com bola suíça: (a) curvar o *core* em torno da bola; (b) estender a coluna vertebral.

Hiperextensão reversa com bola suíça

Detalhes e benefícios
- Progressão básica para as progressões de levantamentos-terra e agachamentos.
- Complemento perfeito para a hiperextensão com bola suíça, trabalhando a parte inferior dos músculos paravertebrais, glúteos e posteriores da coxa.

Posição inicial
- Apoiar os dois joelhos no chão e colocar uma bola suíça sob a região abdominal.
- Rolar sobre a bola até que ambos os antebraços estejam inteiramente apoiados no chão e estender completamente as pernas e os quadris, mantendo os joelhos e os pés unidos (Fig. 5.25a).

Movimento
- Equilibrando-se sobre ambos os antebraços e a bola, flexionar lentamente os quadris até que os pés quase toquem o chão (Fig. 5.25b).
- Estender lentamente os quadris até que o corpo esteja perfeitamente reto novamente, fazendo uma ligeira pausa no topo do movimento.
- Manter as pernas retas e rígidas durante todo o movimento.

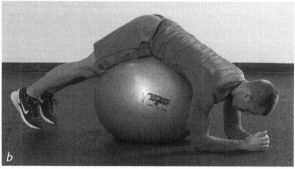

Figura 5.25 Hiperextensão reversa com bola suíça: (a) posição inicial; (b) flexão dos quadris para abaixar os pés em direção ao chão.

Rotação de quadril sobre bola suíça

Detalhes e benefícios
- Progressão intermediária que segue a flexão de joelho com bola suíça e a flexão de braços em T (Cap. 4); regressão para o esquiador com bola suíça.
- A posição estendida reduz as exigências de estabilidade, mas mantém uma elevada amplitude de movimento na região torácica da coluna vertebral.
- Exercício muito bom para golfistas e atletas de combate que requerem uma excelente mobilidade da parte superior da coluna vertebral (ou seja, região torácica).

Posição inicial
- Assumir uma posição de flexão de braços com as mãos no chão e a bola suíça sob as coxas.
- Manter contato visual com o solo em todos os momentos.
- Manter o *core* contraído e evitar a hiperextensão da coluna vertebral.

Movimento

- Estabilizando o movimento com as mãos, girar os quadris para a direita de modo que o lado externo da coxa direita fique sobre a bola (Fig. 5.26a).
- Girar os quadris para a esquerda de modo que a parte externa da coxa esquerda fique sobre a bola (Fig. 5.26b).
- Para mais rotação espinal, manter os braços retos durante o movimento. Para menos rotação espinal, flexionar os cotovelos durante a rotação.
- Repetir o movimento de rotação para ambos os lados.

Figura 5.26 Rotação de quadril sobre bola suíça: (a) girar os quadris para a esquerda; (b) girar os quadris para a direita.

Esquiador com bola suíça

Detalhes e benefícios

- Progressão intermediária a avançada que segue a rotação de quadril sobre bola suíça, a flexão de joelho com bola suíça, a flexão de braços e a prancha.
- Bom exercício rotacional para o *core* que também requer uma forte estabilização de ombro, tornando-o popular entre esquiadores, surfistas, atletas de combate e golfistas.

Posição inicial

- Posição de flexão de braços com as mãos no chão e a bola suíça sob as coxas.
- Flexionar os joelhos em direção ao tórax até que os quadris e os joelhos estejam a 90° e os joelhos estejam sobre a bola (Fig. 5.27a).

Movimento

- Estabilizando o movimento com as mãos, girar os quadris para a direita de modo que a parte externa da coxa esquerda fique sobre a bola (Fig. 5.27b).
- Para mais rotação espinal, manter os cotovelos estendidos durante o movimento. Para menos rotação espinal, permitir que os cotovelos flexionem durante a rotação.
- Repetir o movimento de esqui para ambos os lados.

Figura 5.27 Esquiador com bola suíça: (a) posição inicial; (b) giro dos quadris para a direita.

Acessórios

Nenhum livro de treinamento funcional seria completo sem mostrar alguns dos acessórios funcionais mais populares. Aqui serão mostrados 5 dos itens mais populares de equipamentos utilizados para estabilidade esportiva, agilidade, rapidez e potência. Estes equipamentos também são fáceis de conseguir, baratos e a maioria deles é de fácil transporte. Os exercícios desta seção são simples e produzem resultados excelentes, além de se integrarem bem aos programas de exercício deste livro.

Nota: sempre se certificar de ler e seguir todas as recomendações, avisos e instruções do fabricante antes de usar o equipamento para qualquer exercício. Em caso de dúvidas sobre como usar este equipamento ou qualquer outra questão, consultar um profissional de condicionamento físico certificado e com bom conhecimento em treinamento funcional de velocidade, agilidade e rapidez.

Movimento de arremesso (haste vibratória)

Detalhes e benefícios
- Uma haste vibratória é um ótimo equipamento que pode transmitir vibração a qualquer parte do corpo. Os dois modelos principais são o Flexi-Bar® (fornece vibração ao longo de todos os planos de movimento, como uma vara de pesca) e o Bodyblade® (fornece vibração ao longo de um plano de movimento, como um arco). O Bodyblade® é mais fácil de controlar, enquanto o Flexi-Bar® oferece muito mais desafio.
- O estímulo vibratório melhora a estabilização dos ombros e, em menor grau, da coluna vertebral e dos quadris.
- Este exercício é excelente para atletas que fazem movimentos de arremesso.

Posição inicial
- Posição de avanço baixa (*split*).
- A distância entre os pés deve ser igual à distância entre a parte superior dos quadris e o chão.
- Os pés devem estar afastados na largura dos quadris, com o pé esquerdo à frente, ambos os joelhos levemente flexionados em posição atlética e o calcanhar direito fora do chão.

Movimento
- Mantendo o *core* contraído, segurar a haste vibratória com a mão direita e começar a oscilá-la para cima e para baixo, sem apertá-la forte. O movimento deve ser curto (alguns centímetros), fácil e vir do ombro. A oscilação da haste não deve mover (isto é, agitar) o *core* nem os quadris.
- Durante a oscilação da haste vibratória, realizar um movimento de arremesso com o braço (Fig. 5.28). Repetir até completar a quantidade recomendada de repetições.
- Mudar a posição dos pés e fazer com o braço esquerdo.

Figura 5.28 Movimento de arremesso (haste vibratória).

Oscilação de haste vibratória na posição 12 horas

Detalhes e benefícios
- Envia estímulo vibratório ao *core* para ativar os músculos que desenvolvem sua rigidez.
- Exercício fantástico e refinado que ativa os músculos do *core* durante a reabilitação ou treinamento leve, tornando-o perfeito para preparar um atleta para um exercício rotacional intenso.
- Excelente para melhorar o controle muscular durante as rebatidas e a oscilação do golfe.

Posição inicial
- Em pé, com os pés afastados na largura dos ombros e os joelhos levemente flexionados.
- Segurar a haste vibratória verticalmente com ambas as mãos, apoiando uma mão sobre a outra.

Movimento
- Manter o corpo inteiro contraído e começar a oscilar a haste vibratória de um lado para outro, sem apertá-la com força (Fig. 5.29).
- A oscilação deve ser curta (poucos centímetros), fácil, vir dos ombros e transmitir para um *core* rígido.
- A oscilação da haste não deve mover (ou seja, agitar) o *core* nem os quadris.

Figura 5.29 Oscilação de haste vibratória na posição 12 horas.

Agilidade na escada (dentro e fora)

Detalhes e benefícios
- Este é o equipamento mais popular de campo ou quadra para desenvolver a agilidade e velocidade dos pés.
- Apresenta elementos de amarelinha e pular corda, juntamente com componentes laterais e reativos.
- É um exercício simples, usado para desenvolver a estabilidade do tornozelo e melhorar os componentes de desaceleração e mudanças laterais de direção.
- É excelente para atletas de esportes de campo e quadra, como jogadores de futebol, tênis e basquetebol.
- Usar uma escada de 9 m para aprender o movimento e uma escada de 5 m para desenvolver velocidade depois que já tiver dominado o movimento.

Posição inicial
- Em pé, na extremidade da escada.
- Os pés estão afastados da largura dos ombros e os joelhos estão levemente flexionados.

Movimento
- Saltar com os dois pés para dentro do primeiro quadrado da escada (Fig. 5.30).
- Saltar para o lado de fora do próximo quadrado com um pé em cada lado da escada e, logo em seguida, para dentro do mesmo quadrado com os dois pés.

- Repetir o padrão de entrada e saída ao longo de toda a escada, pulando em cada quadrado.
- Permanecer na ponta dos pés durante o exercício.
- Trabalhar para desenvolver um ritmo constante antes de aumentar a velocidade.

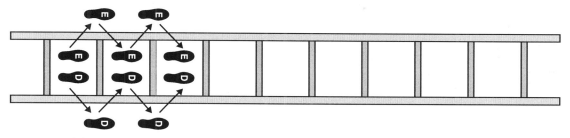

Figura 5.30 Agilidade na escada (dentro e fora).

Agilidade na escada com salto rotacional lateral

Detalhes e benefícios
- Excelente progressão do exercício de agilidade na escada (dentro e fora) e um complemento à rotação com bola suíça.
- Melhora o salto curto rastejante e rotacional necessários em esportes com movimentos complexos dos pés, como o boxe e o futebol.
- Usar uma escada de 9 m para aprender o movimento e uma escada de 5 m para desenvolver velocidade depois que o movimento tiver sido dominado.

Posição inicial
- Em pé, com a extremidade da escada à frente e à direita. Colocar o pé direito dentro do primeiro quadrado e o esquerdo fora da escada, à esquerda do primeiro quadrado.
- Os pés estão separados na largura dos ombros e os joelhos estão levemente flexionados.

Movimento
- Saltar para a direita, girando os quadris 90° para a direita enquanto simultaneamente coloca o pé esquerdo no primeiro quadrado e o pé direito fora do segundo quadrado (Fig. 5.31).
- Assim que aterrissar, saltar para a direita, girando os quadris 90° para a esquerda, enquanto simultaneamente coloca o pé direito no segundo quadrado e o pé esquerdo fora do primeiro quadrado.
- À medida que se move para a direita na escada, o pé direito vai na frente e o pé esquerdo sempre segue a posição do pé direito.
- Repetir a sequência ao longo da escada. Quando chegar ao final da escada, voltar repetindo a mesma sequência para a esquerda.
- À medida que se move para a esquerda na escada, o pé esquerdo vai na frente e o pé direito segue o posicionamento do pé esquerdo.

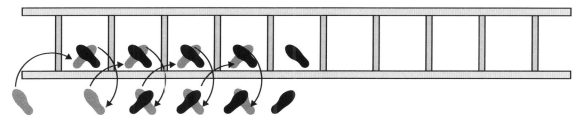

Figura 5.31 Agilidade na escada com salto rotacional lateral.

Corrida sobre obstáculos baixos

Detalhes e benefícios

- Vários modelos e materiais estão disponíveis. Os obstáculos baixos têm cerca de 15 a 20 cm de altura e são usados para indicar o ponto para levantar o joelho ou saltar. A maior parte dos exercícios pode usar 6 a 10 obstáculos.
- Este exercício é excelente para progredir o aquecimento e para suplementar as habilidades de corrida e biometria.
- Melhora a força de flexão de quadril e o levantamento do joelho, necessários durante a fase de aceleração da corrida.

Posição inicial

- Colocar de 6 a 10 obstáculos em uma distância de 51 a 61 cm um do outro, dependendo do tamanho e da capacidade do atleta e da velocidade do exercício.
- Ficar cerca de 61 cm na frente do primeiro obstáculo.

Movimento

- Correr sobre cada obstáculo (Fig. 5.32), colocando o pé esquerdo entre o primeiro e o segundo obstáculos, o pé direito entre o segundo e o terceiro obstáculos e assim por diante, repetindo a sequência ao longo de toda a linha de obstáculos.
- Permanecer sobre a ponta do pé que está no chão enquanto se concentra em levantar o joelho e manter elevados o pé e os dedos da perna oposta.
- Manter uma postura vertical ereta e os cotovelos a 90°. Girar os braços nos ombros, não nos cotovelos.

Figura 5.32 Corrida sobre obstáculos baixos: (*a*) pé esquerdo entre o primeiro e o segundo obstáculos; (*b*) pé direito entre o segundo e o terceiro obstáculos.

Salto diagonal entre obstáculos baixos

Detalhes e benefícios
- Excelente progressão para intensificar as progressões de salto de baixa amplitude.
- Melhora a estabilidade e a rigidez do tornozelo necessárias para saltos e corridas reativos.

Posição inicial
- Colocar de 6 a 10 obstáculos em um padrão de ziguezague a 90° um em relação ao outro.
- Em pé, do lado de fora do primeiro obstáculo, com os pés unidos e os joelhos levemente flexionados.

Movimento
- Saltar sobre cada obstáculo diagonalmente, sempre voltado para a frente, em direção ao fim da linha de obstáculos (Fig. 5.33).
- Permanecer sobre a ponta do pé e manter os pés e joelhos unidos. Manter os cotovelos flexionados a 90° e relaxados.

Figura 5.33 Salto diagonal entre obstáculos baixos: (*a*) primeiro salto; (*b*) segundo salto.

Exercício de agilidade hexagonal com vara dobrável

Detalhes e benefícios
- A vara dobrável (*crooked stick*) é uma ferramenta barata, diversificada e fácil de usar que fornece muitas possibilidades para exercícios de agilidade.
- Excelente progressão que tem sido usada há muito tempo na avaliação e no desenvolvimento de agilidade.
- Melhora e avalia a agilidade usada em esportes de campo e quadra, como tênis e futebol.

Posição inicial
- Posicionar a vara dobrável em um formato hexagonal.
- Posicionar-se no meio do hexágono com os pés juntos e os joelhos levemente flexionados.

Movimento
- Saltar com os dois pés para o topo do hexágono e voltar para o meio (Fig. 5.34).
- Sempre de frente para o topo do hexágono, continuar pulando no sentido horário para cada lado do hexágono, sempre retornando ao meio até percorrer todo o hexágono.

- Fazer três percursos de ida e volta no sentido horário, descansar e, em seguida, 3 percursos de ida e volta no sentido anti-horário. Isso equivale a uma série.
- Cronometrar o tempo gasto para realizar cada um dos três trajetos de ida e volta em cada direção. Isso mostra qual é a direção mais fraca e como o treino melhora a simetria de movimento.
- Manter uma postura vertical e os cotovelos a 90°. Permanecer de frente para o topo do hexágono.

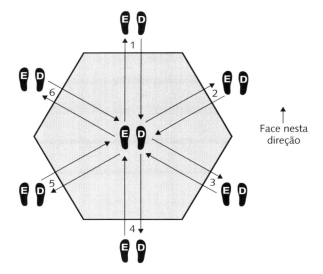

Figura 5.34 Exercício de agilidade hexagonal com vara dobrável.

Exercício de salto rotacional em cruz com vara dobrável

Detalhes e benefícios
- Excelente progressão e complemento ao exercício de agilidade na escada com salto rotacional lateral.
- Melhora a capacidade de reposicionar os pés em quartos curtos, como usado em esportes de combate e de quadra, como judô e basquetebol.

Posição inicial
- Colocar a vara dobrável em forma de cruz.
- Ficar em pé com um segmento entre as pernas e a interseção e os outros três segmentos da cruz à frente.
- Ficar em pé com os pés afastados na largura dos ombros e os joelhos levemente flexionados.

Movimento
- Saltar com ambos os pés para a direita enquanto gira para a esquerda, aterrissando no segmento perpendicular direito (Fig. 5.35).
- Saltar novamente com os dois pés para a direita enquanto gira para a esquerda, aterrissando no segmento perpendicular direito (neste ponto, fica-se de frente para o lado oposto ao qual se começou o exercício).
- Realizar mais dois saltos até chegar à posição inicial. Repetir no sentido anti-horário.

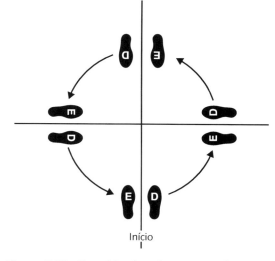

Figura 5.35 Exercício de salto rotacional em cruz com vara dobrável.

Ondulação com corda naval

Detalhes e benefícios
- As cordas são ferramentas baratas, diversas e fáceis de usar que fornecem excelente estabilidade e resistência ao *core* e à parte superior do corpo.
- As cordas podem ter de 12 a 15 m de comprimento e 4 a 5 cm de diâmetro.
- A ondulação com corda naval é uma progressão avançada do movimento de arremesso (haste vibratória) e da *fly* horizontal rotacional com halteres.
- O exercício melhora a estabilidade e a resistência do ombro, além de melhorar a estabilidade do *core*, tornando-o popular entre arremessadores e atletas de combate, como os arremessadores do beisebol e lutadores.

Posição inicial
- Enrolar a corda em torno de uma estrutura robusta de modo que as duas metades da corda tenham igual comprimento.
- Ficar em pé com as cordas estendidas e em suas mãos.
- Dar um passo em direção ao ponto de ancoragem de modo a criar uma folga na corda.
- Segurar uma ponta da corda em cada mão, afastar os pés na largura dos ombros e manter os joelhos levemente flexionados.

Movimento
- Mantendo o *core* contraído, mover a mão direita para cima e a mão esquerda para baixo simultaneamente, criando uma ondulação com cada corda cuja altura vai até a linha dos ombros (Fig. 5.36).
- Não permitir que os quadris e o *core* se movam. Manter o *core* rígido.
- Fazer pelo tempo ou repetições especificadas.

Figura 5.36 Ondulação com corda naval.

Círculos com corda naval (sentido horário e anti-horário)

Detalhes e benefícios
- Esta é uma progressão e um complemento ao movimento de arremesso (haste vibratória) e à *fly* horizontal rotacional com halteres.
- Melhora a estabilidade do ombro, especificamente as rotações interna e externa, e melhora a estabilidade do *core*.
- Este é um ótimo exercício para melhorar o movimento de arremesso, como no saque do tênis, no ataque do voleibol e no arremesso do beisebol.

Posição inicial

- Enrolar a corda em torno de uma estrutura robusta de modo que as duas metades da corda tenham igual comprimento.
- Ficar em pé com as cordas estendidas e em suas mãos.
- Dar um passo em direção ao ponto de ancoragem de modo a criar uma folga na corda.
- Segurar uma ponta da corda em cada mão, afastar os pés na largura dos ombros e manter os joelhos levemente flexionados.

Movimento

- Fazer círculos para fora com cada mão simultaneamente (Fig. 5.37), criando círculos com as cordas cuja altura vai até a linha dos ombros.
- A mão esquerda se move no sentido anti-horário, enquanto a mão direita se move no sentido horário.
- Não permitir que os quadris e o *core* se movam. Manter o *core* rígido.
- Fazer pelo tempo ou repetições especificados.

Figura 5.37 Círculos com corda naval (sentido horário e anti-horário).

Deslizamento lateral

Detalhes e benefícios

- Um *slide* é uma prancha com uma superfície escorregadia que é usada com meias especiais para simular movimentos de patinação. É um ótimo equipamento, utilizado para melhorar as mudanças laterais de direções com impacto mínimo.
- O deslizamento lateral é um excelente movimento para melhorar mudanças laterais de direção e a aceleração em alta velocidade.
- Melhora a força da parte inferior do corpo e a estabilidade do quadril, especificamente as rotações interna e externa de quadril concomitantes à extensão da perna.
- É ótimo para melhorar a habilidade de mudanças súbitas de direção em atletas de campo e quadra e atletas envolvidos em patinação.
- Sua carga pode ser aumentada usando um colete ou prendendo um elástico de resistência leve à cintura do atleta e fornecendo uma resistência lateral.
- O comprimento mais comumente utilizado de *slide* é de 1,8 a 2,4 m, embora possam ser usados comprimentos de 1 a 1,5 m para aprender o movimento.
- Deve-se aprender o movimento antes de tentar o exercício para evitar estiramentos musculares na parte interna das coxas.

Posição inicial

- Colocar o *slide* sobre uma superfície antiderrapante e colocar as meias sugeridas pelo fabricante sobre o calçado. As meias protegem o *slide* e possibilitam um deslizamento suave sobre a superfície.

- Ficar em pé com a parte externa do pé esquerdo em contato com a extremidade esquerda do *slide*.
- Flexionar os joelhos e os quadris e ficar em uma posição atlética, como se estivesse pronto para fazer deslocamentos laterais (Fig. 5.38a).

Movimento
- Empurrar com força a extremidade do *slide* com o pé esquerdo enquanto permanece abaixado e em posição atlética.
- Deslizar ao longo do *slide* em uma posição abaixada e de base alargada até que o pé direito entre em contato com a extremidade direita da placa (Fig. 5.38b).
- Absorver o impacto flexionando a perna direita. Empurrar imediatamente e deslizar para a esquerda.
- Continuar o movimento de patinação de um lado para o outro enquanto mantém uma postura abaixada e de base alargada.

Figura 5.38 Deslizamento lateral: (a) posição inicial; (b) deslizamento.

Corrida com deslizamento

Detalhes e benefícios
- Excelente movimento para a elevação do joelho necessária na corrida, bem como para chutes e joelhadas em esportes de combate.
- Melhora a força do *core* e da parte inferior do corpo, especificamente o complexo flexor do quadril.
- Popular entre velocistas e atletas de combate.

Posição inicial
- Colocar o *slide* sobre uma superfície antiderrapante e colocar as meias sobre o tênis. As meias protegem o *slide* e possibilitam um deslizamento suave sobre a superfície.
- Assumir uma posição de prancha com as mãos no chão levemente laterais à extremidade da placa deslizante e os pés no meio do *slide*.
- Flexionar o quadril e o joelho direitos em torno de 90° de modo a deslizar o pé direito em direção ao tórax enquanto mantém a perna esquerda estendida (Fig. 5.39a).
- Manter o *core* e os ombros estáveis e contraídos durante o movimento.

Movimento
- Estender explosivamente a perna direita flexionando o quadril e o joelho esquerdos de modo a trazer o pé esquerdo em direção ao tórax (Fig. 5.39b).
- Continuar o movimento de corrida pelas repetições ou tempo indicados, mantendo os ombros e o *core* contraídos.

Figura 5.39 Corrida com deslizamento: (a) posição inicial; (b) estender a perna direita e flexionar o quadril e o joelho esquerdos.

Exercícios tradicionais de força

Muitos especialistas em condicionamento físico não consideram o treinamento tradicional com pesos e aparelhos de musculação um treinamento funcional. No entanto, se é desejada hipertrofia rápida, o treinamento de musculação tradicional certamente pode proporcioná-la. Portanto, muitos atletas que procuram massa muscular e função adicionais precisarão de um sistema que combine perfeitamente o treinamento tradicional e o treinamento funcional. Para ajudar a criar um sistema assim, são aqui fornecidos alguns exercícios tradicionais comuns que irão adicionar força e volume a qualquer atleta que precise deles. Na parte de elaboração de programas do livro, aborda-se como combinar os exercícios de musculação tradicionais e o treinamento funcional. Ao contrário das descrições mais abrangentes dos exercícios funcionais, esta seção fornece uma breve descrição e imagens que ilustram as posições iniciais e os movimentos.

Como já mencionado, aqui são fornecidos apenas alguns exemplos de exercícios tradicionais, e existem muitas variações. Por exemplo, um exercício com barra, como o agachamento com barra, pode ser feito com halteres com igual eficácia. O mesmo vale para um exercício com halteres, como a remada curta com halteres; uma versão com barra pode ser facilmente usada em seu lugar. Os aparelhos de musculação e os pesos podem ser utilizados indistintamente. Por exemplo, um supino horizontal com barra pode ser substituído por um exercício para peitorais no aparelho. Alternar exercícios que são intercambiáveis entre si pode facilitar a adaptação de um programa para atender às necessidades.

Leg press 45°

O *leg press* é um exercício de força tradicional voltado a toda a parte inferior do corpo.

Posição inicial
- Sentar no *leg press*.
- Colocar os pés no meio do apoio de pés, com pés voltados para a frente e afastados na largura dos ombros.

Movimento
- Estender as pernas levantando o peso e desbloqueando o mecanismo de segurança (Fig. 5.40*a*).
- Flexionar os joelhos e abaixar o peso o máximo que puder sem levantar os quadris do assento nem arquear a região lombar da coluna vertebral (Fig. 5.40*b*).
- Estender as pernas até a extensão total e repetir o movimento de pressão.
- Garantir que a região lombar da coluna vertebral esteja sempre firmemente apoiada contra o encosto e os glúteos permaneçam apoiados no banco durante todo o movimento.

Figura 5.40 *Leg press* 45°: (*a*) extensão de pernas; (*b*) descida do peso.

Agachamento com barra

O agachamento com barra é o principal de todas as elevações, em razão de seu impacto sobre todo o corpo, especialmente o *core* e as pernas.

Posição inicial
- Configurar um raque com a barra logo abaixo da altura dos ombros e os raques de segurança a cerca de 3 a 5 cm abaixo do seu nível de agachamento esperado.
- Segurar a barra simetricamente com as mãos logo além da largura dos ombros.
- Caminhar até debaixo da barra e repousá-la sobre a parte volumosa do músculo trapézio, logo abaixo do pescoço.

Movimento
- Levantar com o peso e sentir o equilíbrio.
- Dar alguns passos para trás e ficar em pé com os pés afastados na largura dos ombros, enquanto permanece sobre os raques de segurança (Fig. 5.41a).
- Mantendo o *core* contraído e o tórax elevado, flexionar os quadris e os joelhos de modo a abaixar o peso (Fig. 5.41b).
- Quando chegar à profundidade de agachamento desejada, levantar para completar a repetição.

Figura 5.41 Agachamento com barra: (a) posição inicial; (b) agachamento.

Levantamento-terra com barra

O levantamento-terra com barra é uma elevação que fortalece o *core* voltado à região lombar da coluna vertebral, aos glúteos e aos posteriores da coxa. Existem inúmeras variações de levantamentos--terra. Esta é a versão do levantamento de peso olímpico usado pela maioria dos atletas.

Posição inicial

- Colocar uma barra no chão. Aproximar da barra até que ela entre em contato com as tíbias, mantendo os pés afastados.
- Mantendo as costas retas e o *core* rígido, flexionar os joelhos e os quadris, abaixando o corpo para segurar a barra além da largura do quadril.

Movimento

- Depois de segurar a barra, manter o *core* rígido e fazer força nas pernas para iniciar o levantamento (Fig. 5.42a).
- À medida que a barra passa pelas tíbias, as pernas se estendem para liberar a passagem da barra pelos joelhos.
- Uma vez que a barra passou os joelhos, terminar o levantamento com extensão de quadril até que o corpo esteja totalmente estendido e vertical (Fig. 5.42b).
- Inverter o movimento para levar a barra de volta ao chão.

Figura 5.42 Levantamento-terra com barra: (*a*) início da elevação; (*b*) fim do movimento, com o corpo totalmente estendido.

Elevação/extensão lombar a 45°

A elevação/extensão lombar a 45° é excelente para toda a cadeia posterior.

Posição inicial
- Posicionar os rolos ou almofadas logo abaixo da linha do quadril de modo que os quadris possam flexionar livremente.
- Colocar as coxas nos apoios de coxa e os pés na plataforma, enganchando os calcanhares sob os apoios de perna.
- Manter os pés voltados para a frente para focar nos posteriores da coxa, ou apontar os pés para fora para se concentrar mais nos glúteos.
- Cruzar as mãos no tórax ou colocá-las nas laterais da cabeça. Para obter resistência adicional, pode-se segurar uma *medicine ball* ou anilha contra o tórax.
- Manter uma leve flexão de joelhos durante todo o movimento para evitar sua hiperextensão e acionar melhor os posteriores da coxa.

Movimento
- Mantendo o tórax elevado, as costas retas e os joelhos levemente flexionados, flexionar os quadris para abaixar a parte superior do corpo (Fig. 5.43a).
- Descer o máximo possível sem flexionar a coluna vertebral.
- Na parte mais baixa da flexão de quadril, contrair os glúteos e os posteriores da coxa, estendendo completamente o corpo até ficar perfeitamente reto (Fig. 5.43b).

Elevação/extensão lombar a 45° unipodal
Pode-se aumentar a intensidade deste exercício progredindo para a variação unipodal (Fig. 5.44).

Figura 5.43 Elevação/extensão lombar a 45°: (a) descida da parte superior do corpo; (b) extensão do corpo.

Figura 5.44 Elevação/extensão lombar a 45° unipodal.

Supino horizontal com barra

O supino horizontal com barra é o exercício mais comumente usado para hipertrofiar e fortalecer a parte superior do corpo, principalmente o tórax, a parte anterior dos ombros e o tríceps.

Posição inicial

- Deitar sobre um banco plano com os pés no chão e as costas e a cabeça apoiadas no banco em todos os momentos.
- Segurar a barra com os antebraços pronados (palmas das mãos voltadas para baixo), com as mãos levemente laterais à largura dos ombros.
- Retirar a barra do suporte, segurando-a com os braços estendidos verticalmente e alinhados com as articulações dos ombros (Fig. 5.45a).

Movimento

- Abaixar a barra até a metade do tórax, mantendo os cotovelos alinhados debaixo da barra em todos os momentos (Fig. 5.45b).
- Quando a barra estiver no ponto mais baixo, pressioná-la de volta à posição inicial.

Figura 5.45 Supino horizontal com barra: (a) posição inicial; (b) descida da barra.

Supino inclinado com barra

O supino inclinado com barra é um popular exercício para a parte superior do corpo que coloca uma maior ênfase sobre os ombros e as fibras superiores dos peitorais, enquanto também trabalha o tríceps.

Posição inicial
- Usar um banco inclinado específico ou configurar um raque e um banco ajustável a 30° a 45°.
- Deitar no banco inclinado com os pés no chão e as costas e a cabeça apoiadas no banco em todos os momentos.
- Segurar a barra com o antebraço pronado, com as mãos levemente laterais à largura dos ombros.
- Retirar a barra do suporte, segurando-a com os braços estendidos verticalmente e alinhados com as articulações dos ombros (Fig. 5.46a).

Movimento
- Abaixar a barra até a metade do tórax, mantendo os cotovelos alinhados debaixo da barra em todos os momentos (Fig. 5.46b).
- Quando a barra estiver no ponto mais baixo, pressioná-la de volta à posição inicial.

Figura 5.46 Supino inclinado com barra: (a) posição inicial; (b) descida da barra.

Desenvolvimento acima da cabeça com barra

O desenvolvimento acima da cabeça com barra fortalece os ombros e os braços, principalmente os músculos deltoides, trapézio e tríceps. Este exercício pode ser realizado em um banco específico para o desenvolvimento com barra, ou em pé usando um raque de peso. A versão em pé é apresentada aqui.

Posição inicial

- Configurar um raque com a barra logo abaixo da altura dos ombros.
- Certificar-se de usar raques de segurança configurados na altura do tórax em caso de emergência.
- Segurar a barra com os antebraços pronados, com as mãos levemente laterais à largura dos ombros.

Movimento

- Levantar a barra, estabilizá-la na clavícula e dar alguns passos para trás permanecendo na área de segurança do raque (Fig. 5.47a).
- Pressionar a barra acima da cabeça até bloquear os braços e o peso estar alinhado verticalmente com cabeça, ombros, quadris, joelhos e tornozelos (Fig. 5.47b).
- Abaixar a barra de volta à posição inicial.

Figura 5.47 Desenvolvimento acima da cabeça com barra: (a) posição inicial; (b) elevação da barra acima da cabeça.

Puxada/*pulley*

A puxada é um tradicional exercício de força que visa os músculos das costas, principalmente o latíssimo do dorso, bem como o bíceps e os antebraços. Este exercício pode ser feito com um aparelho com pinos ou um cabo ligado a uma barra. A versão do aparelho com pinos é descrita aqui.

Posição inicial

- Ajustar a altura do assento de modo que, sentado, seja possível alcançar a barra logo acima.
- Sentar e segurar os pegadores.
- Segurar a barra com os antebraços pronados, as mãos levemente laterais à largura dos ombros.
- Arrumar e estabilizar as escápulas, trazendo-as para baixo e para trás.
- Olhar para a frente enquanto arqueia levemente a coluna vertebral para estabilizar o *core*.

Movimento

- Manter o *core* contraído e puxar lentamente os pegadores até próximo da altura das clavículas, logo acima do tórax (Fig. 5.48a).
- Quando os pegadores chegarem à posição mais baixa, lentamente permitir que voltem à posição inicial (Fig. 5.48b).

Figura 5.48 Puxada/*pulley*: (*a*) puxar os pegadores para baixo; (*b*) retornar lentamente os pegadores à posição elevada.

Remada sentado na máquina

Este é um exercício de tração voltado às costas e ao bíceps. Ele pode ser feito com um aparelho com pinos ou um cabo ligado a um pegador ou uma barra. A versão do aparelho com pinos é descrita aqui.

Posição inicial

- Sentar com os pés apoiados no chão ou sobre um apoio de pés, se houver. Os joelhos devem estar flexionados, as costas retas e o tórax em contato com o apoio de tórax.
- Estender a mão para segurar os pegadores. Os cotovelos devem estar estendidos.
- Manter os ombros para trás neste exercício e manter uma linha reta entre a mão e o punho (Fig. 5.49*a*).

Figura 5.49 Remada sentado na máquina: (*a*) posição inicial; (*b*) remada.

Movimento

- Mantendo o tórax contra o apoio, fazer um movimento de remada (Fig. 5.49b), flexionando os cotovelos (que devem deslocar-se diretamente para trás) até que as mãos estejam quase na frente do estômago.
- Retornar lentamente em direção à posição inicial e parar quando os cotovelos estiverem quase estendidos antes de repetir o exercício.

Remada 3 apoios no banco com haltere

Este é um tradicional exercício para as costas que também é voltado ao bíceps e aos antebraços. Várias posições de pé e métodos de estabilização podem ser usados neste exercício. A versão com as pernas paralelas, estabilizada por um banco, é aqui descrita.

Posição inicial

- Ficar a uma distância de 50 cm a 1 m de um banco ou outra estrutura baixa e estável.
- Colocar um haltere a meia distância do banco.
- Afastar os pés na largura dos ombros.
- Colocar a mão esquerda no banco, flexionando levemente ambos os joelhos e estabilizando o *core*.
- Manter o *core* e os ombros contraídos e paralelos ao chão em todos os momentos.

Movimento

- Segurar o haltere com a mão direita (Fig. 5.50a).
- Garantir que as costas estejam retas e encaixadas; fazer um movimento de remada com o haltere até a lateral da caixa torácica (Fig. 5.50b). O movimento deve vir apenas do ombro e do cotovelo direitos.
- Uma vez que o haltere alcançou o corpo, abaixá-lo lentamente até que o braço direito esteja totalmente estendido.
- Repetir o movimento de remada e fazer em ambos os lados do corpo.

Figura 5.50 Remada 3 apoios no banco com haltere: (a) posição inicial; (b) remada.

Remada alta com barra

A remada alta com barra é um exercício de tração para a parte superior do corpo que fortalece os músculos da parte superior das costas e os aspectos lateral e posterior dos ombros. Este exercício pode ser realizado com halteres, um cabo ligado a uma barra ou uma barra.

Posição inicial
- Segurar a barra com o antebraço pronado e as mãos levemente laterais à largura dos ombros.
- Os pés devem estar afastados da largura dos quadris, com os joelhos levemente flexionados.
- Os quadris estão levemente flexionados e o *core* está ereto e contraído durante o movimento.
- Alinhar o corpo verticalmente de modo que haja uma linha reta entre ombros, quadris, joelhos e tornozelos (Fig. 5.51a).

Movimento
- Puxar a barra para cima até que ela esteja na parte inferior do tórax e os cotovelos estejam horizontalmente alinhados com os ombros (Fig. 5.51b).
- Abaixar lentamente o peso até estender os cotovelos.
- Repetir a remada alta.

Figura 5.51 Remada alta com barra: (*a*) posição inicial; (*b*) remada.

Conclusão

Os Capítulos 4 e 5 fornecem uma abrangente coleção de exercícios que possibilita a concepção de programas de treinamento funcional para vários esportes. Com a inclusão de exercícios tradicionais, é possível integrar o treinamento funcional e o tradicional a fim de obter o máximo do treinamento. Agora já existe conhecimento para prosseguir à parte de elaboração de programas deste livro, e a Parte III inicia esse processo. No próximo capítulo, serão discutidos a teoria e os métodos de periodização.

PARTE III

PROGRAMAS

Elaboração de programas

Periodização é uma palavra forte no mundo da força e do condicionamento. Trata-se de um modelo teórico de treinamento que organiza as variáveis de treinamento ao longo de um período específico. As razões para organizar e manipular as variáveis de treinamento são evitar o treinamento excessivo e levar o atleta a alcançar seu pico de desempenho em um momento específico. Embora muitos treinadores e atletas saibam que a periodização existe, há muitos outros que não sabem como criar programas de fortalecimento periodizados. A periodização é ainda mais confusa quando se trata de treinamento funcional, que não foi universalmente definido e é difícil de quantificar. Este capítulo aborda o conceito de periodização e como aplicá-lo ao treinamento tradicional e ao treinamento funcional. Aplicar a periodização ao treinamento funcional pode levar a um nível físico sem precedentes, e isso é apenas uma pequena parte da força que o treinamento funcional periodizado pode desenvolver.

Variáveis de treinamento

As duas principais variáveis de treinamento na periodização são o volume e a intensidade. O volume pode ser expresso em repetições totais (séries × repetições) ou peso total (repetições × peso levantado). Aqui será usada a expressão mais comum: repetições totais. Nos estágios iniciais do treinamento, o volume é alto. Isto possibilita que os atletas pratiquem e desenvolvam um movimento eficiente. Além disso, dá tempo aos tecidos conjuntivos para se remodelarem e tornarem-se mais fortes. À medida que o treinamento avança, o volume cai para possibilitar que a segunda variável, a intensidade, entre em jogo.

A *intensidade* se refere à carga de um exercício e tem uma relação inversa com o volume. Embora vários fatores possam influenciar a carga, a intensidade geralmente envolve o peso usado, ou a resistência contra a qual o corpo se move. No início do treinamento, quando o volume é alto, a intensidade é baixa. As cargas mais leves possibilitam mais repetições e um maior volume de trabalho durante os estágios iniciais de treinamento. À medida que o treinamento progride ao longo de semanas ou meses, o volume de trabalho diminui enquanto a intensidade do treinamento aumenta (Fig. 6.1).

Outras variáveis importantes a se considerar são a frequência e a duração do treinamento. No entanto, essas variáveis são também métodos de expressão do volume e da intensidade de manipulação. Por exemplo, um atleta que precisa de um volume alto pode dividir o trabalho entre mais sessões de treinamento ao longo do dia, reduzindo o volume de trabalho de cada sessão de treinamento enquanto aumenta o volume geral. Esta alta frequência reduz o tempo de recuperação e, portanto, a intensidade deve ser significativamente menor para evitar o treinamento excessivo. Por outro lado, se forem necessárias intensidades de treinamento mais elevadas, a duração da sessão de treinamento deve ser reduzida para sustentar o elevado trabalho e a geração de potência.

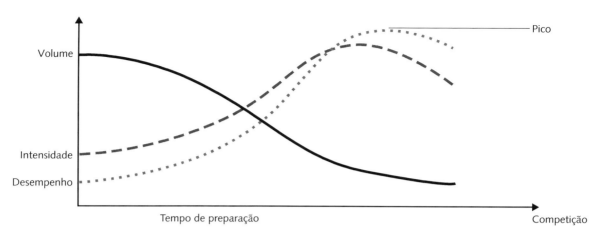

Figura 6.1 Modelo de periodização.

Ciclos de periodização

A periodização manipula o volume de treinamento, a intensidade e as variáveis relacionadas ao longo do tempo e as organiza em quatro fases (ou ciclos): (1) a fase de hipertrofia ou condicionamento, (2) a fase de força, (3) a fase de potência e (4) a fase de potência-resistência. As quatro fases da periodização assumem a mesma abordagem para desenvolver a fisiologia de um atleta que um construtor para a construção de uma casa (Fig. 6.2). Primeiro, deve-se colocar uma base sólida (i. e., fase de condicionamento ou hipertrofia). Em segundo lugar, devem-se erguer paredes sobre a base sólida (i. e., fase de força). Em terceiro lugar, constrói-se o telhado sobre paredes fortes e estáveis (i. e., fase de potência). Em quarto lugar, colocam-se portas e janelas para tornar a casa totalmente funcional (ou seja, fase de potência-resistência). A seguir, serão abordadas as intensidades específicas de cada fase da periodização e como elas afetam exercícios específicos em cada fase.

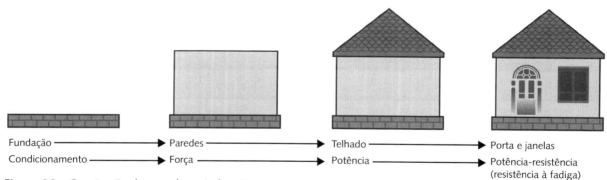

Figura 6.2 Construção da casa da periodização.

Atribuição de cargas e intensidades

Muitos atletas atribuem cargas com base na quantidade de peso que podem levantar em uma única repetição, conhecida como *1-repetição máxima*, ou simplesmente *1 RM*. Atribui-se a todas as fases da periodização uma porcentagem dessa 1 RM como a carga a ser utilizada durante essa fase específica. Esta pode ser uma das abordagens mais confusas e enfadonhas a se assumir ao atribuir cargas, além de tornar impossível a periodização do treinamento funcional.

Os problemas desta abordagem são diversos. Em primeiro lugar, a 1 RM pode mudar diariamente ou semanalmente em decorrência de uma variedade de razões, incluindo o humor, a quantidade de sono e a dieta para aumento de força. Isso decorre da rápida aprendizagem neural que ocorre no início do treinamento. Não é prático testar a 1 RM em cada exercício diariamente ou semanalmente, de modo que os valores de 1 RM podem estar muito longe do real em um dado momento durante o treinamento. Atribuir uma porcentagem de um número incorreto resultará em uma carga incorreta. Por essa razão, este autor não usa o método do percentual de 1 RM desde a década de 1990.

O valor de 1 RM foi estimado por alto usando uma extrapolação a repetições múltiplas. Este método não só possibilita estimar o valor de 1 RM, mas também estimar a porcentagem do 1 RM (Tab. 6.1). Usar as repetições atribuídas a cada porcentagem do 1 RM é a maneira mais fácil de treinar com a intensidade certa sem se preocupar com o valor exato do 1 RM. Isso elimina todos os problemas associados ao 1 RM (e porcentagens correspondentes) em constante mudança. Usando a escala da Tabela 6.1, simplesmente escolhe-se uma carga possível de ser levantada por 6 repetições se o objetivo for treinar no intervalo de 85% do valor predito de 1 RM.

Tabela 6.1 Escala da porcentagem de repetição da 1 RM

Porcentagem da repetição máxima (% 1 RM)	Repetições máximas
100%	1
95%	2
90%	4
85%	6
80%	8
75%	10
70%	12
65%	14
60%	16

Estimar repetições não só evita o teste de medição da 1 RM, mas também permite atribuir valores de intensidade a exercícios para os quais o valor de 1 RM é impossível de medir, como o agachamento unipodal. Usando a estimativa da repetição e um pouco de conhecimento sobre o treinamento funcional, é possível periodizar o treinamento funcional usando princípios científicos bem fundamentados. Por exemplo, se o objetivo é trabalhar com o exercício de flexão de braços em uma intensidade de 80%, simplesmente manipula-se o braço de alavanca, a base ou a amplitude de movimento do impulso para tornar o exercício difícil o suficiente para que sejam realizadas apenas cerca de 8 repetições.

Ao trabalhar com pesos, selecionar as cargas é fácil; basta mover o pino para o peso correto ou ajustar o peso em uma barra. No entanto, quando se trata de treinamento funcional, manipular objetivamente as cargas não é tão simples. É preciso usar medidas mais subjetivas. A seguir, será tratado como abordar a seleção de exercícios e usar o conceito de progressão para programar qualquer fase de periodização usando o treinamento funcional.

Usando os peitorais como exemplo, pode-se examinar como o treinamento de força tradicional vê a escolha de parâmetros de carga e como isso difere da carga e da intensidade nas modalidades de treinamento funcional. Se um atleta forte precisasse selecionar um exercício para fornecer treinamento de força de alta intensidade para os peitorais durante a fase de força, o supino ou aparelho de peitorais seriam escolhas prováveis. Para selecionar uma intensidade de força, o atleta provavelmente escolheria uma carga correspondente a 85 a 90% de 1 RM, ou 4 a 6 repetições máximas. Usando os métodos tradicionais de treinamento, carregar um aparelho com uma carga específica é tão fácil quanto trocar um pino ou colocar pesos em uma barra. No entanto, o que acontece se este atleta quiser usar o treinamento funcional para fornecer a mesma intensidade de treinamento para os peitorais? Antigamente acreditava-se que o treinamento funcional não podia ser periodizado porque as cargas não podiam ser quantificadas e manipuladas, especialmente em intensidades mais altas. Agora, há mais conhecimento.

Usando a progressão funcional, qualquer exercício funcional pode ser manipulado até a intensidade de treinamento desejada. O atleta forte do exemplo pode obter um excelente treinamento para os peitorais usando uma progressão de diversos exercícios funcionais para os peitorais, como a flexão de braços. Mesmo que este atleta possa realizar 20 ou mais flexões utilizando o peso corporal, pode-se aproximar a intensidade necessária para que ele faça apenas 4 a 6 repetições (ou seja, 85 a 90% da 1 RM) de uma progressão de flexão de braço unilateral com *medicine ball* (empurrar para cima) (Cap. 5). Esta abordagem pode ser usada para qualquer parte do corpo e progressão funcional. Usando os ajustes discutidos anteriormente neste livro (p. ex., base, braço de alavanca, velocidade, amplitude de movimento), qualquer exercício funcional pode ser modificado até a intensidade de treinamento apropriada.

Pelas razões indicadas nesta seção e muitas outras no restante deste livro, será usado o método de múltipla repetição de atribuição de intensidades e cargas ao longo de cada fase de treinamento. Vale lembrar que as porcentagens escolhidas para treinar durante as fases de periodização, a medida da 1 RM e as informações da Tabela 6.1 são diretrizes para tornar o treinamento efetivo, mas fácil. Não é objetivo deste livro transformar o treinamento em um pesadelo de cálculos e medições. A seguir, será dada atenção a cada fase da periodização.

Fase de condicionamento ou hipertrofia

A fase de condicionamento (ou hipertrofia) é a fase mais comum em que os atletas permanecem presos por anos. Se perguntar a um atleta quantas séries e repetições são feitas de um exercício, a resposta mais comum é 3 a 5 séries de 10 repetições. Este é provavelmente o intervalo mais comum de séries e repetições para desenvolver hipertrofia, razão pela qual o condicionamento e a hipertrofia são agrupados na mesma fase e os termos são usados como sinônimos quando se trata de periodização.

O atributo mais distintivo da fase de condicionamento é o volume de trabalho realizado em cada treino ou durante a semana. Nesta fase, o volume de trabalho é o mais alto. A característica de volume elevado da fase de condicionamento leva a muitas repetições. Do ponto de vista da hipertrofia, o microtrauma repetitivo das fibras musculares e o subsequente remodelamento requerem um grande volume de treinamento e é necessário tempo para que ocorra a resposta hipertrófica. Do ponto de vista funcional, é necessária uma grande quantidade de repetições típicas no treinamento de alto volume para o aprendizado biomotor necessário para realizar os movimentos com precisão.

Embora vários métodos e estratégias possam ser usados para atribuir um volume de treinamento semanal durante a fase de condicionamento, sabe-se que 12 a 20 séries de 8 a 15 repetições por segmento corporal (p. ex., pernas, peitorais, costas) são eficazes para desenvolver uma base de treinamento e hipertrofia se desejado. Por exemplo, se um atleta quiser desenvolver um programa de condicionamento para pernas e quadris, o programa incluiria um volume semanal de 12 a 20 séries para as pernas, e cada série conteria 8 a 15 repetições, ou um intervalo genérico de 10 a 20 repetições. Este programa pode ser configurado de várias maneiras (Tab. 6.2). Como se pode ver na tabela, o volume de treinamento semanal total para as pernas é de 12 a 15 séries. Não importa como as pernas fazem o volume de treinamento semanal, contanto que o façam. No entanto, é recomendável manter um dia de descanso entre os treinos de perna.

Como se pode ver, a fase de condicionamento é de paciência, aprendizado, altas repetições e muito trabalho. Esse treinamento de alto volume fornece uma base sólida sobre a qual se edifica a segunda fase da periodização: a fase de força.

Capítulo 6 Elaboração de programas

Tabela 6.2 Abordagens tradicional e funcional ao condicionamento semanal das pernas

Abordagem tradicional	
Um dia por semana	**Três dias por semana**
Segunda-feira:	**Segunda-feira:**
Agachamento com barra	Agachamento com barra
4 ou 5 × 15	4 ou 5 × 15
Avanço alternado com carga (halteres)	**Quarta-feira:**
4 ou 5 × 10 cada lado	Avanço alternado com carga (halteres)
Levantamento-terra com barra	4 ou 5 × 10 cada lado
4 ou 5 × 15	**Sexta-feira:**
	Levantamento-terra com barra
	4 ou 5 × 15
Abordagem funcional	
Um dia por semana	**Três dias por semana**
Segunda-feira:	**Segunda-feira:**
Swing unilateral com *kettlebell*	*Swing* unilateral com *kettlebell*
4 ou 5 × 15	4 ou 5 × 15
Avanço lateral com halteres ou *kettlebells*	**Quarta-feira:**
4 ou 5 × 10 cada lado	Avanço lateral com halteres ou *kettlebells*
Levantamento-terra 45° com elástico ou polia	4 ou 5 × 10 cada lado
4 ou 5 × 15	**Sexta-feira:**
	Levantamento-terra 45° com elástico ou polia
	4 ou 5 × 15

Fase de força

A força pode ser o tema predominante no treinamento de força tradicional. Uma questão de treinamento comum é: "Quanto você faz de supino?". No entanto, a força funcional não tem tradicionalmente abordado a força de uma perspectiva de alta intensidade. Em vez disso, seu foco tem sido nos movimentos funcionais repetitivos, de modo que a grande força desenvolvida nos levantamentos tradicionais poderia, de alguma maneira, ser transferida ao movimento funcional. Nesta seção, contrariando essa tradição, são fornecidas informações sobre como projetar a fase de força usando métodos tradicionais, bem como o treinamento funcional.

Em contraste com a fase de condicionamento, a variável predominante durante a fase de força é a intensidade. O treinamento de alta intensidade e baixo volume resume a fase de força. Isso é conseguido principalmente por meio do uso de altas cargas de treinamento e poucas repetições. Considerando que o alto volume da fase de condicionamento e hipertrofia está sobrecarregando as fibras musculares e os sistemas metabólicos, o treinamento de força sobrecarrega o sistema nervoso central. Como o volume é baixo, o músculo não permanece sob carga por muito tempo, mas o alto nível dos impulsos neurais e o recrutamento de unidades motoras fazem deste um período de treinamento intensivo em termos de energia. Além disso, em contraste com a fase de condicionamento e hipertrofia, em que a recuperação completa entre as séries não é usada, as altas demandas neurais da fase de força requerem maiores níveis de recuperação e, portanto, períodos de descanso mais longos. A fase de força não tem a ver com exaustão; tem a ver com respeitar seu tempo, levantar cargas pesadas e levar o rendimento do sistema nervoso central a um nível mais elevado.

O volume semanal efetivo durante a fase de força é de 10 a 12 séries por semana com 4 a 6 repetições por segmento corporal (p. ex., pernas, peitorais, costas). Por exemplo, um atleta que passou pela fase de hipertrofia e está interessado em desenvolver força nos peitorais planejaria um volume semanal de 10 a 12 séries para os peitorais, com cada série contendo apenas 4 a 6 repetições, ou um intervalo genérico de cerca de 5 repetições. Esse programa poderia distribuir o volume de trabalho ao longo da semana treinando 1 dia, 2 dias ou 3 dias por semana. A Tabela 6.3 mostra um exemplo de um programa de 1 dia e um programa de 3 dias. Como se pode ver, o volume de treinamento semanal total para os peitorais usando uma abordagem funcional é de 9 a 12 séries. Como no caso do condicionamento, não importa como os peitorais recebem o volume de treinamento semanal, desde que o recebam. Novamente, é altamente recomendado manter um dia de descanso entre os treinos de força de peitorais.

Tabela 6.3 Abordagens tradicional e funcional ao treinamento funcional semanal de força para os peitorais

Abordagem tradicional	
Um dia por semana	**Três dias por semana**
Segunda-feira:	**Segunda-feira:**
Supino horizontal com barra	Supino horizontal com barra
3 ou 4 × 4 a 6 repetições	3 ou 4 × 4 a 6 repetições
Supino inclinado com barra	**Quarta-feira:**
3 ou 4 × 4 a 6 repetições	Supino inclinado com barra
Desenvolvimento acima da cabeça	3 ou 4 × 4 a 6 repetições
com barra	**Sexta-feira:**
3 ou 4 × 4 a 6 repetições	Desenvolvimento acima da cabeça com barra
	3 ou 4 × 4 a 6 repetições
Abordagem funcional (treinamento de força de gorila)	
Um dia por semana	**Três dias por semana**
Segunda-feira:	**Segunda-feira:**
Tríceps pegada paralela	Tríceps pegada paralela
3 ou 4 × 4 a 6 repetições	3 ou 4 × 4 a 6 repetições
Desenvolvimento de braço	**Quarta-feira:**
contralateral com elástico ou polia	Desenvolvimento de braço contralateral com elástico ou polia
em posição de avanço	em posição de avanço
3 ou 4 × 4 a 6 repetições cada lado	3 ou 4 × 4 a 6 repetições cada lado
Flexão de braço unilateral com	**Sexta-feira:**
medicine ball (empurrar para cima)	Flexão de braço unilateral com *medicine ball* (empurrar para
3 ou 4 × 4 a 6 repetições cada lado	cima)
	3 ou 4 × 4 a 6 repetições cada lado

A fase de força é aquela em que o treinamento funcional pode se destacar e sair de seus estereótipos de treinamento de movimento e de reabilitação. Todos estão acostumados a ver o treinamento funcional como tendo uma intensidade moderada ou ver movimentos mais difíceis sendo realizados por 5 a 10 repetições. No entanto, programar deliberadamente exercícios funcionais intensos em intervalos de 4 a 6 repetições durante toda a fase de força não tem sido comum. Não se conhece registro disso em qualquer literatura ou em qualquer outro sistema de treinamento, mas o autor tem experimentado esta aplicação há aproximadamente 10 anos, chamando a fase de força com treinamento funcional de *treinamento de força de gorila*. A razão para o nome é óbvia: os atletas obtêm a força de um gorila, ou de um agricultor. Nessa abordagem, a força funcional alcança níveis incríveis, sem tocar em um só equipamento tradicional.

A fase de força tem a ver com o treinamento de alta intensidade de qualidade. Este não é o momento de entrar em forma com o treinamento com recuperação incompleta. Se o objetivo é manter algum nível de condicionamento, pode-se realizar o treinamento intervalado depois do treinamento de força. Por exemplo, pode-se fazer 3 a 5 séries de 30 segundos em um VersaClimber® a cerca de 61 m/min com 1 a 2 minutos de descanso entre as séries. O treinamento de força requer concentração, alto estímulo neural e boa recuperação. Prestar atenção aos detalhes dessa fase preparará o cenário para os exercícios dominados pela velocidade da fase de potência que vem a seguir.

Fase de potência

O treinamento de potência pode ser emocionante e oferecer retorno rápido pelo tempo investido. Contudo, antes de falar sobre a programação para obter potência, é preciso esclarecer os equívocos em torno do treinamento de potência. Entender o que o treinamento de potência é ou não é ajuda a entender melhor o aspecto de programar esse modo de treinamento.

Equívocos sobre o treinamento de potência

Há muitas maneiras de treinar a potência: do levantamento de peso olímpico a arremessos de *medicine ball* no treinamento de pliometria. Há uma enorme confusão envolvendo o treinamento de potência, por isso é útil fazer algumas distinções entre os vários métodos de desenvolvimento de potência. A potência é definida por estas equações:

$$\text{Potência} = \text{força} \times \text{velocidade}$$
$$\text{Potência} = \text{trabalho/tempo}$$

A primeira equação mostra por que a velocidade é um fator importante da potência. As cargas devem ser suficientemente leves para que o atleta possa se movimentar com velocidade. Um dos principais equívocos é em relação à imposição de carga adequada para a potência funcional. Observando-se as cargas dos movimentos funcionais esportivos, nota-se que elas são leves. Luvas, bolas, bastões, raquetes e tacos pesam gramas, não dezenas ou centenas de quilos. Portanto, a potência funcionalmente relevante para o esporte se desenvolve usando altas velocidades com cargas baixas. É um erro pensar que as versões de alta potência em equipamentos especializados são o objetivo final no desenvolvimento de potência. O que alguns destes equipamentos fazem é possibilitar que o atleta movimente melhor cargas mais pesadas do que seriam encontradas no esporte do atleta. Além disso, essas cargas mais pesadas são movidas em velocidades mais lentas que aquelas encontradas no esporte. Portanto, o treinamento de força precisa progredir de cargas mais pesadas na fase de força para cargas mais leves na fase de potência. As cargas mais leves e as velocidades mais rápidas da fase de potência possibilitam que o atleta se concentre na velocidade do esporte.

Outro equívoco é que o treinamento de potência é um treinamento pliométrico. Todo treinamento pliométrico é um treinamento de potência, mas nem todo treinamento de potência é um treinamento pliométrico. A diferença é que alguns treinamentos de potência, como um salto vertical a partir de um agachamento, não usa o reflexo miotático típico do treinamento pliométrico. Para invocar o reflexo miotático, deve haver um estiramento rápido dos tendões dos músculos da perna e do quadril, como durante um salto em profundidade, quando o atleta salta de uma caixa, quica no chão e salta novamente para outra caixa. Mesmo o contramovimento antes de um salto vertical não fornece velocidade suficiente para invocar o reflexo miotático que o salto em profundidade invoca. O mesmo vale para um arremesso de *medicine ball* usando os peitorais e a flexão de braços repetitiva explosiva. O arremesso usando os peitorais produz um treinamento de potência eficaz, mas o reflexo de estiramento não é rápido o suficiente para ser pliométrico, ao contrário da flexão de braços explosiva repetitiva. O treinamento efetivo de potência não precisa ser pliométrico; tanto os exercícios de potência pliométricos como não pliométricos são bem-sucedidos em desenvolver potência. Pode-se dizer que o exercício de potência não pliométrico produz excelentes resultados sem o desgaste associado ao treinamento pliométrico pesado. Ao lidar com atletas mais jovens e mais pesados, indicam-se principalmente exercícios de potência não pliométricos para o desenvolvimento de potência.

Programação da potência

A fase de potência é a mais emocionante do treinamento, porque é aqui que as melhorias na potência parecem tão drásticas quanto efetivamente são. É quando os atletas começam a ver melhorias na velocidade de corrida, velocidade do bastão e do taco, velocidade da bola, altura do salto e mudanças de direção. É por isso que muitos atletas começam a fazer treinamento de potência sem uma base. No entanto, assim como na construção de uma casa sem uma fundação adequada, o treinamento de potência sem uma base adequada levará a resultados abaixo do padrão e a possíveis lesões.

De modo similar à fase de força, o volume de trabalho é baixo durante a fase de potência. A velocidade de treino alcança o máximo de todos os tempos durante a fase de potência. Como o treinamento de força, o treinamento de potência sobrecarrega o sistema neural, requer recuperação completa e se concentra no movimento de qualidade e esforços em todos os níveis. Ao contrário do treinamento de hipertrofia e força, as contrações utilizadas no treinamento de potência são de curta duração, o que significa que o treinamento não sobrecarrega fibras musculares nem o sistema metabólico. No entanto, a velocidade da contração durante o treinamento de força é rápida, impondo enormes demandas sobre o sistema nervoso central. Os atletas se sentem relaxados após o treinamento de potência, não cansados. Essa sensação de relaxamento advém da exaustão do sistema nervoso central.

Como mencionado, o volume de trabalho na fase de potência é semelhante ao volume na fase de força. Um intervalo eficaz é: 8 a 12 séries por semana de aproximadamente 5 repetições de um exercício tradicional acoplado a 5 repetições de um equivalente explosivo por segmento corporal (p. ex., pernas, peitorais, costas). Como nas outras fases, o volume pode ser disperso ao longo da semana, ou todo o treinamento de potência para o segmento corporal pode ser feito em um único dia. Isso pode não parecer muito trabalho, mas quando se faz um esforço máximo em cada repetição em um treino, 40 repetições parecem uma eternidade e deixam o corpo exausto. Como de costume, é altamente recomendado manter um dia de descanso entre os dias de treino para um segmento específico do corpo.

Há muitas abordagens para a programação de exercícios durante a fase de potência. Podem ser feitos exercícios de potência no início de um treino de força, ter um dia dedicado à potência em que todo o treino consiste em exercícios de potência ou combinar exercícios de força e potência para criar complexos de potência. Os três métodos valem discussão adicional.

No primeiro cenário, podem-se adicionar séries de arremessos de *medicine ball* e flexões de braços explosivas antes de um treino de força de peitorais. O treino pode ser realizado 2 vezes por semana e pode ser parecido com o seguinte:

Segunda-feira e quarta-feira

Iniciantes começam com 3 séries e lentamente avançam para 4 ou 5 séries.
- Arremesso direto contralateral com *medicine ball* em posição de avanço 4 ou 5 × 5.
- Flexão de braços explosiva 4 ou 5 × 5.
- Qualquer exercício de força para os peitorais 4 a 6 × 4 a 6.

Na segunda opção, um dia dedicado à potência pode abordar o corpo inteiro ou um segmento específico do corpo. Um treino de corpo inteiro pode incluir 4 ou 5 séries de um exercício para a parte inferior do corpo, um exercício de empurrar, um exercício de puxar e um exercício de rotação, e pode ser realizado 2 dias por semana. O programa a seguir ilustra isso:

Segunda-feira e quarta-feira

Iniciantes começam com 3 séries e lentamente avançam para 4 ou 5 séries.
- Salto vertical 4 ou 5 × 5.
- Flexão de braços cruzada/alternada com *medicine ball* 4 ou 5 × 5
- Arremesso de *medicine ball* ao solo 4 ou 5 × 5.
- Arremesso rotacional perpendicular com *medicine ball* 4 ou 5 × 5.

A terceira opção para a elaboração de um treino de potência é usar um dos métodos mais excitantes que encontramos – o método de treinamento complexo. O Dr. Donald Chu colocou esse método em evidência no mundo da força e do condicionamento com a publicação do livro *Explosive power and strength*, em 1996. Nesse livro, ele aborda extensivamente a história, a ciência e a prática de combinar o treinamento de força ao treinamento de potência. Esse método foi simplificado para que qualquer um possa fazer em qualquer lugar com poucos equipamentos. Aqui está a premissa:

- Fazer 5 repetições árduas de um exercício de força.
- Descansar 1 minuto.
- Fazer 5 repetições de um exercício explosivo equivalente que seja biomecanicamente semelhante ao exercício de força (i. e., que use os mesmos sistemas musculares e movimentos).

A ideia é impor ao músculo uma carga que seja suficiente para excitar os componentes neurais, mas não fadigá-los metabolicamente. Em seguida, fazer um breve descanso que possibilite que o músculo se recupere, mas tirando proveito da excitação do sistema nervoso central. Por fim, fazer o equivalente explosivo. Esta abordagem resulta em uma maior expressão de potência no exercício explosivo equivalente como resultado da excitação neural causada pelo exercício de força anterior. Um complexo de potência usando métodos convencionais de treinamento de força pode se parecer com o seguinte:

- Fazer 5 repetições de um exercício de supino.
- Descansar 1 minuto.
- Fazer 5 repetições de uma flexão de braços explosiva.

Um complexo de potência usando um treinamento puramente funcional pode se parecer com:

- Fazer 5 repetições de um desenvolvimento de braço contralateral com elástico ou polia em posição de avanço usando a mão direita.
- Descansar 1 minuto.
- Fazer 5 repetições de um arremesso direto contralateral com *medicine ball* em posição de avanço usando a mão direita.

Uma vantagem adicional do método complexo de desenvolvimento de potência é que um componente de força é treinado quando se realiza o exercício pesado de força. Isso mantém os níveis de força durante a fase de potência e também possibilita reduzir a fase de força se o tempo for curto. Durante as emergências e com atletas que têm uma boa base de treinamento, pode-se pular a fase de força e o atleta pode participar da fase de potência por causa do treinamento de força inerente ao método complexo.

As Tabelas 6.4 e 6.5 ilustram exemplos de complexos de potência ao longo de 1 semana.

Fase de potência-resistência (resistência à fadiga)

A fase de potência-resistência do treinamento ocorre quando o atleta cria a potência-resistência necessária para sobreviver à competição. Desafiar os circuitos metabólicos e as estratégias pré-fadiga levam os sistemas neurais e metabólicos do atleta a um pico em todos os momentos. Embora esta seja a fase mais intensiva em termos de energia, a periodização adequada prepara o atleta para suas demandas.

A potência-resistência pode ser programada de muitas maneiras, mas duas estratégias são mais eficazes. Uma delas envolve o treinamento complexo, semelhante ao da fase de potência. A outra usa circuitos metabólicos. O autor desenvolveu programas que combinam ambas as estratégias de maneira eficiente e divertida. A seguir, será abordado como se pode usar cada estratégia para desenvolver a potência-resistência.

A primeira estratégia para a programação da potência-resistência é idêntica em formato ao treinamento complexo discutido na seção de potência. No entanto, para trabalhar a resistência, elimina-se o descanso de 1 minuto entre o exercício de força e o equivalente explosivo subsequente. Este treinamento de potência com recuperação incompleta possibilita que o exercício de força sirva não apenas como um estímulo à excitação neural, mas também como uma modalidade pré-fadiga. O exercício de potência

Parte III Programas

Tabela 6.4 Complexo de potência semanal: treinamentos tradicional e funcional combinados

Corpo todo (segunda-feira e quarta-feira)

Exercício	Séries e repetições
Agachamento com barra e salto vertical	3 × 5 + 5
Supino horizontal com barra e flexão de braços explosiva	3 × 5 + 5
Remada sentado com cabo e arremesso de *medicine ball* ao solo	3 × 5 + 5

Híbrido dividido (segunda-feira, quarta-feira, sexta-feira)

Exercício	Séries e repetições	Exercício	Séries e repetições	Exercício	Séries e repetições
Agachamento com barra Salto vertical	3 × 5 + 5	Supino horizontal com barra Flexão de braços explosiva	3 × 5 + 5	Remada sentado com cabo Arremesso de *medicine ball* ao solo de um lado a outro	3 × 5 + 5
Avanço alternado com carga (halteres) Agachamento alternado unilateral com salto	3 × 5 + 5	Supino inclinado com barra Arremesso de bola contralateral inclinado com *medicine ball* em posição de avanço	3 × 5 + 5	Puxada/*pulley* Arremesso de *medicine ball*	3 × 5 + 5
Levantamento-terra com barra *Burpee*	3 × 5 + 5	Tríceps pegada paralela Arremesso contralateral inclinado com *medicine ball* em posição de avanço	3 × 5 + 5	Remada alta com barra Arremesso inverso em concha com *medicine ball*	3 × 5 + 5

5 + 5 indica 5 repetições do primeiro exercício, 60 segundos de repouso e 5 repetições do segundo exercício.

Tabela 6.5 Complexo de potência semanal: apenas treinamento funcional

Corpo todo (segunda-feira e quarta-feira)

Exercício	Séries e repetições
Agachamento unipodal Impulsão unilateral	3 × 5 + 5
Flexão de braço unilateral com *medicine ball* (empurrar para cima) Arremesso direto contralateral com *medicine ball* em posição de avanço	3 × 5 + 5
Remada inclinada Arremesso de *medicine ball* ao solo (iniciando acima da cabeça)	3 × 5 + 5

(continua)

Tabela 6.5 Complexo de potência semanal: apenas treinamento funcional (*continuação*)

Híbrido dividido (segunda-feira, quarta-feira, sexta-feira)					
Exercício	**Séries e repetições**	**Exercício**	**Séries e repetições**	**Exercício**	**Séries e repetições**
Agachamento unipodal Impulsão unilateral	3 × 5 + 5	Desenvolvimento inclinado contralateral com elástico ou polia em posição de avanço Arremesso contralateral inclinado com *medicine ball* em posição de avanço	3 × 5 + 5	Remada inclinada Arremesso de *medicine ball* ao solo	3 × 5 + 5
Agachamento alternado unilateral com salto (halteres) Agachamento alternado unilateral com salto (peso corporal)	3 × 5 + 5	Impulsão unilateral de braço Arremesso direto contralateral com *medicine ball* em posição de avanço	3 × 5 + 5	Remada contralateral com elástico ou polia em posição de avanço Arremesso de *medicine ball* ao solo de um lado a outro	3 × 5 + 5
Levantamento-terra 45° com elástico ou polia Salto vertical	3 × 5 + 5	Desenvolvimento declinado contralateral com elástico ou polia em posição de avanço Arremesso contralateral declinado com *medicine ball* em posição de avanço	3 × 5 + 5	Remada de baixo para cima contralateral com elástico ou polia em posição de avanço Arremesso inverso em concha com *medicine ball*	3 × 5 + 5

5 + 5 indica 5 repetições do primeiro exercício, 60 segundos de repouso e 5 repetições do segundo exercício.

subsequente fornece a potência-resistência implícita pelo nome desta fase de treinamento. Tomando o complexo previamente utilizado para o treinamento de potência, o complexo potência-resistência é reduzido aos seguintes protocolos:

Treinamento de força tradicional e treinamento de potência
- Fazer 5 repetições fortes de um exercício de força, como o agachamento com barra.
- Pular o período de descanso.
- Fazer de 5 a 10 repetições de um equivalente explosivo ao exercício de força, como o salto vertical.

Exclusivamente treinamento funcional

- Fazer 5 repetições de um exercício de força funcional, como o movimento de flexão de braço unilateral com *medicine ball* (empurrar para cima).
- Pular o período de descanso.
- Fazer de 5 a 10 repetições de um equivalente explosivo ao exercício de força funcional, como o arremesso direto contralateral com *medicine ball* em posição de avanço.

Ao elaborar os complexos de potência na fase de potência-resistência, usar um volume idêntico ao utilizado na fase de potência. Empregar este treinamento por 8 a 12 séries por semana do esquema de 5 + 5 repetições para cada segmento do corpo (p. ex., pernas, peitorais, costas). É bom experimentar a quantidade de repetições dos equivalentes explosivos, dependendo do esporte para o qual se destina a preparação. Foram usadas até 10 repetições do equivalente explosivo para esportes de resistência como a corrida *cross-country*. O volume pode ser distribuído durante a semana, ou todo o treinamento de potência para um segmento do corpo pode ser feito em um único dia. Recomenda-se um dia de descanso entre os dias de treinamento de um segmento específico do corpo.

A próxima estratégia para o desenvolvimento de potência-resistência é o uso de circuitos metabólicos (ver Cap. 7). Esses circuitos consistem em 3 a 8 exercícios que são realizados por 10 a 30 repetições cada ou por um determinado período (p. ex., 15 a 60 segundos). Um circuito metabólico pode se concentrar em uma parte do corpo (p. ex., *JC Leg Crank*) ou pode mimetizar um cenário esportivo específico (p. ex., circuitos MMA de 5 minutos).

JC Leg Crank

- Agachamento bipodal utilizando o peso corporal × 24.
- Avanço alternado calistênico × 24 (12/perna).
- Agachamento alternado unilateral com salto × 24 (12/perna).
- Salto vertical × 12.
- Tempo total do circuito: 1h20 a 1h30.

Circuito MMA

- *Mat sprawl* × 20.
- *Gable hang* 30 segundos.
- Soco com halteres × 30.
- *Sling curl* × 30.
- *MB V-up exchange* × 20.
- Levantar do chão × 10.
- Puxada de cabo curto com as duas mãos × 30.
- Chute baixo × 10 cada perna.
- Soco baixo × 30.
- Tempo total do circuito: 5 a 6 horas.

Esses circuitos metabólicos fornecem uma incrível potência-resistência e podem ser usados de diversas maneiras. Os protocolos metabólicos podem ser usados como uma série de descarga no final de um treino de musculação ou força para fornecer suprimento sanguíneo extra à área trabalhada ou para desenvolver um nível de resistência de base em preparação à fase de potência-resistência. Por exemplo, pode-se fazer 1 a 3 séries de *JC Leg Crank* no final de um treino de perna, 1 ou 2 séries de *JC Meta Chest* no final de um treino de peitorais e 1 ou 2 séries de *JC Meta Back* (ver Cap. 7) no final de um treino de corpo todo.

Outra estratégia para implementar protocolos metabólicos é usá-los como um método pré-fadiga para treinamento específico ao esporte. Por exemplo, 1 a 4 séries *JC Leg Crank* podem pré-fadigar um maratonista antes de uma corrida de 8 a 16 km. Isso possibilita que o maratonista sinta como é correr longas distâncias sem precisar fazê-lo efetivamente. Além disso, os protocolos metabólicos podem fornecer a força necessária para os esportes que tradicionalmente não têm utilizado programas de força, tudo sem precisar ir a uma academia. Essa abordagem de pré-fadiga acrescenta um treinamento de força a esportes de resistência, reduz o volume de treinamento e as lesões por treinamento excessivo.

Por fim, os protocolos metabólicos que mimetizam os exercícios metabólicos do esporte-jogo, como os circuitos de combate, podem fornecer um condicionamento melhor do que efetivamente praticar o esporte, sem o risco de lesões associadas à prática intensiva e ao uso excessivo. Esta aplicação é particularmente útil para esportes que têm altas taxas de lesão, como esportes de combate. Por exemplo, circuitos de luta como o circuito MMA podem substituir a luta ao vivo como uma estratégia de condicionamento ou pelo menos pré-fadigar em alguns *rounds* o lutador para que ele possa reduzir os *rounds* disputados.

O uso dos protocolos metabólicos para fornecer potência-resistência, o treinamento pré-fadiga ou treinamento substituto pode reduzir o volume de treinamento tradicional em até 50%. Também pode reduzir lesões por treinamento excessivo enquanto produz melhores desempenhos pessoais em atletas.

Juntando tudo

A duração ideal de cada fase da periodização tem sido muito debatida. Alguns livros citam intervalos de 3 a 8 semanas; a preferência é por manter cada fase com cerca de 4 semanas. Isso fornece um bloco de treinamento que abrange as quatro fases e leva o atleta a um pico ao longo de 16 semanas. Em um ano com 52 semanas, um atleta pode estar no pico 3 vezes, com algum tempo livre entre cada pico.

Às vezes, os cronogramas de competição não caem em intervalos de 16 semanas. Nestes casos, existem três estratégias principais para manipular o cronograma de periodização. A primeira estratégia é não treinar o que não é necessário. Isso significa que se um atleta já é grande o suficiente, não é preciso se preocupar com a fase de hipertrofia. Da mesma maneira, se um atleta pratica um esporte de potência, como o golfe, não precisa gastar tempo na fase de potência-resistência. Esta estratégia pode economizar semanas ou meses do tempo total do programa. Por exemplo, considerando-se um jogador de beisebol que já é grande e não precisa de potência-resistência. Seu programa pode ter 4 semanas na fase de força e 4 semanas na fase de potência, assumindo que ele já tem uma boa base de condicionamento. Esta estratégia economizaria 8 semanas do período convencional de 16 semanas.

A segunda estratégia é encurtar os ciclos que são menos necessários. Isso prioriza o treinamento e possibilita que o atleta passe mais tempo nos atributos necessários. Por exemplo, se for necessário treinar um lutador em 7 semanas. Primeiro, um lutador não precisa de mais massa muscular, e a potência-resistência é o atributo a se concentrar. Uma boa abordagem seria gastar 1 semana com o condicionamento para criar uma base, 1 semana com a força, 1 semana com a potência e 4 semanas com a potência-resistência para se certificar de que ele esteja em forma para lutar. Pode parecer que os ciclos de 1 semana não fazem muita diferença, mas quando confrontados com circunstâncias difíceis e períodos curtos, é preciso trabalhar com o que se tem, por mais imperfeito que seja.

A terceira estratégia é mesclar ou combinar fases. Essa abordagem reconhece que as fases de condicionamento e resistência são praticamente as mesmas e envolvem apenas uma alteração no volume do treinamento (isto é, séries e repetições). Da mesma maneira, os complexos utilizados nas fases de potência e potência-resistência diferem apenas nos períodos de descanso entre os exercícios de força e potência dentro de cada complexo (Tab. 6.6).

Usando o programa de 7 semanas para a luta como exemplo, pode-se combinar a fase de condicionamento e força em 2 semanas e a fase de potência e potência-resistência em 5 semanas.

Tabela 6.6 Combinação de fases

Fase	Condicionamento e força		Potência e potência-resistência				
Semana	1	2	3	4	5	6	7
Repetições dos exercícios de treinamento de força e potência	8	6	5 + 5	5 + 5	5 + 5	5 + 5	5 + 5
Descanso entre o treinamento de força e o exercício de potência no complexo	N/A	N/A	60 segundos	30 segundos	15 segundos	0 segundo	0 segundo

5 + 5 indica 5 repetições do primeiro exercício, 60 segundos de repouso e 5 repetições do segundo exercício.

Conclusão

Foram abordadas apenas algumas das muitas estratégias para periodizar o treinamento e conceber programas eficazes. O velho ditado "conceber um programa é tanto uma arte como uma ciência" é certamente verdadeiro. É importante não temer e experimentar vários formatos e estratégias. No entanto, deve-se sempre permanecer no lado conservador de novas implementações. Além disso, vale considerar uma consulta a um especialista em força e condicionamento certificado pela National Strength and Conditioning Association (NSCA CSCS) ou um instrutor ou treinador de desempenho certificado pela IHP University (IHPU) para a execução correta de movimentos e boa programação. A segurança e a eficácia devem ser as principais prioridades ao programar a função específica para o esporte.

Treinamento funcional puro

Este capítulo fornece tudo o que um atleta precisa para treinar para qualquer modalidade esportiva. Os programas apresentados aqui podem atender a múltiplos propósitos; eles podem estabelecer uma base de treinamento razoável, treinar atributos atléticos específicos e complementar outros programas. Também podem ser usados quando não há muito tempo disponível para treinar (p. ex., durante a temporada, viagens). Independentemente de como se usam esses programas, as principais características deles são a simplicidade, a facilidade de uso e a eficácia. Mesmo os programas expressos podem render grandes benefícios com apenas alguns minutos de treinamento algumas vezes por semana.

Os programas de treinamento deste capítulo e do Capítulo 9 representam uma abordagem geral e específica do treinamento funcional para o esporte. Abordam-se o condicionamento geral e as habilidades esportivas e categorias de esporte mais populares para a mais ampla aplicação possível. Como cada esporte pode ter diversas posições que exigem qualidades completamente diferentes, alguns dos protocolos expressos lidam com qualidades esportivas específicas. Por exemplo, pode-se adicionar o programa *Speed-demon* a qualquer programa esportivo a fim de melhorar a velocidade de execução. Esses programas expressos oferecem mais especificidade e variedade às já robustas opções de programação apresentadas neste livro.

Os exercícios funcionais de força dos programas a seguir desenvolvem a força nos padrões de movimento gerais associados aos vários treinos esportivos. Eles aumentam a força para melhorar o seu treinamento específico para o esporte usando escadas, cones, habilidades esportivas resistidas e outros movimentos específicos do esporte. Combinar o treinamento funcional a um programa específico para o esporte resulta em transferência máxima do exercício à habilidade esportiva.

Integrando treinamento funcional ao seu plano de treinamento

Cada programa específico para o esporte descrito no Capítulo 9 inclui três tipos de treino: um dia de condicionamento, um dia de força e um dia de potência ou potência-resistência. Um atleta principiante deve realizar o dia destinado a condicionamento 2 ou 3 vezes por semana durante 2 a 4 semanas e, em seguida, passar para o programa de força. Um atleta com pelo menos 1 mês de treinamento de base pode começar o treino de força e realizá-lo 2 ou 3 vezes por semana durante 2 a 4 semanas antes de prosseguir para o programa de potência. Um atleta experiente e condicionado com muita força que está procurando desenvolver potência pode começar o treino de potência 2 ou 3 vezes por semana durante 2 a 4 semanas e, em seguida, prosseguir para o programa de potência-resistência, se necessário. Um atleta experiente e condicionado que está à procura de potência-resistência pode fazer os treinos de potência--resistência 2 ou 3 vezes por semana durante 2 a 4 semanas. Por fim, alguns atletas de nível avançado preferem usar um método ondulante de treinamento em que no dia 1 faz o treino de condicionamento, no dia 2 o de força e no dia 3 o de potência ou potência-resistência. Esse formato ondulante pode ser realizado por um período mais longo (2 a 3 meses). Pode-se usar uma versão reduzida desse programa para o treinamento durante a temporada.

Para adaptar a intensidade dos exercícios nos programas a seguir, usar os ajustes discutidos anteriormente neste livro. Isso significa manipular a amplitude de movimento, o braço de alavanca, a velocidade, a base e a carga externa para tornar desafiadora a quantidade atribuída de repetições e séries. Por exemplo, para realizar um avanço com alcance com halteres por 4 a 6 repetições durante a fase da força, usar uma carga que seja suficiente para tornar essas 4 a 6 repetições desafiadoras. Da mesma maneira, se for solicitado que você faça 4 a 6 flexões de braço durante a fase de força, desacelere o movimento a uma velocidade que torne as 4 a 6 repetições desafiadoras.

Também é possível variar a carga e o equipamento usado para fornecer essa carga. Isto significa que se o avanço utilizando o peso corporal for muito fácil, pode-se dificultá-lo usando halteres, *kettlebells*, *medicine balls* ou qualquer outro peso livre externo. Da mesma maneira, se for solicitado um avanço com alcance com halteres, pode-se aumentar a carga utilizando uma *medicine ball* no lugar dos halteres. Carga é carga, e o corpo não sabe o que está sendo carregado pelas mãos. O que importa é a intensidade do movimento. Deve-se garantir que seja uma intensidade que possibilite concluir o programa conforme descrito.

Recomenda-se manter um dia de descanso entre os treinos. No entanto, não há problemas se for necessário treinar dois dias seguidos esporadicamente. Desde que isso não se torne um hábito, o corpo se recuperará durante as semanas subsequentes de treinamento normal. Essa é uma das grandes vantagens do treinamento funcional – ele distribui o trabalho aos muitos sistemas musculares de modo a não danificar um músculo alvo da maneira danificada pela musculação. É deste modo que ginastas, jogadores de beisebol, lutadores e muitos outros atletas podem fazer a mesma coisa todos os dias sem dias de folga. A seguir, serão abordados os programas de treinamento funcional que mudarão o desempenho.

Protocolos prontos para uso

Os protocolos prontos para uso são protocolos pré-programados que podem ser usados como treinos básicos para introduzir um iniciante no treinamento fundamental (ou seja, Programa JV) ou para iniciar a fase de condicionamento de um programa de treinamento intermediário e até avançado (ou seja, Programa Varsity). Independentemente do programa pronto para uso escolhido, ele dará uma ideia de como começar a programar o treinamento funcional. Não há restrições para experimentar qualquer combinação de exercícios deste livro usando o modelo apresentado nestes programas simples.

Programa JV

Este programa de condicionamento geral (Tab. 7.1) envolve as oito progressões utilizando peso corporal e é perfeito para o atleta iniciante que vai fazer um programa de exercícios pela primeira vez. É também ideal para um atleta jovem (8 a 13 anos) que nunca treinou e está curioso em relação à melhora na capacidade atlética possibilitada pela melhora na força e no condicionamento.

Exercícios

Alcance anterior contralateral unipodal. Agachamento unipodal. Agachamento bipodal utilizando o peso corporal. Avanço alternado calistênico.

Flexão de braços utilizando o peso corporal. Remada inclinada. Rotação com pivô. Rotação sem pivô.

Como fazer

Tabela 7.1 Programa JV

Fazer este programa utilizando o peso corporal 2 ou 3 vezes por semana.

Exercício	Semana 1	Semana 2	Semana 3	Semana 4	Página
Alcance anterior contralateral unipodal	2 × 5 cada lado	2 × 10 cada lado	3 × 15 cada lado	4 × 20 cada lado	39
Agachamento unipodal	2 × 5 cada lado	2 × 7 cada lado	3 × 10 cada lado	4 × 10 cada lado	40
Agachamento bipodal utilizando o peso corporal	2 × 10 cada lado	2 × 15 cada lado	3 × 15 cada lado	4 × 15 cada lado	41
Avanço alternado calistênico	2 × 5 cada lado	2 × 10 cada lado	3 × 10 cada lado	4 × 10 cada lado	43
Flexão de braços utilizando o peso corporal	2 × 5	2 × 10	3 × 10	4 × 10	44
Remada inclinada	2 × 5	2 × 10	3 × 10	4 × 10	46
Rotação com pivô	2 × 10 cada lado	2 × 15 cada lado	3 × 15 cada lado	4 × 20 cada lado	47
Rotação sem pivô	2 × 10 cada lado	2 × 15 cada lado	3 × 15 cada lado	4 × 20 cada lado	48

Programa Varsity

O Programa Varsity usa uma variedade de equipamentos para criar um programa de condicionamento intermediário (Tab. 7.2) com exercícios mais complexos que os do Programa JV. É útil para um atleta mais experiente que está retornando de uma lesão ou do período fora de temporada e está tentando entrar em forma para o treinamento pré-temporada (ou seja, fase de condicionamento). Um atleta mais forte que tenha competido no esporte, mas que nunca fez um treinamento de força formal, também encontrará utilidade neste programa. Pode-se inclusive tornar este programa progressivo e usar cargas pesadas para manter um intervalo de repetição baixo (ou seja, 4 a 6 repetições), fornecendo ao programa um componente mais voltado à força durante a fase de força para um atleta iniciante ou intermediário.

Exercícios

Swing unilateral com kettlebell.

Avanço lateral com halteres ou kettlebells.

Flexão de braços cruzada/alternada com *medicine ball*.

Remada contralateral com elástico ou polia em posição de avanço.

Rotação curta com elástico ou polia (10 a 2 horas).

Rotação/*chop* de cima para baixo com elástico ou polia.

Rotação/*chop* de baixo para cima com elástico ou polia.

Como fazer

Tabela 7.2 Programa Varsity

Exercício	Semana 1	Semana 2	Semana 3	Semana 4	Página
Swing unilateral com *kettlebell*	2 × 5 cada lado	2 × 10 cada lado	3 × 10 cada lado	4 × 10 cada lado	89
Avanço lateral com halteres ou *kettlebells*	2 × 5 cada lado	2 × 7 cada lado	3 × 10 cada lado	4 × 10 cada lado	93
Flexão de braços cruzada/alternada com *medicine ball*	2 × 5 cada lado	2 × 7 cada lado	3 × 10 cada lado	4 × 10 cada lado	115
Remada contralateral com elástico ou polia em posição de avanço	2 × 10 cada lado	2 × 15 cada lado	3 × 15 cada lado	4 × 15 cada lado	79
Rotação curta com elástico ou polia (10 a 2 horas)	2 × 10 cada lado	2 × 10 cada lado	3 × 10 cada lado	4 × 10 cada lado	85
Rotação/*chop* de cima para baixo com o elástico ou polia	2 × 10 cada lado	2 × 10 cada lado	3 × 10 cada lado	4 × 10 cada lado	83
Rotação/*chop* de baixo para cima com elástico ou polia	2 × 10 cada lado	2 × 10 cada lado	3 × 10 cada lado	4 × 10 cada lado	84

Protocolos expressos

Os protocolos a seguir usam o treinamento específico para melhorar um aspecto específico do desempenho ou um segmento do corpo. Eles podem ser adicionados a programas específicos do esporte ou servir como treinos curtos para ficar em forma durante férias curtas ou quando o treinamento em tempo integral não é possível. Os exercícios podem ser realizados em um circuito ou em séries indicadas de cada exercício antes de seguir para o próximo exercício. Fazer estes programas 2 ou 3 vezes por semana para obter resultados visíveis em até 2 semanas.

Protocolo *swing* mais potente para o golfe

Este programa (Tab. 7.3) é semelhante ao programa geral *Steel core* apresentado mais adiante neste capítulo, mas é adaptado para melhorar a desaceleração do *backswing* e a zona de impacto do golfista. Combinar este programa ao *Steel core* é uma excelente maneira de melhorar a sua atuação no golfe.

Exercícios

Rotação de quadril sobre bola suíça.

Backswing pulsado com elástico ou polia.

Rotação curta com elástico ou polia (10 a 2 horas).

Como fazer

Tabela 7.3 Protocolo *swing* mais potente para o golfe

Exercício	Séries e repetições	Página
Rotação de quadril sobre bola suíça	3 × 10 a 15 cada lado	131
Backswing pulsado com elástico ou polia	3 × 10 a 15 cada lado	86
Rotação curta com elástico ou polia (10 a 2 horas)	3 × 10 a 15 cada lado	85

Protocolo *Speed-demon* para a corrida

Este programa (Tab. 7.4) melhora a velocidade sem efetivamente envolver corridas. Este complexo de quatro exercícios pode ser realizado durante cada intervalo comercial de um programa de TV. É por isso que é frequentemente chamado de *Programa de velocidade na frente da TV.*

Exercícios

Ativação de panturrilha a 45° (ponta dos pés).

Alcance anterior contralateral unipodal.

Elevação de quadril com bola suíça (apoio unipodal).

Agachamento unipodal.

Como fazer

Tabela 7.4 Protocolo *Speed-demon* para a corrida

Exercício	Séries e repetições	Página
Ativação de panturrilha a 45° (ponta dos pés)	30 a 60 segundos (cada lado, quando unipodal)	63
Alcance anterior contralateral unipodal	3 × 10 a 15 cada lado	39
Elevação de quadril com bola suíça (apoio unipodal)	3 × 10 a 15 cada lado	128
Agachamento unipodal	3 × 10 a 15 cada lado	140

Potência no soco: protocolo KO (de nocaute)

Este programa (Tab. 7.5) melhora a potência do soco. Ele envolve o componente unilateral do movimento de empurrar encontrado no soco, braço rígido e outras habilidades esportivas relacionadas com o movimento de empurrar. Ele não só enfatiza a ação de empurrar como também desenvolve a rigidez rotacional que essas habilidades exigem para a produção de potência máxima.

Exercícios

Flexão de braço unilateral com *medicine ball* (empurrar para cima).

Desenvolvimento de braço contralateral com elástico ou polia em posição de avanço.

Arremesso direto contralateral com *medicine ball* em posição de avanço.

Como fazer

Tabela 7.5 Protocolo KO

Exercício	Séries e repetições	Página
Flexão de braço unilateral com *medicine ball* (empurrar para cima)	3 × 10 cada lado	114
Desenvolvimento de braço contralateral com elástico ou polia em posição de avanço	3 × 10 a 15 cada lado	71
Arremesso direto contralateral com *medicine ball* em posição de avanço	3 × 5 a 10 cada lado	118

Mudanças laterais de direção: protocolo *Cut* (mudança rápida)

Este programa (Tab. 7.6) melhora a capacidade de mudança súbita de direção e é excelente para patinadores. É voltado à habilidade dos glúteos de se estender enquanto giram lateralmente. É um ótimo protocolo para se realizar em casa, para usar como um aquecimento para o treino ou resfriamento pós-treino, ou para adicionar ao seu programa atual de força e condicionamento.

Exercícios

Avanço lateral com halteres ou *kettlebells*. | Deslizamento lateral com bola suíça na parede em apoio unipodal. | Deslizamento lateral. | Patinador.

Como fazer

Tabela 7.6 Protocolo *Cut*

Exercício	Séries e repetições	Página
Avanço lateral com halteres ou *kettlebells*	2 a 3 × 10 a 15 cada lado	93
Deslizamento lateral com bola suíça na parede em apoio unipodal	2 a 3 × 10 a 15 cada lado	124
Deslizamento lateral	2 a 3 × 5 a 10 cada lado	140
Patinador	2 a 3 × 5 a 10 cada lado	66

Arremesso: arremessador de lança-chamas

Este programa (Tab. 7.7) melhora as atividades de alcance acima da cabeça, como arremessar uma bola ou sacar no tênis. Pode-se realizar este programa em qualquer lugar em que haja espaço suficiente para atirar uma *medicine ball*. Também é possível usá-lo como um aquecimento para o treino ou resfriamento pós-treino, além de adicioná-lo ao programa atual de força e condicionamento.

Exercícios

Rolamento com bola suíça na parede. | Arremesso de *medicine ball* ao solo. | Movimento de arremesso (haste vibratória).

Alcance anterior contralateral unipodal.

Círculos com corda naval (sentido horário e anti-horário).

Como fazer

Tabela 7.7 Arremessador de lança-chamas

Exercício	Séries e repetições	Página
Rolamento com bola suíça na parede	2 × 10 a 15	127
Arremesso de *medicine ball* ao solo	2 × 5 a 10	120
Movimento de arremesso (haste vibratória)	2 × 10 a 15 segundos cada lado	133
Alcance anterior contralateral unipodal	2 × 10 a 15 cada lado	39
Círculos com corda naval (sentido horário e anti-horário)	2 × 10 a 15 segundos cada direção	139

Potência na rebatida: protocolo *home-run* (para fora do estádio)

Este programa (Tab. 7.8) melhora a potência da rebatida e com certeza melhorará a média de rebatidas. Pode-se realizá-lo em qualquer lugar em que haja espaço suficiente para atirar uma *medicine ball*. Também é possível usá-lo como um aquecimento para o treino ou resfriamento pós-treino, além de adicioná-lo ao programa atual de força e condicionamento.

Exercícios

Oscilação de haste vibratória na posição 12 horas.

Rotação/*chop* de baixo para cima com elástico ou polia.

Rotação/*chop* de cima para baixo com elástico ou polia.

Rotação curta com elástico ou polia (10 a 2 horas).   Arremesso rotacional perpendicular com *medicine ball*.

Como fazer

Tabela 7.8 Protocolo *home-run* (para fora do estádio)

Exercício	Séries e repetições	Página
Oscilação de haste vibratória na posição 12 horas	2 × 10 a 15 segundos	134
Rotação/*chop* de baixo para cima com elástico ou polia	3 × 10 a 15 cada lado	84
Rotação/*chop* de cima para baixo com elástico ou polia	3 × 10 a 15 cada lado	83
Rotação curta com elástico ou polia (10 a 2 horas)	3 × 10 a 15 cada lado	85
Arremesso rotacional perpendicular com *medicine ball*	3 × 5 a 10 cada lado	121

Protocolos gerais de condicionamento físico

Estes programas curtos podem ser usados para fortalecer uma área geral do corpo ou para desenvolver aptidão ou condicionamento geral. Eles também são ótimos para serem usados como um aquecimento para o treino ou resfriamento pós-treino. Por exemplo, o *Core activator* (também conhecido como *Short chopper*) tornou-se um aquecimento para o *core* padrão, e o *Triple threat* tornou-se conhecido como o programa *Hamstrings of steel* (posteriores da coxa de aço) porque elimina praticamente todos os problemas dos posteriores da coxa.

Treinamento do corpo todo: *Chopper*/lenhador

O programa *Chopper*/lenhador (Tab. 7.9) é um dos protocolos mais populares e diversificados do IHP. Ele simboliza o treinamento dos fios de cabelo às plantas dos pés. É o aquecimento mais usado entre os atletas e, quando são utilizadas *medicine balls* ou anilhas (11 a 20 kg), torna-se um protocolo de força e condicionamento. Embora a versão com *medicine ball* seja descrita aqui, pode-se realizar este protocolo com qualquer instrumento com peso, como anilhas, sacos de areia ou um único haltere ou *kettlebell*. Para um bom aquecimento, usar 1 a 3 kg. Grandes atletas podem usar 11 a 20 kg para treinar a força do corpo todo. Pode-se realizar este protocolo como um circuito para trabalhos de aquecimento e condicionamento. Para o trabalho de força, fazer cada exercício pelas repetições prescritas e descansar adequadamente entre cada série.

Exercícios

Wood chop com *medicine ball*. *Chop* diagonal com *medicine ball*. Rotação com pivô com *medicine ball* (*chop* horizontal).

Como fazer

Tabela 7.9 *Chopper*/lenhador

Exercício	Séries e repetições	Página
Wood chop com *medicine ball*	3 × 10	109
Chop diagonal com *medicine ball*	3 × 10 cada lado	111
Rotação com pivô com *medicine ball* (*chop* horizontal)	3 × 10 cada lado	116

Core activator

Este programa (Tab. 7.10) é uma variação do *Chopper* sem as grandes amplitudes de movimento na parte inferior do corpo e nos quadris. O *Core activator* melhora a rigidez do *core* sem flexionar a parte inferior do corpo, tornando-o uma maneira perfeita de fortalecer o *core* quando uma lesão na parte inferior do corpo impede qualquer agachamento ou avanço, ou se simplesmente se deseja descansar a parte inferior do corpo. Este protocolo também é usado com cargas leves no início de um programa de reabilitação da região lombar da coluna vertebral após uma lesão ou cirurgia; é um pré-capacitador, bem como um reabilitador da coluna vertebral. Este protocolo pode ser usado como aquecimento para um treino de força da parte inferior do corpo ou como um protocolo de condicionamento inicial.

Exercícios

Wood chop curto com *medicine ball*. *Chop* diagonal curto com *medicine ball*. Rotação sem pivô com *medicine ball*.

Como fazer

Tabela 7.10 *Core activator*

Exercício	Séries e repetições	Página
Wood chop curto com *medicine ball*	3 × 10 cada lado	110
Chop diagonal curto com *medicine ball*	3 × 10 cada lado	112
Rotação sem pivô com *medicine ball*	3 × 10 cada lado	116

Rigidez do *core*: *Steel core*

Este programa (Tab. 7.11) é uma versão do programa *Chopper* com carga mais direta e mais pesada via elástico ou polia. Ele cria rigidez do *core* em posição em pé com pés paralelos ao dirigir cargas de alta intensidade à musculatura diagonal e lateral do *core*. Atletas que usam uma vara em seu esporte podem seguir este protocolo com uma barra presa a um elástico ou polia. Este protocolo também pode ser usado para aquecimento ou como um adjunto ao treinamento de atletas de combate, disputados em quadra e que utilizam raquete. Ao treinar a força, não há problemas em usar muito peso, desde que seja uma quantidade suficiente de peso para que o pé quase comece a sair do chão.

Exercícios

Rotação/*chop* de baixo para cima com elástico ou polia.

Rotação curta com elástico ou polia (10 a 2 horas).

Rotação/*chop* de cima para baixo com elástico ou polia.

Como fazer

Tabela 7.11 *Steel core*

Exercício	Séries e repetições	Página
Rotação/*chop* de baixo para cima com elástico ou polia	3 × 10 cada lado	84
Rotação curta com elástico ou polia (10 a 2 horas)	3 × 10 cada lado	85
Rotação/*chop* de cima para baixo com elástico ou polia	3 × 10 cada lado	83

Programa com bola suíça para o corpo todo: cinco fabulosos

Este programa (Tab. 7.12) é excelente para a estabilidade e a resistência do corpo todo. Também é ótimo para ser usado em aquecimento, resfriamento, recuperação e programa de manutenção do treinamento funcional durante o trabalho pesado de hipertrofia ou ciclos de força. A sequência dos cinco exercícios possibilita fluir de um para o outro – perfeito para um circuito contínuo. Esse protocolo é ideal para um resfriamento em atletas musculosos que estão se concentrando na hipertrofia por algumas semanas; 3 ou 4 séries no final de um treino mantêm o *core* acionado.

Exercícios

Flexão de braços com as mãos sobre uma bola suíça.

Hiperextensão com bola suíça.

Hiperextensão reversa com bola suíça.

Flexão de joelho com bola suíça (bi ateral para unilateral).

Esquiador com bola suíça.

Como fazer

Tabela 7.12 Cinco fabulosos

Fazer os exercícios na sequência apresentada.

Exercício	Séries e repetições	Página
Flexão de braços com as mãos sobre a bola suíça	3 × 10	125
Hiperextensão com bola suíça	3 × 10	130
Hiperextensão reversa com bola suíça	3 × 10	131
Flexão de joelho com bola suíça (bilateral para unilateral)	3 × 10 (cada lado, quando unilateral)	126
Esquiador com bola suíça	3 × 10 cada lado	132

Programa para os posteriores da coxa: *Triple threat*

Embora este programa (Tab. 7.13) não seja realizado em pé, ele melhora a força e a função dos posteriores da coxa. O *Triple threat* é eficaz tanto como um programa de reabilitação para os posteriores da coxa como um programa de alto desempenho chamado de programa *Hamstrings of steel* (posteriores da coxa de aço). Este protocolo salvou as carreiras de muitos atletas que sofreram lesões crônicas nos posteriores da coxa. Ele pode ser usado nos dias de descanso ou como um resfriamento depois de qualquer treino.

Começar com a versão bipodal de cada exercício durante as semanas 1 a 10. Mudar para a versão unipodal de cada exercício nas semanas de 11 a 20. Seguir o protocolo sequencialmente, com descanso e sem colocar os quadris no chão – fazer as pontes pela quantidade de repetições prescritas, manter os quadris elevados, fazer as roscas de perna pela quantidade de repetições prescritas e, por fim, manter os quadris elevados e fazer as elevações de quadris pela quantidade de repetições prescritas.

Ao realizar a versão unipodal de cada exercício, usar a perna livre para manobrar ou caminhar sobre a bola suíça para a próxima posição sem colocar os quadris no chão.

Exercícios

Ponte com bola suíça.

Rosca de perna com bola suíça.

Elevação de quadril com bola suíça.

Como fazer

Versão bipodal: na semana 1, fazer 5 repetições de cada exercício sem descansar nem colocar os quadris no chão. Adicionar uma repetição de cada exercício por semana durante 10 semanas. Na semana 10, o atleta deve ser capaz de fazer 15 repetições de cada exercício (total de 45) sem descanso.

Versão unipodal: na semana 11, fazer 5 repetições de cada exercício sem descansar nem colocar os quadris no chão. Adicionar uma repetição de cada exercício por semana durante 10 semanas. Na semana 20, o atleta deve ser capaz de fazer 15 repetições de cada exercício (total de 45) sem descanso.

Tabela 7.13 *Triple threat*

Exercício	Semanas 1 a 10 (versão bipodal)	Semanas 11 a 20 (versão unipodal)	Página
Ponte com bola suíça (apoio bipodal para unipodal)	5 repetições, adicionando 1 repetição por semana até 15	5 repetições por perna, adicionando 1 repetição por semana até 15	128
Rosca de perna com bola suíça (apoio bipodal para unipodal)	5 repetições, adicionando 1 repetição por semana até 15	5 repetições por perna, adicionando 1 repetição por semana até 15	129
Elevação de quadril com bola suíça (apoio bipodal para unipodal)	5 repetições, adicionando 1 repetição por semana até 15	5 repetições por perna, adicionando 1 repetição por semana até 15	128

Protocolos metabólicos

Estes protocolos avançados, chamados *protocolos metabólicos*, são séries gigantes que fornecem condicionamento, força, potência e potência-resistência superiores, voltadas a um segmento corporal. Eles são ótimos para atletas avançados que estão tentando adicionar treinamento de alto nível ao seu protocolo de treinamento atual. Esses protocolos também podem ser usados como sessões curtas de treinamento durante viagens ou quando se tem pouco tempo. Os protocolos metabólicos são uma maneira perfeita de terminar uma sessão de hipertrofia ou força a fim trazer muito sangue ao segmento do corpo que está sendo trabalhado. As séries de relaxamento sempre foram populares entre os fisiculturistas como um método de terminar um treino.

Os protocolos metabólicos também deram origem ao sistema de pré-fadiga do treinamento de resistência do IHP, que possibilita aos atletas de resistência a redução do volume de treinamento. Por exemplo, usar 1 a 5 séries de *JC Leg Crank* imediatamente antes de um treino de corrida, de modo a pré-fadigar as pernas e fazer um treino de corrida curto se parecer com uma corrida muito mais longa. Esta abordagem tem produzido resultados incríveis com atletas de esportes de resistência e combate, reduzindo o desgaste repetitivo do treinamento de resistência enquanto aumenta a intensidade do treinamento.

Deve-se estabelecer uma base antes de se aprofundar nos protocolos metabólicos. Como regra geral, é preciso ser capaz de realizar 3 séries de cada exercício no treino e não sentir dor no dia seguinte. Após essa progressão de treinamento, é possível desfrutar do processo de treinamento sem ser impedido pela dor muscular tardia no dia seguinte ao treinamento abusivo, ou forçar articulações que não estão prontas para um treinamento avançado.

Treinamento metabólico de pernas: *JC Leg Crank* (quebrando as pernas)

Este programa (Tabs. 7.14 e 7.15) foi inspirado pelo líder da indústria Vern Gambetta e fornece treinamento de perna superior ao atleta intermediário que tem uma boa base de condicionamento. É popular entre todos os atletas que precisam de pernas fortes e resistentes. Pode ser usado como um relaxamento de pernas após um dia de treino de perna, como uma sessão rápida durante a temporada ou como preparação para os rigores do treinamento pré-temporada.

Exercícios

Agachamento bipodal utilizando o peso corporal.

Avanço alternado calistênico.

Agachamento alternado unilateral com salto.

Salto com agachamento.

Como fazer

Tabela 7.14 *JC Leg Crank*

Exercício	Séries e repetições	Página
Agachamento bipodal utilizando o peso corporal	24	41
Avanço alternado calistênico	12 cada perna	43
Agachamento alternado unilateral com salto	12 cada perna	65
Salto com agachamento	12	64

Progressão do circuito: durante as semanas 1 e 2, fazer o programa 2 vezes por semana (segunda-feira e sexta-feira). Durante as semanas 3 a 6, fazer o programa 1 vez por semana. A Tabela 7.15 lista as progressões de séries e os tempos de recuperação para cada semana.

Tabela 7.15 Protocolo semanal para o *JC Leg Crank*

Semana	Séries	Recuperação entre os exercícios	Recuperação entre as séries
1	2	45 segundos	2 minutos
2	3	30 segundos	90 minutos
3	4	15 segundos	60 segundos
4	5	15 segundos	30 segundos
5	5	Nenhuma	Nenhuma
6	6	Nenhuma	Nenhuma

Treino metabólico para as costas: *JC Meta Back*

Este programa (Tab. 7.16) oferece treinamento superior para as costas ao atleta intermediário que tem uma boa base de condicionamento. É popular entre nadadores e atletas de esportes envolvendo arremesso. Pode ser usado como um relaxamento de perna depois de um dia de treino de costas, como uma sessão rápida durante a temporada ou como preparação para os rigores do treinamento pré-temporada.

Exercícios

Remada com elástico ou polia.

Remada curvada alternada com elástico ou polia em posição de avanço.

Nadador com elástico.

Arremesso de *medicine ball* ao solo.

Como fazer

Tabela 7.16 *JC Meta Back*

Fazer os exercícios na sequência mostrada aqui, como uma série gigante sem descanso entre os exercícios. Esta série gigante pode ser realizada até 3 vezes com 1 a 3 minutos de descanso entre as séries. Pode-se realizar a *JC Meta Back* 1 ou 2 vezes por semana com pelo menos 2 dias de descanso entre os treinos.

Exercício	Séries e repetições	Página
Remada com elástico ou polia	20	75
Remada curvada alternada com elástico ou polia em posição de avanço	10 cada braço e perna (20 repetições cada braço, no total)	77
Nadador com elástico	20	82
Arremesso de *medicine ball* ao solo	10	120

Treino metabólico de peitorais: *JC Meta Chest*

O *JC Meta Chest* vem em duas versões. A versão 1.0 é a original e usa exercícios com elásticos e peso corporal. A versão 2.0 foi apresentada na *Men's Health* como um método rápido de desenvolver potência nos movimentos explosivos de empurrar e socar, bem como para melhorar a capacidade nos exercícios de supino. Ambos os protocolos (Tabs. 7.17 e 7.18) são populares entre os atletas bem condicionados que precisam de potência nos movimentos de empurrar e socar. Eles podem ser usados como um relaxamento nos peitorais após um dia de treino de peitorais, como uma sessão rápida durante a temporada ou como um protocolo preparatório para para os rigores do treinamento pré-temporada.

Fazer os exercícios em qualquer programa na sequência mostrada na tabela como uma série gigante, sem descanso entre os exercícios. Estas séries gigantes podem ser realizadas até 3 vezes com 1 a 3 minutos de descanso entre elas. Alguns atletas de elite fazem até 2 protocolos *JC Meta Chest* interligados, sem nenhum descanso. Pode-se fazer várias séries do protocolo *JC Meta Chest* 1 ou 2 vezes por semana com pelo menos 2 dias de descanso entre os treinos.

Exercícios

Flexão de braços utilizando o peso corporal.

Desenvolvimento alternado com elástico ou polia em posição de avanço.

Fly com elástico ou polia em posição de avanço.

Flexão de braços explosiva.

Flexão de braço unilateral com *medicine ball* (empurrar para cima).

Flexão de braços cruzada/alternada com *medicine ball*.

Como fazer

Tabela 7.17 *JC Meta Chest* 1.0

Exercício	Séries e repetições	Página
Flexão de braços utilizando o peso corporal	20	44
Desenvolvimento alternado com elástico ou polia em posição de avanço	20 cada perna (total de 40)	74
Fly com elástico ou polia em posição de avanço	10 cada perna (total de 20)	74
Flexão de braços explosiva	10	67

Tabela 7.18 *JC Meta Chest* 2.0

Exercício	Séries e repetições	Página
Flexão de braços utilizando o peso corporal	20	44
Flexão de braço unilateral com *medicine ball* (empurrar para cima)	5 cada lado (total de 10)*	114
Flexão de braços cruzada/alternada com *medicine ball*	5 cada lado (total de 10)*	115
Flexão de braços explosiva	10	67

* Atletas de elite podem tentar fazer 10 cada lado (total de 20).

Matrix (movimentando-se nos três planos)

Este protocolo utilizando halteres é parte do sistema de treinamento matricial introduzido pelo fisioterapeuta Gary Gray, um dos melhores profissionais da área e um dos melhores seres humanos que o autor teve o prazer de chamar de amigo e companheiro de profissão. O protocolo foi ligeiramente modificado, mas sua estrutura principal permanece intacta. Consiste em 72 repetições contínuas envolvendo quatro estágios que invocam os quatro pilares nos três planos de movimento. É composto por uma sequência de desenvolvimentos (3 exercícios), uma sequência de roscas (3 exercícios), uma sequência de avanços com alcance (3 exercícios) e uma sequência de avanços com alcance a desenvolvimentos (3 exercícios). Realizam-se 6 repetições de cada exercício (3 de cada lado). Assim, o circuito total envolve 72 repetições. O objetivo é completar o circuito em 1 min 45 seg a 2 min (Tab. 7.19).

Embora este programa seja apresentado na seção metabólica, ele poderia ser facilmente usado como um protocolo de condicionamento geral ou mesmo como um aquecimento se forem usados halteres mais leves. No entanto, ao utilizar cargas agressivas (i. e., halteres mais pesados que 10% do peso corporal) e manter o protocolo abaixo de 1 min 45 seg, o treino se torna mais exaustivo. As frequências cardíacas podem superar 200 bpm ao fazer várias séries com períodos de descanso curtos (menos de 2 minutos).

Fazer os exercícios na sequência mostrada. O objetivo é fazer as 72 repetições continuamente. Para chegar lá, seguir esta progressão:

1. Começar com exercícios individuais, realizando 2 ou 3 séries de 8 a 16 repetições cada lado em diferentes dias da semana. Normalmente, uma pessoa passa 2 ou 3 semanas nesta fase para aprender e aperfeiçoar a execução dos exercícios.
2. Depois de dominar os exercícios individuais, repetir todo o circuito utilizando o peso corporal. Esta aplicação é um excelente aquecimento. Demora de 1 min 30 seg a 1 min 45 seg; descansar 2 ou 3 minutos entre as séries. Fazer 3 séries antes de cada treino, 3 dias por semana. Permanecer nesta fase por 1 a 3 semanas.
3. Quando for possível realizar com facilidade diversas séries do *matrix* completo usando o peso corporal, adicionar halteres leves (aproximadamente 5% do peso corporal). Recuperar comple-

tamente entre as séries, descansando por cerca de 2 minutos. Fazer 3 séries, 1 a 3 dias por semana.
4. Progredir para a utilização de halteres com 7% do peso corporal, com recuperação completa entre as séries (cerca de 3 minutos por série). Fazer 2 ou 3 séries, 1 ou 2 dias por semana.
5. Progredir para a utilização de halteres com 10 a 12% do peso corporal, com recuperação completa entre as séries (cerca de 4 minutos por série). Fazer 2 ou 3 séries, 1 ou 2 dias por semana.

O *matrix* pode ser parte de uma rotina semanal realizada indefinidamente com peso leve (5% do peso corporal). Ao fazer o *matrix* com cargas mais pesadas, periodizar o protocolo em ciclos; por exemplo, 4 semanas a 5% do peso corporal, 4 semanas a 7% do peso corporal, 4 semanas a 10% do peso corporal e 4 semanas a 12% do peso corporal.

Exercícios

Desenvolvimento acima da cabeça com halteres ou *kettlebells*.

Desenvolvimento em Y acima da cabeça com halteres ou *kettlebells*.

Desenvolvimento cruzado acima da cabeça com halteres ou *kettlebells*.

Rosca de braço com halteres ou *kettlebells*.

Remada alta com halteres ou *kettlebells*.

Gancho cruzado com halteres ou *kettlebells*.

Avanço com alcance anterior com halteres ou *kettlebells*.

Avanço lateral com halteres ou *kettlebells*.

Avanço com alcance em rotação (transverso) com halteres ou *kettlebells*.

Como fazer

Tabela 7.19 *Matrix*

Usar halteres em todos os exercícios.

Sequência de desenvolvimentos		
Exercícios	**Repetições**	**Página**
Desenvolvimento acima da cabeça com halteres ou *kettlebells* (alternado)	3 cada lado	97
Desenvolvimento em Y acima da cabeça com halteres ou *kettlebells* (alternado)	3 cada lado	98
Desenvolvimento cruzado acima da cabeça com halteres ou *kettlebells* (alternado)	3 cada lado	99
Sequência de roscas		
Exercícios	**Repetições**	**Página**
Rosca de braço com halteres ou *kettlebells* (alternado)	3 cada lado	101
Remada alta com halteres ou *kettlebells* (alternado)	3 cada lado	103
Gancho cruzado com halteres ou *kettlebells* (alternado)	3 cada lado	104
Sequência de avanço com alcance		
Exercícios	**Repetições**	**Página**
Avanço com alcance anterior com halteres ou *kettlebells* (alternado)	3 cada lado	92
Avanço lateral com halteres ou *kettlebells* (alternado)	3 cada lado	93
Avanço com alcance em rotação (transverso) com halteres ou *kettlebells* (alternado)	3 cada lado	95
Sequência de avanço com alcance a desenvolvimento		
Exercícios	**Repetições**	**Página**
Avanço com alcance anterior com halteres ou *kettlebells* (alternado) e desenvolvimento acima da cabeça com halteres ou *kettlebells* simultâneo	3 cada lado	92 97
Avanço lateral com halteres ou *kettlebells* (alternado) e desenvolvimento acima da cabeça com halteres ou *kettlebells* simultâneo	3 cada lado	93 97
Avanço com alcance em rotação (transverso) com halteres ou *kettlebells* (alternado) e desenvolvimento acima da cabeça com halteres ou *kettlebells* simultâneo	3 cada lado	95 97

Conclusão

O treinamento funcional não é apenas uma metodologia de reabilitação ou um treinamento leve qualquer, feito por razões neurológicas complexas. Os programas deste capítulo mostram que é possível programar o treinamento funcional de modo a ensinar padrões de movimento razoáveis, desenvolver altos níveis de resistência e fornecer potência-resistência que seja permanente. Além disso, os programas mostram quão facilmente se pode realizar o treinamento funcional em locais familiares, como campos e quartos de hotel, com equipamentos acessíveis e de baixo custo. Os programas fornecidos aqui são apenas o começo do que se pode fazer com as ideias de programação e exercícios deste livro.

O Capítulo 8 descreve a mais poderosa maneira de combinar o treinamento funcional e o treinamento tradicional – o Sistema de Treinamento Híbrido do IHP. Esse sistema integra perfeitamente o treinamento de força tradicional ao treinamento funcional, o que possibilita uma atividade extra para a "engenharia" atrás dos músculos.

CAPÍTULO 8

Programação híbrida

Nenhum livro de treinamento funcional é completo sem um sistema detalhado que combina o treinamento funcional a outras filosofias e sistemas de treinamento populares e eficazes. Profissionais do condicionamento físico, treinadores e o público em geral estão cada vez mais conscientes da eficácia do treinamento funcional e de outras modalidades para melhorar o desempenho humano. Com todas as informações agora disponíveis, a questão que se impõe é: é possível misturar modalidades ou filosofias de treinamento para obter uma melhor adaptação das melhores modalidades? A resposta é sim. Embora as filosofias dos métodos de treinamento possam estar em oposição direta, a abordagem correta pode combinar dois métodos de treinamento diferentes de modo a criar um sistema híbrido harmonioso. O melhor exemplo deste treinamento híbrido é combinar a musculação ou o treinamento de força tradicional com o treinamento funcional.

Outro fator a se considerar ao analisar a consolidação do treinamento é o tempo. Muitas vezes, é difícil para os atletas realizarem o treinamento que precisam em uma única semana. Isso é especialmente verdadeiro no caso da parte de força e condicionamento do treinamento. Com todo o trabalho técnico e acadêmico exigido dos atletas, muitas vezes sacrificam-se os treinos de força e condicionamento. Trabalhando como *personal trainer* e treinador nos últimos 20 anos, este autor precisou desenvolver métodos de treinamento que lhe possibilitassem abordar força, hipertrofia, potência e quaisquer questões de desempenho ou reabilitação dentro de um bloco de 30 a 60 minutos por dia em algumas horas por semana. Durante esse período, foram criados programas híbridos bem-sucedidos que combinam os métodos de força tradicionais aos últimos desenvolvimentos em treinamento funcional. O que se segue são os resultados desses 20 anos de pesquisa e desenvolvimento: o Sistema de Treinamento Híbrido do IHP.

Este sistema híbrido combina o melhor do treinamento funcional e o melhor do treino tradicional de hipertrofia, força e potência. Cada abordagem de treinamento tem atributos excelentes, e todos os atletas querem aproveitar as melhores práticas para obter resultados ótimos. Depois de revisar os gráficos de treinamento dos atletas por meses, notou-se um padrão no que estava acontecendo nessa prática, e um sistema de integração surgiu. Esse sistema de integração foi denominado *Sistema de Integração de Três Níveis (Three-Tier Integration System – 3TIS)*. O 3TIS foi a base do Sistema de Treinamento Híbrido do IHP e seu desenvolvimento é um dos principais ingredientes do sucesso do IHP.

Sistema de integração de três níveis

No 3TIS, modalidades que antes eram mutuamente exclusivas coexistem em um programa de treinamento. Não somente o 3TIS possibilita que o atleta trabalhe um músculo, como também possibilita que o atleta trabalhe sistemas musculares e, mais importante, na atividade atrás do músculo.

O 3TIS é assim chamado porque há três maneiras de integrar uma modalidade (ou exercício) funcional em um treino tradicional:

1. Pode-se introduzir a modalidade no aquecimento ou resfriamento do treino.

2. Pode-se usar a modalidade para desenvolver (*build-up*) uma parte específica do corpo.

3. Pode-se usar a modalidade para retirar a carga de um segmento corporal durante o trabalho tradicional.

Tome-se como exemplo um atleta que precise de um treinamento convencional de hipertrofia e força, mas que também é beneficiado com o treinamento funcional. Como se pode misturar essas abordagens de treinamento em uma única sessão? A seguir, cada nível de integração será abordado em mais detalhes para responder a essa pergunta.

Aquecimento e resfriamento

Toda modalidade funcional ou exercício deste livro pode ser incorporado à fase de aquecimento de qualquer sessão de treinamento. Isso é chamado de abordagem de *aquecimento geral*. O aquecimento geral normalmente consiste em uma rotina utilizando o corpo todo que usa qualquer modalidade escolhida. Um exemplo de aquecimento geral é o programa *Chopper*, apresentado no Capítulo 7. Essa é uma ótima maneira de introduzir o treinamento funcional a alguém que está preso ao paradigma do treinamento tradicional.

A abordagem de aquecimento para a integração também pode ser estendida a um aquecimento específico, em preparação para o treinamento tradicional em isolamento. Pode-se aquecer funcionalmente um segmento corporal antes de treiná-lo tradicionalmente. Por exemplo, alcances anteriores são um bom aquecimento para avanços ou agachamentos. Também é possível incluí-los no final do treino para fornecer o equilíbrio e a estabilidade ausentes em muitos exercícios tradicionais, como extensões de perna e roscas de perna.

Os exercícios de peitorais e costas com elástico ou polia podem preparar o corpo para exercícios tradicionais de peitorais e costas (p. ex., supino, remada com cabo). Os elásticos e as polias possibilitam realizar os exercícios em pé, o que fornece uma maior sobrecarga funcional e o treinamento do *core* em comparação ao treinamento da parte superior do corpo no aparelho de musculação.

As abordagens ecléticas de treinamento utilizadas no nível de aquecimento da integração não se parecerão com uma ameaça ou até mesmo com uma mudança para qualquer pessoa que esteja utilizando o treinamento tradicional; o componente tradicional do treinamento permanece inalterado. Embora os profissionais de condicionamento reconheçam o enorme papel de um aquecimento, a maior parte dos atletas não considera o aquecimento ou resfriamento como parte da sessão de treinamento. Por essa razão, eles podem prontamente tentar uma nova abordagem de treinamento durante esses períodos. A eficácia destes 10 a 15 minutos do treino pode certamente se comparar aos 15 minutos de tratamento experimentados em uma sessão de tratamento agressiva. E, claro, 10 a 15 minutos 3 ou 4 vezes por semana podem acabar totalizando 45 a 60 minutos. Enormes melhorias na estabilidade e na produção de potência têm sido observadas neste período. Esta aplicação do treinamento funcional tem desempenhado um papel importante nos ganhos de desempenho dos atletas.

Desenvolvimento (*build-up*)

Uma vez que a filosofia do treinamento funcional tenha sido totalmente adotada, é hora de ficar um pouco mais agressivo usando o nível de desenvolvimento (*build-up*) da integração. O desenvolvimento consiste em um aquecimento agressivo e específico. Ele usa 2 ou 3 séries de intensidade crescente para preparar o atleta para a carga-alvo do treinamento. Muitos exercícios tradicionais do treino de resistência podem começar com uma posição mais funcional durante as séries mais leves (p. ex., em pé em vez de sentado). Quando o ambiente instável da posição funcional impede que o atleta realize o exercício com boa forma, ele pode fazer algumas séries com mais apoio para poder trabalhar com força e hipertrofia absolutas. Esse método de integração é semelhante aos métodos de pré-exaustão e de pirâmide popularizados nas décadas de 1960 e 1970. Aqui estão alguns exemplos de desenvolvimento (*build-up*):

1. **Remadas inclinadas, instáveis a estáveis.** As remadas inclinadas podem ser realizadas de maneira independente (i. e., em posição de avanço e unipodalmente) até que a carga seja tão pesada que os quadris e a região lombar da coluna vertebral não possam suportar o exercício em boa forma. Deve-se continuar até o ponto de falha técnica, não falha fisiológica. Depois de alcançar o ponto de falha técnica, prosseguir para remadas inclinadas com apoio (ou seja, mão em uma bancada) ou remadas com cabo.

2. **Agachamento unipodal para *leg presses*.** Fazer várias séries de agachamento unipodal com cargas incrementais (i. e., aumento da amplitude de movimento ou carga adicional com *medicine ball* ou halteres) até que não seja mais possível fazer o exercício com boa forma. Em seguida, prosseguir para um *leg press* unipodal ou bipodal para um trabalho pesado e estável.

Tirando a carga

O método de retirada de carga é o nível mais popular da integração no sistema híbrido. Neste nível, os motores primários são submetidos ao treino de hipertrofia ou força pesada tradicional em um dia da semana. Em seguida, retira-se a carga dos motores primários com treinamento funcional nos outros dias da semana. Embora os motores primários não passem pelo trabalho pesado tradicional no dia de alívio da carga, a demanda neurológica dos exercícios funcionais ainda mantém intensidade e volume elevados. Este é um exemplo de como funciona o nível de retirada de carga da integração.

Tome-se como exemplo um atleta que vai realizar um treino pesado de perna e quadril na segunda-feira, um treino pesado de peitorais na quarta-feira e um treino pesado de costas na sexta-feira. Na segunda-feira, é feito um trabalho para as pernas e os quadris com o treinamento tradicional (p. ex., agachamentos, avanços, levantamentos-terra) e retira-se a carga dos músculos que realizam atividades de puxar e empurrar com modalidades funcionais (p. ex., flexão de braços na bola suíça, puxadas com elásticos). Na quarta-feira, o foco recai sobre os peitorais com treinamento tradicional (p. ex., supino inclinado, supino horizontal, mergulhos) e retira-se a carga das pernas e dos quadris e dos músculos que realizam atividades de puxar (costas) utilizando modalidades funcionais (p. ex., avanço com alcance lateral, remada inclinada). Na sexta-feira, utiliza-se o treinamento tradicional nos músculos que realizam atividades de puxar (peitorais) (p. ex., puxadas, remadas com cabo, remadas em pé) e retira-se a carga das pernas e quadris e dos músculos peitorais com modalidades funcionais (p. ex., alcances anteriores, desenvolvimentos com elásticos). A cada dia é utilizado um pequeno trabalho rotacional ou outro trabalho de terapia especializado.

A ordem e o esquema usados neste nível de integração podem variar. Um método é realizar todos os exercícios tradicionais primeiro e depois terminar com exercícios funcionais. A Tabela 8.1 ilustra como esse treino pode ser.

Outro esquema que pode ser usado para retirada de carga é o esquema de complexo híbrido do IHP. Este esquema utiliza circuitos com modalidades de treinamento tradicionais e funcionais. Os circuitos podem ser constituídos por dois exercícios: um exercício tradicional e um exercício funcional (i. e., biplex), um exercício tradicional e dois exercícios funcionais (i. e., triplex) ou um exercício tradicional e três exercícios funcionais (i. e., quadriplex). A Tabela 8.2 ilustra como seria o treino da Tabela 8.1 usando biplexes para integrar o treinamento de força e hipertrofia do treinamento tradicional com a habilidade de movimento da modalidade funcional.

Parte III Programas

Tabela 8.1 Exemplo do esquema de retirada de carga com exercícios tradicionais

Segunda-feira	
Exercício	**Séries e repetições**
Agachamento com barra	3 × 10
Avanço com halteres ou *kettlebells*	3 × 10
Levantamento-terra com barra	3 × 10
Flexão de braços com as mãos sobre a bola suíça	3 × 10
Remada com elástico ou polia	3 × 10
Rotação curta com elástico ou polia (10 a 2 horas)	3 × 10
Quarta-feira	
Supino inclinado com barra	3 × 10
Supino horizontal com barra	3 × 10
Mergulho (com carga, conforme necessário)	3 × 10
Agachamento unipodal	3 × 10
Remada contralateral com elástico ou polia em posição de avanço	3 × 10
Esquiador com bola suíça	3 × 10
Sexta-feira	
Puxada/*pulley*	3 × 10
Remada com elástico ou polia	3 × 10
Remada alta com barra	3 × 10
Alcance anterior contralateral unipodal	3 × 10
Desenvolvimento de braço contralateral com elástico ou polia em posição de avanço	3 × 10
Rotação/*chop* de cima para baixo com elástico ou polia	3 × 10

Tabela 8.2 Exemplo do esquema de retirada de carga utilizando biplexes híbridos

Segunda-feira	
Exercício	**Séries e repetições**
Agachamento com barra	3 × 10
Flexão de braços com as mãos sobre a bola suíça	3 × 10
Avanço com halteres ou *kettlebells*	3 × 10
Remada com elástico ou polia	3 × 10
Levantamento-terra com halteres	3 × 10
Rotação curta com elástico ou polia (10 a 2 horas)	3 × 10
Quarta-feira	
Supino inclinado com barra	3 × 10
Agachamento unipodal	3 × 10
Supino horizontal com barra	3 × 10
Remada contralateral com elástico ou polia em posição de avanço	3 × 10
Mergulho (com carga, conforme necessário)	3 × 10
Esquiador com bola suíça	3 × 10

(continua)

Tabela 8.2 Exemplo do esquema de retirada de carga utilizando biplexes híbridos (*continuação*)

Sexta-feira	
Puxada/*pulley*	3 × 10
Alcance anterior contralateral unipodal	3 × 10
Remada com elástico ou polia	3 × 10
Desenvolvimento de braço contralateral com elástico ou polia em posição de avanço	3 × 10
Remada alta com barra	3 × 10
Rotação/*chop* de cima para baixo com elástico ou polia	3 × 10

Complexos híbridos

O 3TIS foi a primeira tentativa de combinar diversos sistemas de treinamento em um único treino. Como mencionado anteriormente, o nível de retirada de carga da integração foi o desenvolvimento mais significativo; é o método mais popular e poderoso de integração. Esta seção explica a metodologia usada para criar complexos que integram e retiram a carga de um segmento corporal com o treinamento funcional enquanto isolam e impõem carga a outro segmento corporal com o treinamento de força tradicional.

O Sistema de Treinamento Híbrido do IHP é um complexo de exercícios que visam a componentes específicos do desempenho. Os complexos combinam exercícios tradicionais (para fornecer força e hipertrofia) com exercícios funcionais (para trabalhar o corpo de uma maneira diferente do treinamento tradicional). Os exercícios funcionais e de reabilitação normalmente lidam com componentes que não são trabalhados com exercícios tradicionais, como acionar vários planos de movimento, usar várias alavancas, mover-se ao longo de várias amplitudes de movimento e acionar estabilizadores e neutralizadores em várias capacidades. O esquema de complexos híbridos pode conter dois (biplex), três (triplex) ou quatro (quadriplex) exercícios.

Biplexes

Nos biplexes, o primeiro exercício é um exercício primário que se concentra na principal qualidade fisiológica de interesse. Por exemplo, se o objetivo é aumentar a massa magra da parte inferior do corpo, usa-se um exercício de hipertrofia de perna, como um agachamento ou *leg press* como o primeiro exercício. O próximo exercício normalmente é um exercício para o *core*, que é estimulado por outro segmento corporal e ação (p. ex., desenvolvimento ou puxada), retirando, assim, a carga deste segmento corporal. Um exemplo de um exercício que usa um movimento de empurrar para estimular o *core*, mas retira a carga dos peitorais, é a flexão de braços com as mãos sobre a bola suíça. Este exercício não sobrecarrega os peitorais e oferece alguma recuperação ativa dos dias de treino de supino, razão pela qual é chamado de *exercício para retirada de carga*. Estes dois exercícios constituiriam o biplex:

1. Agachamento com barra ou *leg press* 45°.
2. Flexão de braços com as mãos sobre a bola suíça.

Se o programa inteiro consistir em biplexes, envolve 50% de treinamento de hipertrofia tradicional e 50% de treinamento funcional, excluindo o aquecimento. Os biplexes são excelentes para atletas que querem se concentrar em ganhar músculos enquanto ainda abordam questões de desempenho e reabilitação, como a estabilidade do *core*.

A seguir, estão mais alguns exemplos biplexes e a justificativa por trás deles.

Biplex 1

1. Exercício tradicional de perna: *leg press* 45°.
2. Exercício para retirar a carga de peitorais e *core*: desenvolvimento de braço contralateral com elástico ou polia em posição de avanço.

Justificativa: fornece um estímulo de força e hipertrofia às pernas e aos quadris. Retira a carga do tórax com um exercício para o *core* que alonga e fortalece os flexores de quadril.

Biplex 2

1. Exercício tradicional de peitorais: supino horizontal com barra.
2. Exercício para retirar a carga de pernas e quadris: alcance anterior contralateral unipodal.

Justificativa: fornece aos peitorais um estímulo de força e hipertrofia. Aborda questões de reabilitação da parte inferior do corpo (i. e., a estabilidade do quadril, do joelho e do tornozelo) durante o período de descanso.

Biplex 3

1. Exercício tradicional de costas: puxada/*pulley*.
2. *Core* rotacional: rotação curta com elástico ou polia (10 a 2 horas).

Justificativa: fornece um estímulo de força e hipertrofia às costas. Aborda a força e a estabilidade rotacional do corpo todo e a rigidez do *core*.

Triplexes

Para adicionar mais treinamento funcional a um biplex, pode-se adicionar um terceiro exercício. Supondo que o foco seja um treinamento tradicional nas pernas com retirada de carga dos peitorais com a flexão de braços com as mãos sobre a bola suíça, seria necessário escolher um exercício funcional para as costas, como a remada contralateral com elástico ou polia em posição de avanço como o terceiro exercício. Este exercício treina os músculos posteriores do *core* e melhora a flexibilidade nos flexores do quadril. O complexo híbrido triplex ficaria assim:

1. Agachamento com barra ou *leg press* 45°.
2. Flexão de braços com as mãos sobre a bola suíça.
3. Remada contralateral com elástico ou polia em posição de avanço.

O triplex divide a ênfase do treinamento de modo a favorecer o treinamento funcional: aproximadamente 67% de funcional e 33% de hipertrofia, excluindo o aquecimento e o resfriamento. Este é o formato preferido de clientes que desenvolveram uma base de treinamento de alta intensidade e podem passar por este circuito sem perder potência nos levantamentos tradicionais. A seguir, mais alguns exemplos de triplexes e a justificativa por trás deles.

Triplex 1

1. Exercício tradicional de perna: agachamento com barra.
2. Exercício para retirar a carga de peitorais e *core*: prancha lateral em T.
3. Exercício para retirar a carga de costas e *core*: remada com elástico ou polia.

Justificativa: fornece um estímulo de força e hipertrofia aos extensores de pernas e quadris. Retira a carga de peitorais e ombros com um exercício para o *core* que fortalece o *core* lateral. Retira a carga dos músculos das costas com um exercício básico que melhora a estabilidade do ombro e a mecânica postural.

Triplex 2

1. Exercício tradicional de peitorais: supino inclinado com barra.
2. Exercício para retirar a carga de pernas, quadris e *core*: avanço lateral com halteres ou *kettlebells*.
3. *Core* rotacional: rotação/*chop* de cima para baixo com elástico ou polia.

Justificativa: fornece um estímulo de força e hipertrofia aos peitorais. Retira a carga de pernas e quadris, aborda a estabilidade da parte inferior do corpo e do *core* e aborda uma amplitude de movimento triplanar. Treina a força e a estabilidade rotacional.

Triplex 3

1. Exercício tradicional de costas: puxada/*pulley*.
2. Exercício para retirar a carga de peitorais e *core*: desenvolvimento de braço contralateral com elástico ou polia em posição de avanço.
3. Exercício para retirar a carga de pernas, quadris e equilíbrio: alcance anterior unipodal.

Justificativa: fornece um estímulo de força e hipertrofia às costas. Retira a carga dos peitorais e treina a estabilidade de todo o *core* e do ombro (escápula). Retira funcionalmente a carga do equilíbrio e a estabilidade da parte inferior do corpo.

Quadriplexes

Muitos atletas de resistência não precisam aumentar a massa muscular, mas querem ser mais fortes e não perder qualquer massa muscular que possam ter. Para esses atletas, pode-se considerar a adição de um quarto exercício ao triplex, tornando-o um quadriplex. O quarto exercício pode abordar qualquer outra questão de treinamento. Por exemplo, considerando-se um jogador de futebol que teve problemas com fraqueza abdominal inferior e dor na virilha. O quarto exercício pode resolver esta deficiência. O *X-up* seria uma ótima escolha para o quarto exercício neste complexo. O quadriplex ficaria assim:

1. Agachamento com barra ou *leg press* 45°.
2. Flexão de braços com as mãos sobre a bola suíça.
3. Remada contralateral com elástico ou polia em posição de avanço.
4. *X-up*.

De todos os complexos, o quadriplex fornece a maior quantidade de treinamento funcional − 75% funcional e 25% tradicional, sem contar o aquecimento e o resfriamento. Esta é uma abordagem popular durante a fase de potência-resistência da periodização e com atletas de resistência que não necessitam de hipertrofia significativa. A seguir, alguns exemplos de quadriplexes e a justificativa por trás deles.

Quadriplex 1

1. Exercício tradicional de perna: levantamento-terra com barra.
2. Exercício para retirar a carga de peitorais e *core*: flexão de braços com as mãos sobre a bola suíça.
3. Exercício para retirar a carga de costas e *core*: remada inclinada.
4. *Core* rotacional: esquiador com bola suíça.

Justificativa: fornece um estímulo de força e hipertrofia a pernas e quadris. Retira a carga dos peitorais com um exercício para o *core* que alonga e fortalece os flexores de quadril. Retira a carga das costas enquanto treina a força dos extensores de quadris e costas e alonga o *core* frontal. Treina a força rotacional e a amplitude de movimento.

Quadriplex 2

1. Exercício tradicional de ombro: desenvolvimento acima da cabeça com barra.
2. Exercício para retirar a carga de pernas e *core*: agachamento em padrão ABC com *medicine ball*.
3. Exercício para retirar a carga da flexibilidade e *core*: rolamento com bola suíça na parede.
4. *Core* rotacional: rotação/*chop* de cima para baixo com elástico ou polia.

Justificativa: fornece um estímulo de força e hipertrofia aos ombros. Retira a carga de pernas e quadris e aborda a estabilidade da parte inferior do corpo e a amplitude de movimento triplanar. Retira a carga dos músculos das costas enquanto alonga e fortalece o *core* anterior. Aborda a rigidez do *core* e a estabilidade rotacional.

Quadriplex 3

1. Exercício tradicional de costas: remada inclinada com halteres.
2. Exercício para retirar a carga de peitorais e *core*: *fly* com elástico ou polia em posição de avanço.
3. Exercício para retirar a carga de pernas e *core*: avanço com rotação com *medicine ball*.
4. *Core* rotacional: esquiador com bola suíça.

Justificativa: fornece um estímulo de força e hipertrofia às costas. Retira a carga dos peitorais e treina a flexibilidade e a estabilidade do quadril anterior. Retira a carga de pernas e quadris e aborda o equilíbrio da parte inferior do corpo e a estabilidade triplanar.

Execução dos complexos

É fácil atribuir séries e repetições aos complexos híbridos. O primeiro exercício em um híbrido é um exercício tradicional e segue o esquema de repetição padrão descrito na maioria dos modelos de periodização. Por exemplo, durante um ciclo de hipertrofia, o primeiro exercício em um complexo híbrido seria realizado por 8 a 15 repetições, e durante um ciclo de força, o primeiro exercício seria realizado por 4 a 6 repetições. Durante cada fase, todos os exercícios funcionais são feitos por 10 a 20 repetições cada lado ou por 10 a 20 segundos para exercícios de equilíbrio ou isométricos. O triplex 3 ficaria assim durante uma fase de hipertrofia:

1. Exercício tradicional de costas: puxada/*pulley* (8 a 15 repetições).
2. Exercício para retirar a carga de peitorais e *core*: desenvolvimento de braço contralateral com elástico ou polia em posição de avanço (10 a 20 repetições nos apoios direito e esquerdo).
3. Exercício para retirar a carga de pernas, quadris e equilíbrio: alcance anterior contralateral unipodal (10 a 20 repetições cada perna).

O mesmo triplex ficaria assim durante uma fase de força:

1. Exercício tradicional de costas: puxada/*pulley* (4 a 6 repetições).
2. Exercício para retirar a carga de peitorais e *core*: desenvolvimento de braço contralateral com elástico ou polia em posição de avanço (10 a 20 repetições nos apoios direito e esquerdo).
3. Exercício para retirar a carga de pernas, quadris e equilíbrio: alcance anterior contralateral unipodal (10 a 20 repetições cada perna).

Durante os ciclos de potência e potência-resistência, são pareados um exercício de força tradicional e um equivalente explosivo e ambos são realizados por 5 repetições. Durante o ciclo de potência, o descanso é de 60 segundos entre o exercício tradicional e o equivalente explosivo. Durante o ciclo de potência-resistência, elimina-se esse período de descanso. Todos os exercícios funcionais para retirar a carga continuam sendo realizados por 10 a 20 repetições por membro ou por 10 a 20 segundos para exercícios de equilíbrio e isométricos.

O triplex 3 se pareceria com o seguinte durante uma fase de potência:

1. Exercício tradicional de costas: puxada/*pulley* (5 repetições).
2. Descanso de 60 segundos.

3. Explosivo para costas equivalente: arremesso de *medicine ball* ao solo (5 repetições).
4. Exercício para retirar a carga de pernas, quadris e equilíbrio: alcance anterior contralateral unipodal (10 a 20 repetições cada perna).

O triplex 3 se pareceria com o seguinte durante uma fase de potência-resistência:

1. Exercício tradicional de costas: puxada/*pulley* (5 repetições).
2. Sem descanso.
3. Explosivo para costas equivalente: arremesso de *medicine ball* ao solo (5 repetições).
4. Exercício para retirar a carga de pernas, quadris e equilíbrio: alcance anterior contralateral unipodal (10 a 20 repetições cada perna).

Ao treinar com os híbridos do IHP, o atleta se move continuamente. No entanto, isso não significa que ele corre o tempo todo durante o treino. O treino pode se dar em um ritmo deliberado: 20 a 30 segundos para cada exercício, 15 a 20 segundos para a transição entre os exercícios e 30 a 60 segundos entre os circuitos. Expandir os períodos de descanso se a qualidade do trabalho estiver diminuindo. Além disso, é possível adaptar o tempo à meta do ciclo. Por exemplo, em um ciclo de força, o atleta pode querer fazer períodos de descanso mais longos que em um ciclo de potência-resistência.

O Sistema de Treinamento Híbrido do IHP é excelente para grandes grupos de pessoas. Mantém todos ocupados e todos aproveitam ao máximo o tempo de treinamento. Um complexo de três exercícios projetado em torno de um raque de levantamento de peso pode manter quatro atletas produtivos sem tempo de inatividade, um atleta fazendo agachamentos, um dando uma ajuda a um colega (*spotting*) (no deque, descansando), um fazendo rotações com elástico (prender o elástico no raque de levantamento de peso) e um fazendo flexões de braços rotacionais para estabilidade do ombro.

O Sistema de Treinamento Híbrido é extremamente flexível; ele pode combinar todas as modalidades imagináveis, de protocolos de alongamento a habilidades de agilidade, rapidez e velocidade. Os circuitos híbridos devem ser simples e fáceis de executar. Vale lembrar que a coordenação, o equilíbrio dinâmico e a estabilidade são rápidos de se desenvolver porque seu aprimoramento é um evento neural. O controle e a estabilidade são questões sequenciais (i. e., questões neurais), não questões de hipertrofia. É preciso alguma prática, mas usam pouca potência uma vez dominados, assim como andar de bicicleta. A seguir, serão analisados mais alguns exemplos de programação híbrida e princípios adicionais de programação híbrida.

Periodização de programas híbridos

A periodização do programa híbrido segue o mesmo modelo discutido no Capítulo 6. Aqui, é apresentada uma revisão das fases (ou ciclos) e do volume associado a cada fase. Consultar a Tabela 8.3 para obter um resumo.

Condicionamento e hipertrofia

Um grande volume de trabalho com intensidade ou carga moderada caracteriza este ciclo. A duração do ciclo é de aproximadamente 4 semanas, e os complexos híbridos são realizados por séries suficientes para que cada segmento corporal receba 12 a 20 séries por semana com 8 a 15 repetições por série de exercícios tradicionais. Por exemplo, ao realizar 3 triplexes em um dia de treino de perna, fazer 3 a 5 séries de cada triplex de modo que os exercícios tradicionais totalizem de 9 a 15 séries por semana. Embora um intervalo inferior a 9 séries não esteja dentro do intervalo de 12 a 20 séries por semana, ainda oferece treinamento significativo. O objetivo padrão para o intervalo de séries para 3 triplexes é de 4 séries cada (12 séries por semana).

Força

A fase de força é caracterizada por um treinamento de baixo volume e alta intensidade. A duração do ciclo é de aproximadamente 4 semanas, e os complexos híbridos são realizados por séries suficientes para que cada segmento corporal receba 10 a 12 séries por semana com 4 a 6 repetições por série de exercícios tradicionais. Como no ciclo de hipertrofia, se forem realizados 3 triplexes em um dia de treino de peitorais, fazer 3 ou 4 séries de cada triplex de modo que os exercícios tradicionais totalizem 9 a 12 séries por semana. Embora um intervalo menor de 9 séries não esteja dentro do intervalo de 10 a 12 séries por semana, é basicamente equivalente no que se refere a treinamento. Pode-se facilmente fazer 12 séries por semana realizando 4 séries de 3 triplexes.

Tabela 8.3 Periodização do treinamento híbrido

Ciclo	Duração do ciclo	Séries por semana por segmento corporal	Repetições do exercício tradicional	Repetições do exercício funcional/ retirada de carga
Condicionamento e hipertrofia	4 semanas	12 a 20	8 a 15	10 a 20 repetições ou segundos
Força	4 semanas	10 a 12	4 a 6	10 a 20 repetições ou segundos
Potência	4 semanas	8 a 12	5 e 5 (descanso de 60 segundos entre os exercícios)	10 a 20 repetições ou segundos
Potência- -resistência	4 semanas	8 a 12	5 e 5 (sem descanso)	10 a 20 repetições ou segundos

Potência

A fase de potência é caracterizada por um treinamento de baixo volume e alta velocidade. A duração do ciclo é de aproximadamente 4 semanas, e os complexos híbridos são realizados por séries suficientes para que cada segmento corporal obtenha de 8 a 12 séries que consistem em 5 repetições de um exercício de força e 5 repetições de um exercício explosivo equivalente, com 60 segundos de descanso entre o primeiro e o segundo exercícios no complexo de potência. Por exemplo, se forem realizados 3 triplexes em um dia de treino de costas, fazer 3 ou 4 séries de cada triplex de modo que o exercício de força para costas tradicional e a combinação equivalente explosiva totalizem de 9 a 12 séries por semana, bem dentro do intervalo de 8 a 12.

Potência-resistência

O ciclo de potência-resistência é idêntico ao ciclo de potência, exceto pelo período de descanso entre o primeiro e o segundo exercícios. Durante o ciclo de potência-resistência, não há período de descanso entre o exercício de força tradicional e o equivalente explosivo. Ao realizar 3 triplexes em um dia de treino de peitorais, fazer 3 ou 4 séries de cada triplex de modo que o exercício de força tradicional para peitorais e a combinação equivalente explosiva totalizem de 9 a 12 séries por semana. Isso está dentro do intervalo de 8 a 12 séries semanais.

Exemplos de programas

Para muitos atletas, ficar maior e mais forte está definitivamente na lista de objetivos. O modelo híbrido é uma maneira eficiente de alcançar esse objetivo. A Tabela 8.4 ilustra a abordagem geral para projetar um híbrido mensal que combine força e função. Este modelo mostra a categoria de cada exercício de modo que combinar exercícios dentro da mesma categoria pode render uma quantidade ilimitada de programas. Vale lembrar que esse é apenas um dos muitos modelos; a imaginação é o único limite para a programação no Sistema de Treinamento Híbrido do IHP.

Tabela 8.4 Exemplo do modelo híbrido de condicionamento e hipertrofia ou força do IHP

Dia 1 Pernas e quadris	Dia 2 Empurrar (peitorais)	Dia 3 Puxada (costas)
ET Exercício de perna (posição paralela) TF Exercício para retirar a carga de peitorais TF Exercício de ADM/ reabilitação da parte superior do corpo	ET Exercício de peitorais (empurrar inclinado) TF Exercício para retirar a carga de pernas/quadril TF Exercício de equilíbrio/ ADM da parte inferior do corpo	ET Exercício de costas (puxada para baixo) TF Exercício para retirar a carga de pernas/quadril TF Exercício de vibração ou reabilitação
ET Exercício de perna (posição de avanço alternado) TF Exercício para retirar a carga das costas TF Exercício de rotação (de um lado para outro)	ET Exercício de peitorais (empurrar ereto) TF Exercício para retirar a carga das costas TF Exercício rotacional (baixo para cima)	ET Exercício de costas (puxada para dentro) TF Exercício para retirar a carga de peitorais TF Exercício rotacional (cima para baixo)
ET Exercício de perna (quadril dominante) TF Exercício para retirar a carga de peitorais-costas TF Exercício para o *core* frontal	ET Exercício de peitorais (empurrar declinado) TF Exercício para retirar a carga de costas e pernas/ quadril TF Exercício para o *core* posterior	ET Exercício de costas (puxada para cima) TF Exercício para retirar a carga de peitorais e pernas/ quadril TF Exercício para o *core* posterior

ET: exercício tradicional; TF: treinamento funcional; ADM: amplitude de movimento.

Os intervalos de séries e repetições para os modelos híbridos de condicionamento e hipertrofia ou resistência são os seguintes:

Ciclo de condicionamento e hipertrofia: 3 ou 5 séries de cada triplex, com 8 a 15 repetições do exercício tradicional e 10 a 20 repetições ou segundos (se isométrico ou equilíbrio) dos exercícios de treinamento funcional.

Ciclo de força: 3 ou 4 séries de cada triplex, com 4 a 6 repetições do exercício tradicional e 10 a 20 repetições ou segundos (se isométrico ou equilíbrio) dos exercícios de treinamento funcional.

Combinar alguns dos exercícios deste livro produz o programa híbrido abrangente mostrado na Tabela 8.5. Se cada triplex for realizado por aproximadamente 4 séries, cada segmento corporal recebe cerca de 12 séries por semana. Durante um ciclo de condicionamento e hipertrofia, o primeiro exercício (i. e., o exercício tradicional) seria realizado por 8 a 15 repetições, e para um ciclo de força, o primeiro exercício seria realizado por 4 a 6 repetições.

A velocidade de realização dos exercícios de treinamento de força não precisa ser lenta. Embora possam ser usadas velocidades mais lentas, especialmente para o treinamento de força tradicional, é melhor optar pelo ritmo padrão de 1 a 2 segundos por repetição para todos os exercícios durante as fases de hipertrofia e força. O descanso entre os exercícios depende da intensidade deles. Uma caminhada lenta de 15 a 30 segundos de uma estação para outra costuma ser o suficiente para possibilitar que o atleta continue com boa forma e intensidade. O período de descanso entre os triplexes (i. e., o terceiro e o primeiro exercícios de um triplex) pode variar de 1 a 2 minutos, novamente dependendo de quão pesada é a carga de treinamento dos exercícios tradicionais e funcionais. Depois de completar um triplex por 3 ou 4 séries, pode-se ter um descanso de 2 a 5 minutos para configurar o próximo triplex e preparar-se mentalmente para um treino de alta intensidade.

Tabela 8.5 Exemplo de treino híbrido de condicionamento e hipertrofia ou força do IHP

Dia 1 Pernas e quadris	Dia 2 Empurrar (peitorais)	Dia 3 Puxada (costas)
Agachamento com barra Desenvolvimento alternado com elástico ou polia em posição de avanço Rolamento com bola suíça na parede	Supino inclinado com barra Avanço lateral com halteres ou *kettlebells* Alcance anterior contralateral unipodal	Puxada/*pulley* Avanço com alcance anterior com halteres ou *kettlebells* Oscilação de haste vibratória na posição 12 horas
Avanço com halteres ou *kettlebells* Remada inclinada Rotação curta com elástico ou polia (10 a 2 horas)	Supino horizontal com barra Remada composta contralateral com elástico ou polia em posição de avanço Rotação/*chop* de baixo para cima com elástico ou polia	Remada sentado com cabo Flexão em T Rotação/*chop* de cima para baixo com elástico ou polia
Levantamento-terra com barra Puxar-empurrar com elástico ou polia Flexão de joelho com bola suíça	Mergulho (com carga, conforme necessário) Remada alternada com elástico ou polia em posição de avanço ou unipodal Elevação/extensão lombar a 45°	Remada alta com barra Desenvolvimento alternado com elástico ou polia em posição de avanço ou unipodal Hiperextensão reversa com bola suíça

Pode-se seguir o mesmo modelo para os ciclos de potência e potência-resistência, como foi feito para os ciclos de hipertrofia e força. A Tabela 8.6 mostra um modelo de ciclos de potência e potência-resistência. Basta usar qualquer um dos exercícios que correspondem à categoria no modelo para criar um treino mensal de potência ou potência-resistência.

O intervalo de repetição para o modelo de potência e potência-resistência é o seguinte:

Ciclo de potência: 3 ou 4 séries de cada triplex, com 5 repetições do exercício tradicional e exercício explosivo com um descanso de 1 minuto entre os exercícios, descansando cerca de 30 segundos antes de fazer 10 a 20 repetições do terceiro exercício de treinamento funcional.

Ciclo de potência-resistência: 3 a 4 séries de cada triplex, com 5 repetições dos exercícios tradicionais e explosivos sem descanso entre os exercícios, descansando cerca de 30 segundos antes de fazer 10 a 20 repetições do terceiro exercício de treinamento funcional.

Combinar alguns dos exercícios dos capítulos anteriores dá origem ao programa da Tabela 8.7. Esse é apenas um dos muitos treinos de potência e potência-resistência que podem ser projetados usando o modelo de triplex da Tabela 8.6. Novamente, a única diferença entre os ciclos de potência e potência-resistência é o período de descanso entre o primeiro (tradicional) e o segundo exercício (equivalente explosivo). O atleta descansa 1 minuto entre os exercícios durante o ciclo de potência e não descansa durante o ciclo de potência-resistência.

O foco durante as fases de potência e potência-resistência é a velocidade do movimento. O primeiro exercício em cada triplex é realizado com uma carga forte o suficiente para manter a força, mas leve o suficiente para permitir que o atleta mova o peso de maneira dinâmica. Normalmente aconselha-se utilizar uma carga que possibilite que o atleta faça cerca de 8 repetições ao realizar as 5 repetições pesadas necessárias na fase de potência. Essas 5 repetições precisam ser realizadas com uma boa velocidade, com excelente forma ao levantar o peso (controlar a descida), permitindo uma boa combinação de carga e velocidade durante o exercício de força. O exercício explosivo deve ser um exercício simples que possibilite um esforço máximo com excelente velocidade.

Durante o ciclo de potência, o descanso entre o primeiro e segundo exercícios é de aproximadamente 1 minuto. Os esforços no equivalente explosivo devem ser tentativas baseadas no desempenho individual. Isso deve ser veementemente enfatizado. Com demasiada frequência, os atletas fazem repetições explosivas sem a intensidade do jogo. Não importa o tempo dispendido, é preciso que se faça um movimento explosivo e se descanse o corpo e a mente após cada repetição. Depois de fazer todas as repetições de potência, caminhar lentamente até o terceiro exercício funcional e executá-lo por 10 a 20 repetições. Descansar 1 a 2 minutos e retornar ao exercício tradicional do complexo de potência. Descansar de 3 a 5 minutos entre o primeiro, o segundo e o terceiro triplexes.

Tabela 8.6 Exemplo de modelo híbrido de potência ou potência-resistência do IHP

Dia 1 Pernas e quadris	Dia 2 Empurrar (peitorais)	Dia 3 Puxada (costas)
ET Exercício de perna (posição paralela) Exercício de perna explosivo TF Exercício de ADM/ reabilitação da parte superior do corpo	ET Exercício de peitorais (empurrar inclinado) Exercício de peitorais explosivo Exercícios para equilíbrio na parte inferior do corpo/ADM	ET Exercício de costas (puxada para baixo) Exercício de puxar explosivo TF Exercício de vibração ou reabilitação
ET Exercício de perna (posição de avanço alternado) Exercício de perna explosivo TF Exercício de rotação	Exercício de peitorais (empurrar ereto) Exercício de peitorais explosivo TF Exercício rotacional	ET Exercício de costas (puxada para dentro) Exercício de puxar explosivo TF Exercício rotacional
ET Exercício de perna (quadril dominante) Exercício de perna explosivo TF Exercício para o *core* frontal	ET Exercício de peitorais (empurrar declinado) Exercício de peitorais explosivo TF Exercício para o *core* posterior	ET Exercício de costas (puxada para cima) Exercício de puxar explosivo TF Exercício para o *core* posterior

ET: exercício tradicional; TF: treinamento funcional; ADM: amplitude de movimento.

Durante o ciclo de potência-resistência, não há descanso entre o primeiro e segundo exercícios. Em razão da falta de descanso, as repetições são um pouco mais lentas que durante o ciclo de potência; no entanto, deve-se fazer uma tentativa geral de manter cada repetição no seu máximo. Para esportes de resistência, é possível experimentar intervalos de repetição mais altos durante os exercícios de potência, dependendo do volume de treinamento usado para esse esporte específico. Por exemplo, o uso de 10 a 15 repetições com atletas *cross-country* foi bem-sucedido. Depois de completar todas as repetições de potência, caminhar lentamente até o terceiro exercício funcional e executá-lo por 10 a 20 repetições. Descansar 1 a 2 minutos e retornar ao exercício tradicional do complexo de potência. Descansar de 3 a 5 minutos entre o primeiro, o segundo e o terceiro triplexes. No entanto, podem-se reduzir os períodos de descanso entre os triplexes de modo a criar um circuito acelerado se o objetivo for adicionar um elemento de condicionamento ao treinamento híbrido de força. Fazer um triplex 3 a 4 vezes sem descanso pode tornar-se desafiador de uma perspectiva neurológica e metabólica. É ainda mais desafiador fazer isso com 3 triplexes em um único treino em bem menos de 60 minutos, incluindo aquecimento e resfriamento.

Tabela 8.7 Exemplo de treino híbrido de potência e potência-resistência do IHP

Dia 1 Pernas e quadris	Dia 2 Empurrar (peitorais)	Dia 3 Puxada (costas)
Agachamento com barra Salto com agachamento Rolamento com bola suíça na parede	Supino inclinado com barra Arremesso de bola contralateral inclinado com *medicine ball* em posição de avanço Alcance anterior contralateral unipodal	Puxada/*pulley* Arremesso de *medicine ball* ao solo Oscilação de haste vibratória na posição 12 horas
Avanço com halteres ou *kettlebells* Agachamento alternado unilateral com salto Rotação curta com elástico ou polia (10 a 2 horas)	Supino horizontal com barra Arremesso direto contralateral com *medicine ball* em posição de avanço Rotação/*chop* de baixo para cima com elástico ou polia	Remada com elástico ou polia Arremesso de *medicine ball* ao solo de um lado a outro Rotação/*chop* de cima para baixo com elástico ou polia
Levantamento-terra com barra *Burpee* Flexão de joelho com bola suíça	Mergulho (com carga, conforme necessário) Arremesso de bola contralateral declinado com *medicine ball* em posição de avanço Elevação/extensão lombar a 45°	Remada alta com barra Arremesso inverso em concha com *medicine ball* Hiperextensão reversa com bola suíça

Conclusão

O treinamento funcional não opera em um vácuo e não precisa excluir outras modalidades de treinamento, métodos ou sistemas. O sistema híbrido criado no IHP combina perfeitamente o treinamento funcional com qualquer outro sistema de treinamento, desde a yoga até o levantamento de peso. Essa abordagem híbrida possibilitou criar "atletas monstro" e mudar a face das melhores práticas no condicionamento físico.

O capítulo final une tudo isso e oferece a seleção mais abrangente de treinamento funcional específica para o esporte já disposta em um único livro.

CAPÍTULO 9

Programas para esportes específicos

Os programas para esportes específicos deste capítulo utilizam os exercícios funcionais relacionados com os quatro pilares e os agrupam nos melhores programas. Muitos dos exercícios listados em um programa podem beneficiar muito os atletas de outras modalidades esportivas. Também vale a pena mencionar que um esporte pode ter três ou mais posições distintas, cada uma com sua própria constituição física e características de desempenho. Por exemplo, um receptor no futebol americano pode ter mais um perfil de jogador de futebol, mas um *lineman* ofensivo pode ter um perfil mais combativo. Portanto, não há problemas em mesclar e combinar partes dos programas (p. ex., triplexes, aquecimentos e programas para o *core*).

Também é possível usar os protocolos "prontos para uso" do Capítulo 7 para adicionar treinamento específico a atributos que se deseja enfatizar durante a prática, o aquecimento, o resfriamento ou o trabalho domiciliar. Por exemplo, os atletas podem realizar o protocolo *Speed-demon* para a corrida e o *Triple threat* (Cap. 7) durante os comerciais enquanto assistem à TV à noite. A flexibilidade e a compartimentação das unidades de treinamento (p. ex., programas expressos, complexos híbridos, protocolos metabólicos) possibilitam ao atleta e ao treinador começar com um dos programas de exemplo e adaptá-lo especificamente à modalidade esportiva e ao atleta.

A menos que especificado de outra maneira, os programas a seguir podem ser realizados 1 a 3 vezes por semana, dependendo do volume de trabalho do atleta e da sua experiência de treinamento e maturidade (i. e., base de treinamento). Isto é especialmente verdadeiro na fase de potência-resistência, em que ocorre o treinamento metabólico intenso. Se um atleta tem um cronograma de competições pesado, ele pode conseguir fazer o treino apenas 1 dia por semana. Sob circunstâncias regulares, 2 dias por semana é a norma. Se a programação do atleta estiver em uma fase mais leve, pode-se tentar fazê-lo 3 dias por semana, mas o atleta deve ser observado caso tenha sintomas de treinamento excessivo.

Esportes intermitentes de alta potência

Esportes de arena de alta potência, como o futebol americano e o hóquei de campo e de gelo, exigem ações rápidas, mudanças laterais de direção e um extraordinário contato físico. As distâncias que se percorrem correndo raramente excedem 9 a 18 m em linha reta. Mudanças de direção rápidas e curtas são necessárias durante o jogo e frequentemente têm a ver com evitar obstáculos. Como é necessária aceleração de alta potência, a cadeia posterior deve ser desenvolvida a um nível elevado.

Aquecimento para todos os treinos:
- *Chopper*: 2 a 3 ×10.
- Alcance anterior contralateral unipodal: 2 a 3 × 10 a 20 cada perna.

Condicionamento

Fazer cada triplex na ordem apresentada e, em seguida, iniciar a sequência novamente. Fazer tantas séries quanto indicado. Descansar adequadamente entre os exercícios de modo a manter uma boa forma e a qualidade do movimento, eventualmente chegando a um período de descanso de 30 a 60 segundos depois de cada exercício. Usar uma carga suficiente para que as repetições atribuídas sejam desafiadoras, porém mantendo uma boa forma. Salvo indicação em contrário, utilizar a progressão apresentada na Tabela 9.1.

Exercícios

Agachamento com halteres ou *kettlebells*.

Desenvolvimento horizontal com elástico ou polia em posição de avanço.

Remada de baixo para cima contralateral com elástico ou polia em posição de avanço.

Levantamento-terra 45° com elástico ou polia.

Prancha.

Remada inclinada.

Como fazer

Se o nível de condicionamento for alto, pode-se começar com qualquer semana que parecer confortável e repetir a semana quantas vezes for necessário para criar uma base de treinamento forte.

Capítulo 9 Programas para esportes específicos

Tabela 9.1 Esportes intermitentes de alta potência: triplexes de condicionamento

Exercício	Semana 1	Semana 2	Semana 3	Semana 4	Página
Triplex 1 1. Agachamento com halteres ou *kettlebells* 2. Desenvolvimento horizontal com elástico ou polia em posição de avanço 3. Remada de baixo para cima contralateral com elástico ou polia em posição de avanço	2 × 10	3 × 10	3 × 15	4 × 10 a 15	89 73 81
Triplex 2 1. Levantamento-terra 45° com elástico ou polia 2. Prancha (progressão para a versão de três pontos) 3. Remada inclinada	2 × 10	3 × 10	3 × 15	4 × 10 a 15	69 57 46

Core 1:
- *Triple threat* (semanas 1 a 5).
- Corrida com deslizamento: 2 ou 3 × 10 a 20 cada lado.

Força

Fazer cada triplex na ordem apresentada pela quantidade de séries indicada. Descansar adequadamente entre os exercícios de modo a manter uma boa forma e a qualidade do movimento, visando a um período de descanso de 30 a 60 segundos depois de cada exercício. Usar uma carga suficiente para que as repetições atribuídas sejam desafiadoras, porém mantendo uma boa forma. Salvo indicação em contrário, utilizar a progressão apresentada na Tabela 9.2.

Exercícios

Agachamento unipodal.

Flexão de braços cruzada/alternada com *medicine ball*.

Remada composta contralateral com elástico ou polia em posição de avanço.

Levantamento-terra romeno unipodal com haltere ou *kettlebell*.

Flexão de braço com um braço (parte excêntrica).

Puxar-empurrar com elástico ou polia.

Como fazer

Se o nível de condicionamento for alto, pode-se começar com qualquer semana que parecer confortável e repetir a semana quantas vezes for necessário para criar uma base de treinamento forte.

Tabela 9.2 Esportes intermitentes de alta potência: triplexes de força

Todos os exercícios em uma só perna ou um só braço devem ser realizados em ambos os lados.

Exercício	Semana 1	Semana 2	Semana 3	Semana 4	Página
Triplex 1	1 × 6	2 × 6	3 × 4 a 6	4 × 4 a 6	
1. Agachamento unipodal (acrescentar halteres ou uma *medicine ball*, se necessário)					40
2. Flexão de braços cruzada/alternada com *medicine ball*					115
3. Remada composta contralateral com elástico ou polia em posição de avanço					81
Triplex 2	1 × 6	2 × 6	3 × 4 a 6	4 × 4 a 6	
1. Levantamento-terra romeno unipodal com haltere ou *kettlebell*					90
2. Flexão de braço com um braço (parte excêntrica)					58
3. Puxar-empurrar com elástico ou polia					87

Core 2:
- *Triple threat* (semanas 6 a 10).
- Corrida com deslizamento: 2 ou 3 × 10 a 20 cada lado.

Potência e potência-resistência

Fazer cada biplex na ordem apresentada pela quantidade de séries indicada. Para o programa de potência, descansar 1 minuto entre o primeiro e o segundo exercícios e, em seguida, descansar 1 a 2 minutos entre o segundo e o primeiro exercícios. Para o programa de potência-resistência, não descansar entre o primeiro e o segundo exercícios e, em seguida, descansar 1 minuto entre o segundo e o primeiro exercícios. Usar uma carga suficiente para que as repetições atribuídas sejam desafiadoras, porém mantendo uma boa forma. Salvo indicação em contrário, utilizar a progressão apresentada na Tabela 9.3.

Aquecimento adicional para treinos de potência e potência-resistência:
- Agilidade na escada (dentro e fora): 2 ou 3 séries.
- Agilidade na escada com salto rotacional lateral: 2 ou 3 séries.

Exercícios

Swing unilateral com *kettlebell*.

Salto com agachamento.

Desenvolvimento horizontal com elástico ou polia em posição de avanço.

Flexão de braços explosiva.

Capítulo 9 Programas para esportes específicos

Remada com elástico ou polia.

Arremesso de *medicine ball* ao solo.

Rotação curta com elástico ou polia (10 a 2 horas).

Arremesso rotacional perpendicular com *medicine ball*.

Como fazer

Se o nível de condicionamento for alto, pode-se começar com qualquer semana que parecer confortável e repetir a semana quantas vezes for necessário para criar uma base de treinamento forte.

Tabela 9.3 Esportes intermitentes de alta potência: biplexes de potência e potência-resistência
O *swing* unilateral com *kettlebell* deve ser realizado em ambos os lados.

Exercício	Semana 1	Semana 2	Semana 3	Semana 4	Página
Biplex 1 1. *Swing* unilateral com *kettlebell* 2. Salto com agachamento	2 × 5 + 5	3 × 5 + 5	3 × 5 + 5	4 × 5 + 5	89 64
Biplex 2 1. Desenvolvimento horizontal com elástico ou polia em posição de avanço 2. Flexão de braços explosiva	2 × 5 + 5	3 × 5 + 5	3 × 5 + 5	4 × 5 + 5	73 67
Biplex 3 1. Remada com elástico ou polia 2. Arremesso de *medicine ball* ao solo	2 × 5 + 5	3 × 5 + 5	3 × 5 + 5	4 × 5 + 5	75 120
Biplex 4 1. Rotação curta com elástico ou polia (10 a 2 horas) 2. Arremesso rotacional perpendicular com *medicine ball*	2 × 5 + 5	3 × 5 + 5	3 × 5 + 5	4 × 5 + 5	85 121

5 + 5 indica 60 segundos de descanso entre o primeiro e o segundo exercícios de potência. No programa de potência--resistência, seguir direto do primeiro ao segundo exercício sem descanso.

Core 3:
- Para potência: *Triple threat* (semanas 11 a 15), corrida com deslizamento (2 ou 3 × 10 a 20 cada lado).
- Para potência-resistência: *Triple threat* (semanas 16 a 20), corrida com deslizamento (3 ou 4 × 10 a 20 cada lado).

Metabólico:
- Fase de potência: corrida em vai e vem de 274 m (22,8 m × 12), 2 séries, 3 vezes por semana (proporção trabalho:descanso de 1:3).
- Fase de potência-resistência: corrida em vai e vem de 274 m, 3 ou 4 séries, 2 ou 3 vezes por semana (proporção trabalho:descanso de 1:2 a 1:1).

Esportes de raquete

Os esportes de raquete, como tênis, *badminton*, raquetebol e *squash*, têm muito em comum. Os jogadores usam posições abaixadas para alcançar bolas baixas e posições aéreas acima da cabeça para saques ou ataques. Mudanças de direção rápidas e curtas, especialmente laterais, são necessárias a cada 5 a 8 segundos de jogo. A musculatura posterior é especialmente importante em razão das posições abaixadas e das mudanças de direção.

Aquecimento para todos os treinos:
- *Matrix*: 2 séries.

Condicionamento

Fazer cada triplex na ordem apresentada e, em seguida, iniciar a sequência novamente. Fazer tantas séries quanto indicado. Descansar adequadamente entre os exercícios de modo a manter uma boa forma e a qualidade do movimento, visando a um período de descanso de 30 a 60 segundos depois de cada exercício. Usar uma carga suficiente para que as repetições atribuídas sejam desafiadoras, porém mantendo uma boa forma. Salvo indicação em contrário, utilizar a progressão apresentada na Tabela 9.4.

Exercícios

Wood chop com *medicine ball*.

Prancha lateral em T.

Remada composta com elástico ou polia.

Agachamento em padrão ABC com *medicine ball*.

Fly com elástico ou polia em posição de avanço.

Remada contralateral com elástico ou polia em posição de avanço.

Como fazer

Se o nível de condicionamento for alto, pode-se começar com qualquer semana que parecer confortável e repetir a semana quantas vezes for necessário para criar uma base de treinamento forte.

Tabela 9.4 Esportes de raquete: triplexes de condicionamento

Exercício	Semana 1	Semana 2	Semana 3	Semana 4	Página
Triplex 1 1. *Wood chop* com *medicine ball* 2. Prancha lateral em T 3. Remada composta com elástico ou polia	2 × 10	3 × 10	3 × 15	4 × 10 a 15	109 57 78
Triplex 2 1. Agachamento em padrão ABC com *medicine ball* 2. *Fly* com elástico ou polia em posição de avanço 3. Remada contralateral com elástico ou polia em posição de avanço	2 × 10	3 × 10	3 × 15	4 × 10 a 15	112 74 79

Core 1:
- *Core activator*: 2 × 10.
- Círculos com corda naval (sentido horário e anti-horário): 2 × 10 a 15 segundos cada direção.
- Movimento de arremesso (haste vibratória): 2 × 10 segundos cada lado.

Força

Fazer cada triplex na ordem apresentada pela quantidade de séries indicada. Descansar adequadamente entre os exercícios de modo a manter uma boa forma e a qualidade do movimento, visando a um período de descanso de 30 a 60 segundos depois de cada exercício. Usar uma carga suficiente para que as repetições atribuídas sejam desafiadoras, porém mantendo uma boa forma. Salvo indicação em contrário, utilizar a progressão apresentada na Tabela 9.5.

Exercícios

Rotação/*chop* de baixo para cima com elástico ou polia.

Fly diagonal/unilateral com rotação com halteres.

Remada composta contralateral com elástico ou polia em posição de avanço.

Avanço lateral com halteres ou *kettlebells*.

Flexão de braços em T.

Remada curvada unilateral com haltere ou *kettlebell* em posição de avanço.

Como fazer

Se o nível de condicionamento for alto, pode-se começar com qualquer semana que parecer confortável e repetir a semana quantas vezes for necessário para criar uma base de treinamento forte.

Tabela 9.5 Esportes de raquete: triplexes de força

A *fly* diagonal/unilateral com rotação com halteres e a remada composta contralateral com elástico ou polia em posição de avanço devem ser feitas em ambos os lados.

Exercício	Semana 1	Semana 2	Semana 3	Semana 4	Página
Triplex 1 1. Rotação/*chop* de baixo para cima com elástico ou polia 2. *Fly* diagonal/unilateral com rotação com halteres 3. Remada composta contralateral com elástico ou polia em posição de avanço	1 × 6	2 × 6	3 × 4	4 × 4	84 106 81
Triplex 2 1. Avanço lateral com halteres ou *kettlebells* 2. Flexão de braços em T (lenta) 3. Remada curvada unilateral com halter ou *kettlebell* em posição de avanço	1 × 6	2 × 6	3 × 4	4 × 4	93 59 96

Core 2:
- *X-up*: 2 × 10.
- Rolamento com bola suíça na parede: 2 × 10.
- Círculos com corda naval (sentido horário e anti-horário): 2 × 20 segundos cada direção.
- Movimento de arremesso (haste vibratória): 2 × 15 segundos cada lado.

Potência e potência-resistência

Fazer cada biplex na ordem apresentada pela quantidade de séries indicada. Para o programa de potência, descansar 1 minuto entre o primeiro e o segundo exercícios e, em seguida, descansar 1 a 2 minutos entre o segundo e o primeiro exercícios. Para o programa de potência-resistência, não descansar entre o primeiro e o segundo exercícios, mas descansar 1 minuto entre o segundo e o primeiro exercícios. Usar uma carga suficiente para que as repetições atribuídas sejam desafiadoras, porém mantendo uma boa forma. Salvo indicação em contrário, utilizar a progressão apresentada na Tabela 9.6.

Aquecimento adicional:
- Exercício de agilidade hexagonal com vara dobrável: 2 ou 3 séries.
- Exercício de salto rotacional em cruz com vara dobrável: 2 ou 3 séries.

Exercícios

Avanço lateral com halteres ou *kettlebells*.

Patinador.

Rotação/*chop* de baixo para cima com elástico ou polia.

Arremesso rotacional perpendicular com *medicine ball*.

Rotação/*chop* de cima para baixo com elástico ou polia.

Arremesso de *medicine ball* ao solo de um lado a outro.

Nadador com elástico.

Arremesso de *medicine ball* ao solo.

Como fazer

Se o nível de condicionamento for alto, pode-se começar com qualquer semana que parecer confortável e repetir a semana quantas vezes for necessário para criar uma base de treinamento forte.

Tabela 9.6 Esportes de raquete: biplexes de potência e potência-resistência

Exercício	Semana 1	Semana 2	Semana 3	Semana 4	Página
Biplex 1 1. Avanço lateral com halteres ou *kettlebells* 2. Patinador	2 × 5 + 5	3 × 5 + 5	3 ou 4 × 5 + 5	4 × 5 + 5	93 66
Biplex 2 1. Rotação/*chop* de baixo para cima com elástico ou polia 2. Arremesso rotacional perpendicular com *medicine ball*	2 × 5 + 5	3 × 5 + 5	3 ou 4 × 5 + 5	4 × 5 + 5	84 121
Biplex 3 1. Rotação/*chop* de cima para baixo com elástico ou polia 2. Arremesso de *medicine ball* ao solo de um lado a outro	2 × 5 + 5	3 × 5 + 5	3 ou 4 × 5 + 5	4 × 5 + 5	83 121
Biplex 4 1. Nadador com elástico 2. Arremesso de *medicine ball* ao solo	2 × 5 + 5	3 × 5 + 5	3 ou 4 × 5 + 5	4 × 5 + 5	82 120

5 + 5 indica 60 segundos de descanso entre o primeiro e o segundo exercícios de potência. No programa de potência-resistência, seguir direto do primeiro ao segundo exercício sem descanso.

Core 3:
- Alcance anterior contralateral unipodal: 3 × 10 cada perna.
- Círculos com corda naval (sentido horário e anti-horário): 3 × 10 a 15 segundos cada direção.
- Movimento de arremesso (haste vibratória): 3 × 10 segundos cada lado.

Metabólico:
- Para potência: broca da aranha, 2 ou 3 séries, 3 vezes por semana (proporção trabalho: descanso de 1:3).
- Para potência-resistência: broca da aranha, 4 ou 5 séries, 2 ou 3 vezes por semana (proporção trabalho:descanso de 1:2 a 1:1).
- O objetivo é terminar o exercício de broca da aranha em 17 a 21 segundos.

Esportes envolvendo rebatida, arremesso e recepção

Esportes como beisebol, *softball* e *cricket* consistem principalmente em rebater, arremessar e receber. A rebatida requer um forte movimento de rotação e transferência de força do solo para os braços. O movimento de arremessar usa o aspecto anterior do *core* para produzir potência. A recepção exige várias habilidades, dependendo do esporte e da posição que o atleta joga. Inclui-se uma fase de potência-resistência para posições como arremessador e receptor no beisebol.

Aquecimento para condicionamento e força:
- *Matrix*: 1 ou 2 séries.
- Movimento de arremesso (haste vibratória): 3 × 10 cada lado.

Condicionamento

Fazer cada triplex na ordem apresentada e, em seguida, iniciar a sequência novamente. Fazer tantas séries quanto indicado. Descansar adequadamente entre os exercícios de modo a manter uma boa forma e a qualidade do movimento, visando a um período de descanso de 30 a 60 segundos depois de cada exercício. Usar uma carga suficiente para que as repetições atribuídas sejam desafiadoras, porém mantendo uma boa forma. Salvo indicação em contrário, utilizar a progressão apresentada na Tabela 9.7.

Exercícios

Wood chop com *medicine ball*.

Desenvolvimento inclinado contralateral com elástico ou polia em posição de avanço.

Ondulação com corda naval.

Avanço com rotação com *medicine ball*.

Fly com elástico ou polia em posição de avanço.

Rolamento com bola suíça na parede.

Rotação/*chop* de cima para baixo com elástico ou polia.

Rotação curta com elástico ou polia (10 a 2 horas).

Rotação/*chop* de baixo para cima com elástico ou polia.

Como fazer

Se o nível de condicionamento for alto, pode-se começar com qualquer semana que parecer confortável e repetir a semana quantas vezes for necessário para criar uma base de treinamento forte.

Tabela 9.7 Esportes envolvendo rebatida, arremesso e recepção: triplexes de condicionamento

Exercício	Semana 1	Semana 2	Semana 3	Semana 4	Página
Triplex 1 1. *Wood chop* com *medicine ball* 2. Desenvolvimento inclinado contralateral com elástico ou polia em posição de avanço 3. Ondulação com corda naval	2 × 10	3 × 10	3 × 15	4 × 10 a 15	109 72 139
Triplex 2 1. Avanço com rotação com *medicine ball* 2. *Fly* com elástico ou polia em posição de avanço 3. Rolamento com bola suíça na parede	2 × 10	3 × 10	3 × 15	4 × 10 a 15	113 74 127
Triplex 3 (*Steel core*) 1. Rotação/*chop* de cima para baixo com elástico ou polia 2. Rotação curta com elástico ou polia (10 a 2 horas) 3. Rotação/*chop* de baixo para cima com elástico ou polia	2 × 10	3 × 10	3 × 15	4 × 10 a 15	83 85 84

Core 1:
- Cinco fabulosos: 2 séries.
- Movimento de arremesso (haste vibratória): 2 × 10 segundos cada lado.
- Círculos com corda naval (sentido horário e anti-horário): 2 × 10 segundos cada direção.

Força

Fazer cada triplex na ordem apresentada pela quantidade de séries indicada. Descansar adequadamente entre os exercícios de modo a manter uma boa forma e a qualidade do movimento, visando a um período de descanso de 30 a 60 segundos depois de cada exercício. Usar uma carga suficiente para que as repetições atribuídas sejam desafiadoras, porém mantendo uma boa forma. Salvo indicação em contrário, utilizar a progressão apresentada na Tabela 9.8.

Exercícios

Rotação/*chop* de baixo para cima com elástico ou polia.

Desenvolvimento de braço contralateral com elástico ou polia em posição de avanço.

Remada alternada com elástico ou polia em posição de avanço.

Avanço com alcance anterior com halteres ou *kettlebells*.

Flexão de braços em T.

Puxar-empurrar com elástico ou polia.

Remada composta contralateral com elástico ou polia em posição de avanço.

Rolamento com bola suíça na parede.

X-up.

Como fazer

Se o nível de condicionamento for alto, pode-se começar com qualquer semana que parecer confortável e repetir a semana quantas vezes for necessário para criar uma base de treinamento forte.

Tabela 9.8 Esportes envolvendo rebatida, arremesso e recepção: triplexes de força

Exercício	Semana 1	Semana 2	Semana 3	Semana 4	Página
Triplex 1 1. Rotação/*chop* de baixo para cima com elástico ou polia 2. Desenvolvimento de braço contralateral com elástico ou polia em posição de avanço 3. Remada alternada com elástico ou polia em posição de avanço	1 × 6	2 × 6	3 × 4	4 × 4	84 71 76
Triplex 2 1. Avanço com alcance anterior com halteres ou *kettlebells* 2. Flexão de braços em T (lento) 3. Puxar-empurrar com elástico ou polia	1 × 6	2 × 6	3 × 4	4 × 4	92 59 87
Triplex 3 1. Remada composta contralateral com elástico ou polia em posição de avanço 2. Rolamento com bola suíça na parede 3. *X-up**	1 × 6	2 × 6	3 × 4	4 × 4	81 127 61

* Para dificultar o exercício, realizá-lo com uma contagem lenta de 0 a 3 e de 3 a 0.

Core 2:
- Ondulação com corda naval: 2 × 20 cada braço.
- Círculos com corda naval (sentido horário e anti-horário): 2 × 10 a 20 segundos cada direção.
- Movimento de arremesso (haste vibratória): 2 × 10 segundos cada lado.

Potência e potência-resistência

Fazer cada biplex na ordem apresentada pela quantidade de séries indicada. Para o programa de potência, descansar 1 minuto entre o primeiro e o segundo exercícios e, em seguida, descansar 1 a 2 minutos entre o segundo e o primeiro exercícios. Para o programa de potência-resistência, não descansar entre o primeiro e o segundo exercícios e, em seguida, descansar 1 minuto entre o segundo e o primeiro exercícios. Usar uma carga suficiente para que as repetições atribuídas sejam desafiadoras, porém mantendo uma boa forma. Salvo indicação em contrário, utilizar a progressão apresentada na Tabela 9.9.

Aquecimento:
- *Steel core*: 3 × 10.
- Ondulação com corda naval: 2 × 20 cada braço.
- Círculos com corda naval (sentido horário e anti-horário): 2 × 10 a 20 segundos cada direção.

Exercícios

Levantamento-terra contralateral com elástico ou polia em posição de avanço.

Agachamento alternado unilateral com salto.

Rotação/*chop* de cima para baixo com elástico ou polia.

Arremesso rotacional perpendicular com *medicine ball*.

Puxar-empurrar com elástico ou polia.

Arremesso direto contralateral com *medicine ball* em posição de avanço.

Remada de cima para baixo contralateral com elástico ou polia em posição de avanço.

Arremesso de *medicine ball* ao solo.

Como fazer

Se o nível de condicionamento for alto, pode-se começar com qualquer semana que lhe parecer confortável e repetir a semana quantas vezes for necessário para criar uma base de treinamento forte.

Tabela 9.9 Esportes envolvendo rebatida, arremesso e recepção: biplexes de potência e potência-resistência

Potência					
Exercício	Semana 1	Semana 2	Semana 3	Semana 4	Página
Biplex 1 1. Levantamento-terra contralateral com elástico ou polia em posição de avanço 2. Agachamento alternado unilateral com salto	$2 \times 5 + 5$	$2 \times 5 + 5$	$3 \times 5 + 5$	$3 \times 5 + 5$	70 65
Biplex 2 1. Rotação/*chop* de cima para baixo com elástico ou polia 2. Arremesso rotacional perpendicular com *medicine ball*	$2 \times 5 + 5$	$2 \times 5 + 5$	$3 \times 5 + 5$	$3 \times 5 + 5$	83 121
Biplex 3 1. Puxar-empurrar com elástico ou polia 2. Arremesso direto contralateral com *medicine ball* em posição de avanço	$2 \times 5 + 5$	$2 \times 5 + 5$	$3 \times 5 + 5$	$3 \times 5 + 5$	87 118
Biplex 4 1. Remada de cima para baixo contralateral com elástico ou polia em posição de avanço 2. Arremesso de *medicine ball* ao solo	$2 \times 5 + 5$	$2 \times 5 + 5$	$3 \times 5 + 5$	$3 \times 5 + 5$	80 120
Potência-resistência					
Biplex 1 1. Levantamento-terra contralateral com elástico ou polia em posição de avanço 2. Agachamento alternado unilateral com salto	2 ou $3 \times 5 + 5$	2 ou $3 \times 5 + 5$	3 ou $4 \times 5 + 5$	3 ou $4 \times 5 + 5$	70 65
Biplex 2 1. Rotação/*chop* de cima para baixo com elástico ou polia 2. Arremesso rotacional perpendicular com *medicine ball*	2 ou $3 \times 5 + 5$	2 ou $3 \times 5 + 5$	3 ou $4 \times 5 + 5$	3 ou $4 \times 5 + 5$	83 121
Biplex 3 1. Puxar-empurrar com elástico ou polia 2. Arremesso direto contralateral com *medicine ball* em posição de avanço	2 ou $3 \times 5 + 5$	2 ou $3 \times 5 + 5$	3 ou $4 \times 5 + 5$	3 ou $4 \times 5 + 5$	87 118
Biplex 4 1. Remada de cima para baixo contralateral com elástico ou polia em posição de avanço 2. Arremesso de *medicine ball* ao solo	2 ou $3 \times 5 + 5$	2 ou $3 \times 5 + 5$	3 ou $4 \times 5 + 5$	3 ou $4 \times 5 + 5$	80 120

5 + 5 indica 60 segundos de descanso entre o primeiro e o segundo exercícios de potência. No programa de potência--resistência, seguir direto do primeiro ao segundo exercício sem descanso.

Core 3:
- Rolamento com bola suíça na parede: 3×10.
- Alcance anterior contralateral unipodal: 3×10 cada perna.
- Movimento de arremesso (haste vibratória): 2×10 segundos cada lado.

Esportes de corrida

Esportes que exigem alta potência ou corrida sustentada, como atletismo e campo e corrida de resistência, raramente são agrupados. No entanto, toda corrida é uma variação de um *sprint*. Esta abordagem é corroborada pela maior quantidade de corridas feitas sobre o antepé, presentes em corridas longas (p. ex., milha, 5K, maratonas). As longas distâncias que costumavam ser cobertas usando um apoio do calcanhar aos dedos do pé (todo o pé) agora estão sendo corridas sobre o antepé e concluídas em tempos de *sprint*. Portanto, este programa aumenta a produção de potência do sistema locomotor do corpo e, então, possibilita que o atleta adapte a potência obtida especificamente à sua corrida e à distância percorrida.

Aquecimento para condicionamento e força:
- Cinco fabulosos: 2 séries.
- Alcance do corredor: 2 × 10 a 20.
- Corrida com deslizamento: 2 × 10 cada lado.

Condicionamento

Fazer cada quadriplex na ordem apresentada e, em seguida, iniciar a sequência novamente. Fazer tantas séries quanto indicado. Descansar adequadamente entre os exercícios de modo a manter uma boa forma e a qualidade do movimento, visando a um período de descanso de 30 a 60 segundos depois de cada exercício. Usar uma carga suficiente para que as repetições atribuídas sejam desafiadoras, porém mantendo uma boa forma. Salvo indicação em contrário, utilizar a progressão apresentada na Tabela 9.10.

Exercícios

Alcance anterior contralateral unipodal.

Desenvolvimento cruzado acima da cabeça com halteres ou *kettlebells*.

Flexão de braços com as mãos sobre a bola suíça.

Ativação de panturrilha a 45°.

Agachamento unipodal.

Puxar-empurrar com elástico ou polia.

Remada inclinada.

Corrida na parede a 45°.

Como fazer

Se o nível de condicionamento for alto, pode-se começar com qualquer semana que parecer confortável e repetir a semana quantas vezes for necessário para criar uma base de treinamento forte.

Tabela 9.10 Esportes de corrida: quadriplexes de condicionamento

O alcance anterior contralateral unipodal e o agachamento unipodal devem ser feitos em ambos os lados.

Exercício	Semana 1	Semana 2	Semana 3	Semana 4	Página
Quadriplex 1 1. Alcance anterior contralateral unipodal 2. Desenvolvimento cruzado acima da cabeça com halteres ou *kettlebells* 3. Flexão de braços com as mãos sobre a bola suíça 4. Ativação de panturrilha a 45° (15 segundos)	2 × 10	3 × 10	3 × 15	4 × 10 a 15	39 99 125 62
Quadriplex 2 1. Agachamento unipodal 2. Puxar-empurrar com elástico ou polia 3. Remada inclinada 4. Corrida na parede a 45° (15 segundos)	2 × 10	3 × 10	3 × 15	4 × 10 a 15	40 87 46 63

Core 1:
- *Triple threat* (semanas 1 a 5).
- Rosca de corredor: 2 ou 3 × 10 a 20 cada braço.

Força

Fazer cada triplex na ordem apresentada pela quantidade de séries indicada. Descansar adequadamente entre os exercícios de modo a manter uma boa forma e a qualidade do movimento, visando a um período de descanso de 30 a 60 segundos depois de cada exercício. Usar uma carga suficiente para que as repetições atribuídas sejam desafiadoras, porém mantendo uma boa forma. Salvo indicação em contrário, utilizar a progressão apresentada na Tabela 9.11.

Aquecimento adicional:
- Ativação de panturrilha a 45°: 2 × 30 segundos.
- Corrida na parede a 45°: 2 × 30 segundos.

Exercícios

Levantamento-terra romeno unipodal com haltere ou *kettlebell*.

Desenvolvimento declinado contralateral com elástico ou polia em posição de avanço.

Chop diagonal curto com *medicine ball*.

Remada composta contralateral com elástico ou polia em posição de avanço.

Fly horizontal rotacional com halteres.

Remada alternada com elástico ou polia em posição de avanço.

Como fazer

Se o nível de condicionamento for alto, pode-se começar com qualquer semana que parecer confortável e repetir a semana quantas vezes for necessário para criar uma base de treinamento forte.

Tabela 9.11 Esportes de corrida: triplexes de força

O levantamento-terra romeno unipodal com haltere ou *kettlebell* deve ser feito em ambos os lados.

Exercício	Semana 1	Semana 2	Semana 3	Semana 4	Página
Triplex 1	2 × 6	3 × 6	3 × 4	4 × 4	
1. Levantamento-terra romeno unipodal com haltere ou *kettlebell*					90
2. Desenvolvimento declinado contralateral com elástico ou polia em posição de avanço					72
3. *Chop* diagonal curto com *medicine ball*					112
Triplex 2	2 × 6	3 × 6	3 × 4	4 × 4	
1. Remada composta contralateral com elástico ou polia em posição de avanço					81
2. *Fly* horizontal rotacional com halteres					105
3. Remada alternada com elástico ou polia em posição de avanço					76

Core 2:
- *Triple threat* (semanas 6 a 10).
- Rosca de corredor: 2 ou 3 × 10 a 20 cada braço.
- Ondulação com corda naval: 2 ou 3 × 10 a 20 cada braço.

Potência e potência-resistência

Fazer cada quadriplex na ordem apresentada e, em seguida, começar a sequência novamente. Completar pela quantidade de séries indicada. Para o programa de potência, descansar 1 minuto entre os exercícios e, em seguida, descansar 1 a 2 minutos entre o segundo e o primeiro exercícios. Para o programa de potência-resistência, não descansar entre os exercícios e, em seguida, descansar de 0 a 30 segundos entre os circuitos. Usar uma carga suficiente para que as repetições atribuídas sejam desafiadoras, porém mantendo uma boa forma. Salvo indicação em contrário, utilizar a progressão apresentada na Tabela 9.12.

Aquecimento:
- Ativação de panturrilha a 45°: 2 ou 3 × 45 a 60 segundos.
- Corrida na parede a 45°: 2 ou 3 × 45 a 60 segundos.
- Alcance do corredor: 2 × 10 a 20.
- Corrida com deslizamento: 2 × 10 cada lado.

Exercícios

Agachamento bipodal utilizando o peso corporal.

Avanço alternado calistênico.

Agachamento alternado unilateral com salto.

Salto com agachamento.

Flexão de braços utilizando o peso corporal.

Desenvolvimento alternado com elástico ou polia em posição de avanço.

Fly com elástico ou polia em posição de avanço.

Flexão de braços explosiva.

Remada com elástico ou polia.

Remada curvada alternada com elástico ou polia em posição de avanço.

Nadador com elástico.

Arremesso de *medicine ball* ao solo.

Como fazer

Se o nível de condicionamento for alto, pode-se começar com qualquer semana que parecer confortável e repetir a semana quantas vezes for necessário para criar uma base de treinamento forte.

Tabela 9.12 Esportes de corrida: complexos de potência e potência-resistência

Potência*					
Exercício	Semana 1	Semana 2	Semana 3	Semana 4	Página
Metacomplexo 1 (*JC Leg Crank*)	2 séries	2 séries	3 séries	3 séries	
Agachamento bipodal utilizando o peso corporal	× 24	× 24	× 24	× 24	41
Avanço alternado calistênico	× 12 cada perna	× 12 cada perna	× 12 cada perna	× 12 cada perna	43
Agachamento alternado unilateral com salto	× 12 cada perna	× 12 cada perna	× 12 cada perna	× 12 cada perna	65
Salto com agachamento	× 12	× 12	× 12	× 12	64
Metacomplexo 2 (*JC Meta Chest 1.0*)	2 séries	2 séries	3 séries	3 séries	
Flexão de braços utilizando o peso corporal	× 20	× 20	× 20	× 20	44
Desenvolvimento alternado com elástico ou polia em posição de avanço	× 20 cada perna	× 20 cada perna	× 20 cada perna	× 20 cada perna	74
Fly com elástico ou polia em posição de avanço	× 10 cada lado	× 10 cada lado	× 10 cada lado	× 10 cada lado	74
Flexão de braços explosiva	× 10	× 10	× 10	× 10	67
Metacomplexo 3 (*JC Meta Back*)	2 séries	2 séries	3 séries	3 séries	
Remada com elástico ou polia	× 20	× 20	× 20	× 20	75
Remada curvada alternada com elástico ou polia em posição de avanço	× 20 cada braço e perna	× 20 cada braço e perna	× 20 cada braço e perna	× 20 cada braço e perna	77
Nadador com elástico	× 20	× 20	× 20	× 20	82
Arremesso de *medicine ball* ao solo	× 10	× 10	× 10	× 10	120
Potência-resistência**					
Metacomplexo 1 (*JC Leg Crank*)	2 séries	2 séries	3 séries	3 séries	
Agachamento bipodal utilizando o peso corporal	× 24	× 24	× 24	× 24	41
Avanço alternado calistênico	× 12 cada perna	× 12 cada perna	× 12 cada perna	× 12 cada perna	43
Agachamento alternado unilateral com salto	× 12 cada perna	× 12 cada perna	× 12 cada perna	× 12 cada perna	65
Salto com agachamento	× 12	× 12	× 12	× 12	64
Metacomplexo 2 (*JC Meta Chest 1.0*)	1 a 2 séries	1 a 2 séries	2 séries	2 séries	
Flexão de braços utilizando o peso corporal	× 20	× 20	× 20	× 20	44
Desenvolvimento alternado com elástico ou polia em posição de avanço	× 20 cada perna	× 20 cada perna	× 20 cada perna	× 20 cada perna	74
Fly com elástico ou polia em posição de avanço	× 10 cada lado	× 10 cada lado	× 10 cada lado	× 10 cada lado	74
Flexão de braços explosiva	× 10	× 10	× 10	× 10	67
Metacomplexo 3 (*JC Meta Back*)	1 a 2 séries	1 a 2 séries	3 séries	3 séries	
Remada com elástico ou polia	× 20	× 20	× 20	× 20	75
Remada curvada alternada com elástico ou polia em posição de avanço	× 20 cada braço e perna	× 20 cada braço e perna	× 20 cada braço e perna	× 20 cada braço e perna	77
Nadador com elástico	× 20	× 20	× 20	× 20	82
Arremesso de *medicine ball* ao solo	× 10	× 10	× 10	× 10	120

* Durante a fase de potência, descansar de 30 a 60 segundos entre os exercícios e de 1 a 2 minutos entre os circuitos. Concentrar na alta intensidade a cada repetição.

** Durante a fase de potência-resistência, não descansar entre os exercícios. Durante as semanas 1 e 2, descansar 1 minuto entre os circuitos. Durante a semana 3, descansar apenas 30 segundos entre os circuitos. Na semana 4, tentar não descansar entre os exercícios ou séries.

Core **suplementar:**
- *Triple threat* (semanas 11 a 15) para potência.
- *Triple threat* (semanas 16 a 20) para potência-resistência.
- Rosca de corredor com halteres: 2 ou 3 × 10 a 20 cada braço.
- Ondulação com corda naval: 2 ou 3 × 10 a 20 cada braço.

Esportes de combate

Os esportes de combate, como artes marciais mistas (MMA), judô, luta livre e *taekwondo*, exigem uma combinação de potência e resistência. As contrações necessárias para o combate podem variar de contrações isométricas longas a ações musculares curtas e explosivas. Independentemente da técnica de agarrar ou golpear, forças rotacionais potentes que percorrem o *core* são a principal característica que se objetiva melhorar.

Aquecimento para todos os treinos:
- *Matrix*: 2 ou 3 séries, halteres (5 a 10% do peso corporal).

Condicionamento

Fazer cada quadriplex na ordem apresentada e, em seguida, iniciar a sequência novamente. Fazer tantas séries quanto indicado. Descansar adequadamente entre os exercícios de modo a manter uma boa forma e a qualidade do movimento, visando a um período de descanso de 30 a 60 segundos depois de cada exercício. Usar uma carga suficiente para que as repetições atribuídas sejam desafiadoras, porém mantendo uma boa forma. Salvo indicação em contrário, utilizar a progressão apresentada na Tabela 9.13.

Exercícios

Swing unilateral com *kettlebell*. | Flexão de braços em T. | Remada inclinada. | Rotação curta com elástico ou polia (10 a 2 horas).

Levantamento-terra 45° com elástico ou polia. | Remada curvada alternada com elástico ou polia em posição de avanço. | Flexão de braços cruzada/alternada com *medicine ball*. | *Chop* diagonal curto com *medicine ball*.

Como fazer

Se o nível de condicionamento for alto, pode-se começar com qualquer semana que parecer confortável e repetir a semana quantas vezes for necessário para criar uma base de treinamento forte.

Tabela 9.13 Esportes de combate: quadriplexes de condicionamento

O *swing* unilateral com *kettlebell* deve ser feito em ambos os lados.

Exercício	Semana 1	Semana 2	Semana 3	Semana 4	Página
Quadriplex 1	2 × 10	3 × 10	3 × 15	4 × 10 a 15	
1. *Swing* unilateral com *kettlebell*					89
2. Flexão de braços em T					59
3. Remada inclinada					46
4. Rotação curta com elástico ou polia (10 a 2 horas)					85
Quadriplex 2	2 × 10	3 × 10	3 × 15	4 × 10 a 15	
1. Levantamento-terra 45° com elástico ou polia					69
2. Remada curvada alternada com elástico ou polia em posição de avanço					77
3. Flexão de braços cruzada/alternada com *medicine ball*					115
4. *Chop* diagonal curto com *medicine ball*					112

Core 1:
- Carregamento com halteres ou *kettlebells*: 2 ou 3 × 30 segundos.
- Ondulação com corda naval: 2 × 20 cada braço.
- Círculos com corda naval (sentido horário e anti-horário): 2 × 10 a 20 segundos cada direção.

Força

Fazer cada quadriplex na ordem apresentada e, em seguida, iniciar a sequência novamente. Descansar adequadamente entre os exercícios de modo a manter uma boa forma e a qualidade do movimento, visando a um período de descanso de 30 a 60 segundos depois de cada exercício. Usar uma carga suficiente para que as repetições atribuídas sejam desafiadoras, porém mantendo uma boa forma. Salvo indicação em contrário, utilizar a progressão apresentada na Tabela 9.14.

Exercícios

Remada composta com elástico ou polia.

Flexão de braço unilateral com *medicine ball* (empurrar para cima).

Remada de cima para baixo contralateral com elástico ou polia em posição de avanço.

Rotação/*chop* de cima para baixo com elástico ou polia.

Levantamento-terra contralateral com elástico ou polia em posição de avanço.

Flexão de braço com um braço (parte excêntrica).

Remada curvada alternada com elástico ou polia em posição de avanço.

Esquiador com bola suíça.

Como fazer

Se o nível de condicionamento for alto, pode-se começar com qualquer semana que parecer confortável e repetir a semana quantas vezes for necessário para criar uma base de treinamento forte.

Tabela 9.14 Esportes de combate: quadriplexes de força

A flexão de braço unilateral com *medicine ball* (empurrar para cima) e a flexão de braço com um braço (parte excêntrica) devem ser feitas em ambos os lados.

Exercício	Semana 1	Semana 2	Semana 3	Semana 4	Página
Quadriplex 1 1. Remada composta com elástico ou polia 2. Flexão de braço unilateral com *medicine ball* (empurrar para cima) 3. Remada de cima para baixo contralateral com elástico ou polia em posição de avanço 4. Rotação/*chop* de cima para baixo com elástico ou polia	1 × 6	2 × 6	3 × 4	4 × 4	78 114 80 83
Quadriplex 2 1. Levantamento-terra contralateral com elástico ou polia em posição de avanço 2. Flexão de braço com um braço (parte excêntrica) 3. Remada curvada alternada com elástico ou polia em posição de avanço 4. Esquiador com bola suíça	1 × 6	2 × 6	3 × 4	4 × 4	70 58 77 132

Core 2:
- Carregamento com halteres ou *kettlebells*: 4 × 30 segundos.
- Ondulação com corda naval: 3 × 20 cada braço.
- Círculos com corda naval (sentido horário e anti-horário): 3 × 10 a 20 segundos cada direção.

Potência

Fazer cada biplex na ordem apresentada e, em seguida, iniciar a sequência novamente. Descansar 1 minuto entre o primeiro e o segundo exercícios e, em seguida, descansar 1 a 2 minutos entre o segundo e o primeiro exercícios. Usar uma carga suficiente para que as repetições atribuídas sejam desafiadoras, porém mantendo uma boa forma. Salvo indicação em contrário, utilizar a progressão apresentada na Tabela 9.15.

Exercícios

Remada composta com elástico ou polia.

Burpee.

Avanço com alcance anterior com halteres ou *kettlebells*.

Agachamento alternado unilateral com salto.

Flexão de braços cruzada/alternada com *medicine ball*.

Arremesso de bola contralateral declinado com *medicine ball* em posição de avanço.

Desenvolvimento horizontal com elástico ou polia em posição de avanço.

Flexão de braços explosiva.

Puxar-empurrar com elástico ou polia.

Arremesso rotacional perpendicular com *medicine ball*.

Carregamento com halteres ou *kettlebells*.

Arremesso inverso em concha com *medicine ball*.

Como fazer

Se o nível de condicionamento for alto, pode-se começar com qualquer semana que parecer confortável e repetir a semana quantas vezes for necessário para criar uma base de treinamento forte.

Tabela 9.15 Esportes de combate: biplexes de potência

Exercício	Semana 1	Semana 2	Semana 3	Semana 4	Página
Biplex 1 1. Remada composta com elástico ou polia 2. *Burpee*	$2 \times 5 + 5$	$2 \times 5 + 5$	$3 \times 5 + 5$	$3 \times 5 + 5$	78 67
Biplex 2 1. Avanço com alcance anterior com halteres ou *kettlebells* 2. Agachamento alternado unilateral com salto	$2 \times 5 + 5$	$2 \times 5 + 5$	$3 \times 5 + 5$	$3 \times 5 + 5$	92 65
Biplex 3 1. Flexão de braços cruzada/ alternada com *medicine ball* 2. Arremesso de bola contralateral declinado com *medicine ball* em posição de avanço	$2 \times 5 + 5$	$2 \times 5 + 5$	$3 \times 5 + 5$	$3 \times 5 + 5$	115 119
Biplex 4 1. Desenvolvimento horizontal com elástico ou polia em posição de avanço 2. Flexão de braços explosiva	$2 \times 5 + 5$	$2 \times 5 + 5$	$3 \times 5 + 5$	$3 \times 5 + 5$	73 67
Biplex 5 1. Puxar-empurrar com elástico ou polia 2. Arremesso rotacional perpendicular com *medicine ball*	$2 \times 5 + 5$	$2 \times 5 + 5$	$3 \times 5 + 5$	$3 \times 5 + 5$	87 121
Biplex 6 1. Carregamento com halteres ou *kettlebells* 2. Arremesso inverso em concha com *medicine ball*	$2 \times 5 + 5$	$2 \times 5 + 5$	$3 \times 5 + 5$	$3 \times 5 + 5$	107 122

Potência-resistência (resistência à fadiga)

Se o treinamento está sendo feito 3 vezes por semana, pode-se fazer uma combinação de programa de potência e potência-resistência, dependendo do volume de treinamento esportivo. Segue um exemplo:

- Segunda-feira: potência.
- Quarta-feira: potência-resistência.
- Sexta-feira: potência ou sequência oposta na semana.

Para o programa de potência-resistência, fazer os 12 exercícios um depois do outro como uma única série. Não descansar entre os exercícios. Durante a semana 1, descansar 3 minutos entre as séries. Durante a semana 2, descansar 2 minutos entre as séries. Durante as semanas 3 e 4, descansar 1 minuto entre as séries. Usar uma carga suficiente para que as repetições atribuídas sejam desafiadoras, porém mantendo uma boa forma. Salvo indicação em contrário, utilizar a progressão apresentada na Tabela 9.16.

Exercícios

Remada composta com elástico ou polia.

Burpee.

Avanço com alcance anterior com halteres ou *kettlebells*.

Agachamento alternado unilateral com salto.

Flexão de braços cruzada/alternada com *medicine ball*.

Arremesso de bola contralateral declinado com *medicine ball* em posição de avanço.

Desenvolvimento horizontal com elástico ou polia em posição de avanço.

Flexão de braços explosiva.

Puxar-empurrar com elástico ou polia.

Desenvolvimento alternado com elástico ou polia em posição de avanço.

Carregamento com halteres ou *kettlebells*.

Arremesso inverso em concha com *medicine ball*.

Como fazer

Se o nível de condicionamento for alto, pode-se começar com qualquer semana que parecer confortável e repetir a semana quantas vezes for necessário para criar uma base de treinamento forte. Tentar completar tantas repetições quanto possível de cada exercício no tempo prescrito durante a progressão de 4 semanas, tendo a seguinte meta:

1. Remada composta com elástico ou polia: 25 repetições em 25 segundos.
2. *Burpee*: 10 a 15 repetições em 25 segundos.
3. Avanço com alcance anterior com halteres ou *kettlebells*: 8 a 12 repetições por perna em 25 segundos.
4. Agachamento alternado unilateral com salto: 12 repetições cada perna em 25 segundos.
5. Flexão de braços cruzada/alternada com *medicine ball*: 8 a 10 repetições cada lado em 25 segundos.
6. Arremesso de bola contralateral declinado com *medicine ball* em posição de avanço: 6 a 9 repetições cada lado em 25 segundos.
7. Desenvolvimento horizontal com elástico ou polia em posição de avanço: 15 a 20 repetições cada perna em 25 segundos.
8. Flexão de braços explosiva: 15 a 25 repetições em 25 segundos.
9. Puxar-empurrar com elástico ou polia: 12 a 15 repetições cada lado em 25 segundos.
10. Desenvolvimento alternado com elástico ou polia em posição de avanço: 25 repetições cada perna em 25 segundos.
11. Carregamento com halteres ou *kettlebells*: 10 a 15% do peso corporal por 25 segundos.
12. Arremesso inverso em concha com *medicine ball*: 10 a 15 repetições em 25 segundos.

Tabela 9.16 Esportes de combate: complexo de potência-resistência

Exercício	Semana 1	Semana 2	Semana 3	Semana 4	Página
Supersérie de potência-resistência	2 × 15 segundos	2 × 20 segundos	3 × 20 segundos	2 × 25 segundos	
1. Remada composta com elástico ou polia					78
2. *Burpee*					67
3. Avanço com alcance anterior com halteres ou *kettlebells*					94
4. Agachamento alternado unilateral com salto					65
5. Flexão de braços cruzada/alternada com *medicine ball*					115
6. Arremesso de bola contralateral declinado com *medicine ball* em posição de avanço					119
7. Desenvolvimento horizontal com elástico ou polia em posição de avanço					73
8. Flexão de braços explosiva					67
9. Puxar-empurrar com elástico ou polia					87
10. Desenvolvimento alternado com elástico ou polia em posição de avanço					74
11. Carregamento com halteres ou *kettlebells*					107
12. Arremesso inverso em concha com *medicine ball*					122
Descanso entre as séries	3 minutos	2 minutos	1 minuto	1 minuto	

Metabólico:
- Realizar este circuito de 3 a 5 vezes é um treinamento metabólico suficiente. Se for necessário um treinamento metabólico adicional, acrescentar 2 ou 3 corridas em vai e vem de 274 m (22,8 m × 12) ou outro treino cardiovascular intervalado depois de ter completado todos os circuitos. Deve-se levar em consideração a praticidade e o volume do treino ao prescrever treinamento metabólico adicional a atletas de combate.

Esportes de campo e quadra de longa distância

Os esportes de campo e quadra de longa distância, como futebol, *lacrosse*, handebol e *kronum*, usam uma combinação de caminhada, trote, *sprints* curtos explosivos, salto e mudanças rápidas de direção. As distâncias percorridas totais podem exceder 5 a 11 km, dependendo do esporte e da posição. Embora a distância total percorrida durante um jogo seja longa, os *sprints* curtos raramente são de mais de 14 a 18 m em linha reta. O contato corporal pode variar de leve a intenso, mas é esporádico e breve.

Aquecimento para todos os treinos:
- *Steel core*: 3 × 10.
- Alcance anterior contralateral unipodal: 3 × 10 a 20 cada perna.
- Agachamento rotacional unipodal: 3 × 10 cada perna.

Condicionamento

Fazer cada triplex na ordem apresentada e, em seguida, iniciar a sequência novamente. Fazer tantas séries quanto indicado. Descansar adequadamente entre os exercícios de modo a manter uma boa forma e a qualidade do movimento, visando a um período de descanso de 30 a 60 segundos depois de cada exercício. Usar uma carga suficiente para que as repetições atribuídas sejam desafiadoras, porém mantendo uma boa forma. Salvo indicação em contrário, utilizar a progressão apresentada na Tabela 9.17.

Exercícios

Avanço lateral com halteres ou *kettlebells*.

Prancha.

Remada de baixo para cima contralateral com elástico ou polia em posição de avanço.

Avanço com alcance em rotação (transverso) com halteres ou *kettlebells*.

Prancha lateral em T.

Remada inclinada.

Triple threat.   *Deslizamento lateral com bola suíça na parede em apoio unipodal.*   *X-up.*

Como fazer

Se o nível de condicionamento for alto, pode-se começar com qualquer semana que parecer confortável e repetir a semana quantas vezes for necessário para criar uma base de treinamento forte.

Tabela 9.17 Esportes de campo e de quadra de longa distância: triplexes de condicionamento

Exercício	Semana 1	Semana 2	Semana 3	Semana 4	Página
Triplex 1					
1. Avanço lateral com halteres ou *kettlebells*	2 × 10	3 × 10	3 × 15	4 × 10 a 15	93
2. Prancha (progressão de dois braços para um braço)	10 a 30 segundos	10 a 30 segundos	10 a 30 segundos	10 a 30 segundos	57
3. Remada de baixo para cima contralateral com elástico ou polia em posição de avanço	2 × 10	3 × 10	3 × 15	4 × 10 a 15	81
Triplex 2					
1. Avanço com alcance em rotação (transverso) com halteres ou *kettlebells*	2 × 10	3 × 10	3 × 15	4 × 10 a 15	95
2. Prancha lateral em T	10 a 30 segundos	10 a 30 segundos	10 a 30 segundos	10 a 30 segundos	57
3. Remada inclinada	2 × 10	3 × 10	3 × 15	4 × 10 a 15	46
Triplex 3 (core)					
1. *Triple threat* (semanas 1 a 5)	2 × 10	3 × 10	3 × 15	4 × 10 a 15	182
2. Deslizamento lateral com bola suíça na parede em apoio unipodal	3 × 10 cada perna	3 × 10 cada perna	3 × 10 cada perna	3 × 10 cada perna	124
3. *X-up*	3 × 10 cada perna	3 × 10 cada perna	3 × 10 cada perna	3 × 10 cada perna	61

Força

Fazer cada triplex na ordem apresentada pela quantidade de séries indicada. Descansar adequadamente entre os exercícios de modo a manter uma boa forma e a qualidade do movimento, visando a um período de descanso de 30 a 60 segundos entre os exercícios. Usar uma carga suficiente para que as repetições atribuídas sejam desafiadoras, porém mantendo uma boa forma. Salvo indicação em contrário, utilizar a progressão apresentada na Tabela 9.18.

Aquecimento adicional:
- *JC Leg Crank*: 1 a 2 séries.
- Agachamento rotacional unipodal: 2 × 10 cada perna.

Exercícios

Levantamento-terra romeno unipodal com haltere ou *kettlebell*.

Desenvolvimento de braço contralateral com elástico ou polia em posição de avanço.

Remada composta contralateral com elástico ou polia em posição de avanço.

Levantamento-terra contralateral com elástico ou polia em posição de avanço.

Flexão de braço unilateral com *medicine ball* (empurrar para cima).

Remada curvada unilateral com haltere ou *kettlebell* em posição de avanço.

Triple threat.

Deslizamento lateral com bola suíça na parede em apoio unipodal.

X-up.

Como fazer

Se o nível de condicionamento for alto, pode-se começar com qualquer semana que parecer confortável e repetir a semana quantas vezes for necessário para criar uma base de treinamento forte.

Tabela 9.18 Esportes de campo e de quadra de longa distância: triplexes de força

O levantamento-terra romeno unipodal com haltere ou *kettlebell*, a flexão de braço unilateral com *medicine ball* (empurrar para cima) e a remada curvada unilateral com haltere ou *kettlebell* em posição de avanço devem ser realizados em ambos os lados.

Exercício	Semana 1	Semana 2	Semana 3	Semana 4	Página
Triplex 1 1. Levantamento-terra romeno unipodal com haltere ou *kettlebell* 2. Desenvolvimento de braço contralateral com elástico ou polia em posição de avanço 3. Remada composta contralateral com elástico ou polia em posição de avanço	2 × 6	2 × 6	3 a 4 × 4	3 a 4 × 4	90 71 81
Triplex 2 1. Levantamento-terra contralateral com elástico ou polia em posição de avanço 2. Flexão de braço unilateral com *medicine ball* (empurrar para cima) 3. Remada curvada unilateral com haltere ou *kettlebell* em posição de avanço	2 × 6	2 × 6	3 a 4 × 4	3 a 4 × 4	70 114 96
Triplex 3 (*core*) 1. *Triple threat* (semanas 1 a 5) 2. Deslizamento lateral com bola suíça na parede em apoio unipodal 3. *X-up*	2 × 6 3 × 10 a 15 cada perna 3 × 10 cada perna	2 × 6 3 × 10 a 15 cada perna 3 × 10 cada perna	3 a 4 × 4 3 × 10 a 15 cada perna 3 × 10 cada perna	3 a 4 × 4 3 × 10 a 15 cada perna 3 × 10 cada perna	182 122 61

Potência

Fazer cada biplex na ordem apresentada pela quantidade de séries indicada. Descansar 1 minuto entre o primeiro e o segundo exercícios e, em seguida, descansar 1 a 2 minutos entre o segundo e o primeiro exercícios. Usar uma carga suficiente para que as repetições atribuídas sejam desafiadoras, porém mantendo uma boa forma. Salvo indicação em contrário, utilizar a progressão apresentada na Tabela 9.19.

Aquecimento adicional:
- *JC Leg Crank*: 1 ou 2 séries.
- Corrida sobre obstáculos baixos: 8 a 10 obstáculos para 3 ou 4 séries.
- Salto diagonal entre obstáculos baixos: 6 a 8 obstáculos para 3 ou 4 séries.

Exercícios

Avanço com alcance anterior com halteres ou *kettlebells*.

Agachamento alternado unilateral com salto.

Flexão de braços cruzada/alternada com *medicine ball*.

Flexão de braços explosiva.

Capítulo 9 Programas para esportes específicos   233

Remada composta contralateral com elástico ou polia em posição de avanço.

Arremesso de *medicine ball* ao solo.

X-up.

Arremesso de *medicine ball* ao solo de um lado a outro.

Como fazer

Se o nível de condicionamento for alto, pode-se começar com qualquer semana que parecer confortável e repetir a semana quantas vezes for necessário para criar uma base de treinamento forte.

Tabela 9.19 Esportes de campo e de quadra de longa distância: biplexes de potência

Exercício	Semana 1	Semana 2	Semana 3	Semana 4	Página
Biplex 1 1. Avanço com alcance anterior com halteres ou *kettlebells* 2. Agachamento alternado unilateral com salto	2 ou 3 × 5 + 5	2 ou 3 × 5 + 5	3 ou 4 × 5 + 5	3 ou 4 × 5 + 5	92 65
Biplex 2 1. Flexão de braços cruzada/alternada com *medicine ball* 2. Flexão de braços explosiva	2 ou 3 × 5 + 5	2 ou 3 × 5 + 5	3 ou 4 × 5 + 5	3 ou 4 × 5 + 5	115 67
Biplex 3 1. Remada composta contralateral com elástico ou polia em posição de avanço 2. Arremesso de *medicine ball* ao solo (rotação)	2 ou 3 × 5 + 5	2 ou 3 × 5 + 5	3 ou 4 × 5 + 5	3 ou 4 × 5 + 5	81 120
Biplex 4 1. X-*up* 2. Arremesso de *medicine ball* ao solo de um lado a outro (rotação)	2 ou 3 × 5 + 5	2 ou 3 × 5 + 5	3 ou 4 × 5 + 5	3 ou 4 × 5 + 5	61 121

Metabólico:
- Corrida em vai e vem de 274 m (22,8 m × 12): 2 ou 3 séries 3 vezes por semana (proporção trabalho:descanso de 1:2 a 1:3).

Core:
- *Triple threat* (semanas 11 a 15).
- Alcance anterior contralateral unipodal: 2 × 10 a 20 cada lado.
- Agachamento rotacional unipodal: 2 × 10 cada lado.

Potência-resistência

Fazer cada biplex na ordem apresentada pela quantidade de séries indicada. Não descansar entre o primeiro e o segundo exercícios e, em seguida, descansar 1 minuto entre o segundo e o primeiro exercícios. Usar uma carga suficiente para que as repetições atribuídas sejam desafiadoras, porém mantendo uma boa forma. Salvo indicação em contrário, utilizar a progressão apresentada na Tabela 9.20.

Aquecimento adicional:
- Salto diagonal entre obstáculos baixos: 3 a 4 séries.
- Corrida sobre obstáculos baixos: 3 a 4 séries.

Exercícios

JC Leg Crank.

Agilidade na escada (dentro e fora).

Agilidade na escada com salto rotacional lateral.

Matrix.

JC Meta Chest.

JC Meta Back.

Como fazer

Se o nível de condicionamento for alto, pode-se começar com qualquer semana que parecer confortável e repetir a semana quantas vezes for necessário para criar uma base de treinamento forte. No dia 1, seguir os biplexes de potência da Tabela 9.19. No dia 2, fazer os complexos de potência-resistência da Tabela 9.20.

Capítulo 9 Programas para esportes específicos

Tabela 9.20 Esportes de campo e de quadra de longa distância: complexos de potência e resistência (dia 2)

Exercício	Semana 1	Semana 2	Semana 3	Semana 4	Página
Metacomplexo 1 *JC Leg Crank* Agilidade na escada (dentro e fora) (10 segundos) para agilidade na escada com salto rotacional lateral (10 segundos)	2 séries	2 séries	3 séries	3 séries	184 134 135
Metacomplexo 2 *Matrix*: halteres com 7 a 10% do peso corporal; o objetivo é terminar todas as séries em 1h e 45 min	2 séries	2 séries	3 séries	3 séries	188
Metacomplexo 3 *JC Meta Chest*	2 séries	2 séries	3 séries	3 séries	186
Metacomplexo 4 *JC Meta Back*	2 séries	2 séries	3 séries	3 séries	185
Proporção trabalho:descanso	1:2 a 1:3	1:2 a 1:3	1:1 a 1:2	1:1 a 1:2	

Metabólico:
- Corrida em vai e vem de 274 m (22,8 m × 12): 3 ou 4 séries 2 vezes por semana (proporção trabalho:descanso de 1:2 a 1:1).

Core:
- *Triple threat* (semanas 16 a 20).
- Alcance anterior contralateral unipodal: 2 × 10 a 20 cada lado.
- Agachamento rotacional unipodal: 2 × 10 cada lado.

Voleibol

Voleibol é semelhante a esportes como o raquetebol em termos de uso de posições abaixadas e o beisebol em termos de arremesso. Os jogadores usam uma posição abaixada para manchetes e o movimento de arremesso durante saques ou ataques. Muitas manchetes e defesas terminam com o atleta no chão, assim como nos movimentos encontrados na luta greco-romana e no futebol. Mudanças rápidas e curtas de direção, especialmente laterais, são necessárias durante os 5 a 8 segundos de *sprints*, seguido por 20 a 30 segundos de intensidade leve a moderada. A musculatura posterior é particularmente importante em razão dessas posições baixas e mudanças de direção.

Aquecimento para todos os treinos:
- *Matrix*: 2 séries.

Condicionamento

Fazer cada triplex na ordem apresentada e, em seguida, iniciar a sequência novamente. Fazer tantas séries quanto indicado. Descansar adequadamente entre os exercícios de modo a manter uma boa forma e a qualidade do movimento, visando a um período de descanso de 30 a 60 segundos entre os exercícios. Usar uma carga suficiente para que as repetições atribuídas sejam desafiadoras, porém mantendo uma boa forma. Salvo indicação em contrário, utilizar a progressão apresentada na Tabela 9.21.

Exercícios

Agachamento em padrão ABC com *medicine ball*.

Flexão de braços em T.

Remada com elástico ou polia.

Avanço com alcance anterior com halteres ou *kettlebells*.

Desenvolvimento alternado com elástico ou polia em posição de avanço.

Remada inclinada.

Rotação/*chop* de baixo para cima com elástico ou polia.

Rolamento com bola suíça na parede.

X-up.

Como fazer

Se nível de condicionamento é alto, pode-se começar com qualquer semana que parecer confortável e repetir a semana quantas vezes forem necessárias para criar uma base forte de treinamento.

Tabela 9.21 Voleibol: triplexes de condicionamento

Exercício	Semana 1	Semana 2	Semana 3	Semana 4	Página
Triplex 1 1. Agachamento em padrão ABC com *medicine ball* 2. Flexão de braços em T 3. Remada com elástico ou polia	2 × 10	3 × 10	3 × 15	4 × 10 a 15	112 59 75
Triplex 2 1. Avanço com alcance anterior com halteres ou *kettlebells* 2. Desenvolvimento alternado com elástico ou polia em posição de avanço 3. Remada inclinada	2 × 10	3 × 10	3 × 15	4 × 10 a 15	92 74 46
Triplex 3 1. Rotação/*chop* de baixo para cima com elástico ou polia 2. Rolamento com bola suíça na parede 3. X-*up*	2 × 10	3 × 10	3 × 15	4 × 10 a 15	84 127 61

Força

Fazer cada triplex na ordem apresentada pela quantidade de séries indicada. Descansar adequadamente entre os exercícios de modo a manter uma boa forma e a qualidade do movimento, visando a um período de descanso de 30 a 60 segundos depois de cada exercício. Usar uma carga suficiente para que as repetições atribuídas sejam desafiadoras, porém mantendo uma boa forma. Salvo indicação em contrário, utilizar a progressão apresentada na Tabela 9.22.

Aquecimento:
- *Matrix*: 1 série.
- Rolamento com bola suíça na parede: 2 × 10.
- X-*up*: 2 × 10 cada lado.

Exercícios

Agachamento com halteres ou *kettlebells*.

Desenvolvimento cruzado acima da cabeça com halteres ou *kettlebells*.

Nadador com elástico.

Avanço lateral com halteres ou *kettlebells*.

Desenvolvimento de braço contralateral com elástico ou polia em posição de avanço.

Remada inclinada. | Remada composta contralateral com elástico ou polia em posição de avanço. | Flexão de braços em T. | Rotação/*chop* de cima para baixo com elástico ou polia.

Como fazer

Se o o nível de condicionamento for alto, pode-se começar com qualquer semana que parecer confortável e repetir a semana quantas vezes for necessário para criar uma base de treinamento forte.

Tabela 9.22 Voleibol: triplexes de força

Exercício	Semana 1	Semana 2	Semana 3	Semana 4	Página
Triplex 1 1. Agachamento com halteres ou *kettlebells* 2. Desenvolvimento cruzado acima da cabeça com halteres ou *kettlebells* 3. Nadador com elástico	2 × 6	2 × 6	3 × 6	3 × 6	89 99 82
Triplex 2 1. Avanço lateral com halteres ou *kettlebells* 2. Desenvolvimento de braço contralateral com elástico ou polia em posição de avanço 3. Remada inclinada	2 × 6	2 × 6	3 × 6	3 × 6	93 71 46
Triplex 3 1. Remada composta contralateral com elástico ou polia em posição de avanço 2. Flexão de braços em T 3. Rotação/*chop* de cima para baixo com elástico ou polia	2 × 6	2 × 6	3 × 6	3 × 6	81 59 83

Potência e potência-resistência

Fazer cada biplex na ordem apresentada pela quantidade de séries indicada. Para o programa de potência, descansar 1 minuto entre o primeiro e o segundo exercícios e, em seguida, descansar 1 a 2 minutos entre o segundo e o primeiro exercícios. Para o programa de potência-resistência, não descansar entre o primeiro e o segundo exercícios e, em seguida, descansar 1 minuto entre o segundo e o primeiro exercícios. Usar uma carga suficiente para que as repetições atribuídas sejam desafiadoras, porém mantendo uma boa forma. Salvo indicação em contrário, utilizar a progressão apresentada na Tabela 9.23.

Aquecimento:
- *Matrix*: 1 série.
- Rolamento com bola suíça na parede: 2 × 10.
- *X-up*: 2 × 10 cada lado.

Exercícios

Levantamento-terra 45° com elástico ou polia.   Salto vertical.   *Swing* unilateral com *kettlebell*.   *Burpee*.

Avanço lateral com halteres ou *kettlebells*.   Patinador.   Rotação/*chop* de baixo para cima com elástico ou polia.

Arremesso inverso em concha com *medicine ball*.   Rotação curta com elástico ou polia (10 a 2 horas).   Arremesso rotacional perpendicular com *medicine ball*.

Como fazer

Se o nível de condicionamento for alto, pode-se começar com qualquer semana que parecer confortável e repetir a semana quantas vezes for necessário para criar uma base de treinamento forte.

Tabela 9.23 Voleibol: biplexes de potência e potência-resistência

O *swing* unilateral com *kettlebell* deve ser feito em ambos os lados.

Exercício	Semana 1	Semana 2	Semana 3	Semana 4	Página
Biplex 1 1. Levantamento-terra 45° com elástico ou polia 2. Salto vertical	$2 \times 5 + 5$	$2 \times 5 + 5$	$3 \times 5 + 5$	$3 \times 5 + 5$	69 64
Biplex 2 1. *Swing* unilateral com *kettlebell* 2. *Burpee*	$2 \times 5 + 5$	$2 \times 5 + 5$	$3 \times 5 + 5$	$3 \times 5 + 5$	89 67
Biplex 3 1. Avanço lateral com halteres ou *kettlebells* 2. Patinador	$2 \times 5 + 5$	$2 \times 5 + 5$	$3 \times 5 + 5$	$3 \times 5 + 5$	93 66
Biplex 4 1. Rotação/*chop* de baixo para cima com elástico ou polia 2. Arremesso inverso em concha com *medicine ball*	$2 \times 5 + 5$	$2 \times 5 + 5$	$3 \times 5 + 5$	$3 \times 5 + 5$	84 122
Biplex 5 1. Rotação curta com elástico ou polia (10 a 2 horas) 2. Arremesso rotacional perpendicular com *medicine ball*	$2 \times 5 + 5$	$2 \times 5 + 5$	$3 \times 5 + 5$	$3 \times 5 + 5$	85 121

5 + 5 indica 60 segundos de descanso entre o primeiro e o segundo exercícios de potência. No programa de potência-resistência, seguir direto do primeiro ao segundo exercício sem descanso.

Metabólico:

- Se for necessário um treinamento cardiovascular ou metabólico adicional durante a fase de potência-resistência, adicionar um exercício cardiovascular intervalado como a corrida em vai e vem de 274 m (22,8 m × 12), ao final do treino. Deve-se levar em consideração o volume de prática ao se prescrever treinamento metabólico adicional.

Golfe

O golfe é um dos esportes recreativos mais populares do mundo. Ele requer um alto nível de habilidade, precisão pontual, estabilidade e potência rotacional, além de resistência durante o longo tempo de jogo. Embora a potência-resistência não seja vista como um atributo-chave, é oferecido um programa de potência-resistência em decorrência da fadiga que pode ser provocada pelos longos tempos de jogo, muitas vezes em climas quentes. Muitas das qualidades rotacionais e de rigidez do *core* do beisebol podem ser valiosas no golfe. A estabilidade bipodal e a rotação de quadril são essenciais.

Aquecimento para condicionamento e força:
- *Matrix*: 1 ou 2 séries.
- *Backswing* pulsado com elástico ou polia: 2 × 10 cada lado.
- Rotação/*chop* de cima para baixo com elástico ou polia: 2 × 10 cada lado.
- Rotação curta com elástico ou polia (10 a 2 horas): 2 × 10 cada lado.

Condicionamento

Fazer cada triplex na ordem apresentada e, em seguida, iniciar a sequência novamente. Fazer tantas séries quanto indicado. Descansar adequadamente entre os exercícios de modo a manter uma boa forma e a qualidade do movimento, visando a um período de descanso de 30 a 60 segundos depois de cada exercício. Usar uma carga suficiente para que as repetições atribuídas sejam desafiadoras, porém mantendo uma boa forma. Salvo indicação em contrário, utilizar a progressão apresentada na Tabela 9.24.

Exercícios

Agachamento em padrão ABC com *medicine ball*.

Remada de cima para baixo contralateral com elástico ou polia em posição de avanço.

Rotação de quadril sobre bola suíça.

Avanço com rotação com *medicine ball*.

Desenvolvimento alternado com elástico ou polia em posição de avanço.

Desenvolvimento cruzado acima da cabeça com halteres ou *kettlebells*.

Como fazer

Se o nível de condicionamento for alto, pode-se começar com qualquer semana que parecer confortável e repetir a semana quantas vezes for necessário para criar uma base de treinamento forte.

Tabela 9.24 Golfe: triplexes de condicionamento

Exercício	Semana 1	Semana 2	Semana 3	Semana 4	Página
Triplex 1 1. Agachamento em padrão ABC com *medicine ball* 2. Remada de cima para baixo contralateral com elástico ou polia em posição de avanço 3. Rotação de quadril sobre bola suíça	2 × 10	3 × 10	3 × 15	4 × 10 a 15	112 80 131
Triplex 2 1. Avanço com rotação com *medicine ball* 2. Desenvolvimento alternado com elástico ou polia em posição de avanço 3. Desenvolvimento cruzado acima da cabeça com halteres ou *kettlebells*	2 × 10	3 × 10	3 × 15	4 × 10 a 15	113 74 99

Core 1:
- Cinco fabulosos: 2 séries.

Força

Fazer cada triplex na ordem apresentada pela quantidade de séries indicada. Descansar adequadamente entre os exercícios de modo a manter uma boa forma e a qualidade do movimento, visando a um período de descanso de 30 a 60 segundos depois de cada exercício. Usar uma carga suficiente para que as repetições atribuídas sejam desafiadoras, porém mantendo uma boa forma. Salvo indicação em contrário, utilizar a progressão apresentada na Tabela 9.25.

Exercícios

Levantamento-terra 45° com elástico ou polia.

Desenvolvimento declinado contralateral com elástico ou polia em posição de avanço.

Puxar-empurrar com elástico ou polia.

Avanço lateral com halteres ou *kettlebells*.

Flexão de braços em T.

Rotação/*chop* de cima para baixo com elástico ou polia.

Como fazer

Se o nível de condicionamento for alto, pode-se começar com qualquer semana que parecer confortável e repetir a semana quantas vezes for necessário para criar uma base de treinamento forte.

Tabela 9.25 Golfe: triplexes de força

Exercício	Semana 1	Semana 2	Semana 3	Semana 4	Página
Triplex 1 1. Levantamento-terra 45° com elástico ou polia 2. Desenvolvimento declinado contralateral com elástico ou polia em posição de avanço 3. Puxar-empurrar com elástico ou polia	1 × 6	2 × 6	3 × 4	4 × 4	69 72 87
Triplex 2 1. Avanço lateral com halteres ou *kettlebells* 2. Flexão de braços em T 3. Rotação/*chop* de cima para baixo com elástico ou polia	1 × 6	2 × 6	3 × 4	4 × 4	93 59 83

Core 2:
- Cinco fabulosos: 2 séries.

Potência e potência-resistência (resistência à fadiga)

Fazer cada biplex na ordem apresentada pela quantidade de séries indicada. Para o programa de potência, descansar 1 minuto entre o primeiro e o segundo exercícios e, em seguida, descansar 1 a 2 minutos entre o segundo e o primeiro exercícios. Para o programa de potência-resistência, não descansar entre o primeiro e o segundo exercícios e, em seguida, descansar 1 minuto entre o segundo e o primeiro exercícios. Usar uma carga suficiente para que as repetições atribuídas sejam desafiadoras, porém mantendo uma boa forma. Salvo indicação em contrário, utilizar a progressão apresentada na Tabela 9.26.

Aquecimento:
- *Chopper*: 2 séries.
- *Matrix*: 2 séries.

Exercícios

Rotação/*chop* de baixo para cima com elástico ou polia.

Patinador.

Desenvolvimento inclinado contralateral com elástico ou polia em posição de avanço.

Arremesso de bola contralateral inclinado com *medicine ball* em posição de avanço.

Arremesso de *medicine ball* ao solo de um lado a outro (rotação).

Remada de cima para baixo contralateral com elástico ou polia em posição de avanço.

Arremesso de *medicine ball* ao solo.

Rotação curta com elástico ou polia (10 a 2 horas).

Arremesso rotacional perpendicular com *medicine ball*.

Avanço lateral com halteres ou *kettlebells*.

Desenvolvimento declinado contralateral com elástico ou polia em posição de avanço.

Arremesso de bola contralateral declinado com *medicine ball* em posição de avanço.

Como fazer

Se o nível de condicionamento for alto, pode-se começar com qualquer semana que parecer confortável e repetir a semana quantas vezes for necessário para criar uma base de treinamento forte.

Capítulo 9 Programas para esportes específicos

Tabela 9.26 Golfe: biplexes de potência e potência-resistência

Potência					
Exercício	**Semana 1**	**Semana 2**	**Semana 3**	**Semana 4**	**Página**
Biplex 1 1. Rotação/*chop* de baixo para cima com elástico ou polia 2. Patinador	2 × 5 + 5	2 × 5 + 5	3 × 5 + 5	3 × 5 + 5	84 66
Biplex 2 1. Desenvolvimento inclinado contralateral com elástico ou polia em posição de avanço 2. Arremesso de bola contralateral inclinado com *medicine ball* em posição de avanço	2 × 5 + 5	2 × 5 + 5	3 × 5 + 5	3 × 5 + 5	72 117
Biplex 3 1. Remada de cima para baixo contralateral com elástico ou polia em posição de avanço 2. Arremesso de *medicine ball* ao solo (rotação)	2 × 5 + 5	2 × 5 + 5	3 × 5 + 5	3 × 5 + 5	80 120
Biplex 4 1. Rotação curta com elástico ou polia (10 a 2 horas) 2. Arremesso rotacional perpendicular com *medicine ball*	2 × 5 + 5	2 × 5 + 5	3 × 5 + 5	3 × 5 + 5	85 121
Potência-resistência					
Biplex 1 1. Avanço lateral com halteres ou *kettlebells* 2. Patinador	2 ou 3 × 5 + 5	2 ou 3 × 5 + 5	3 ou 4 × 5 + 5	3 ou 4 × 5 + 5	93 66
Biplex 2 1. Desenvolvimento declinado contralateral com elástico ou polia em posição de avanço 2. Arremesso de bola contralateral declinado com *medicine ball* em posição de avanço	2 ou 3 × 5 + 5	2 ou 3 × 5 + 5	3 ou 4 × 5 + 5	3 ou 4 × 5 + 5	72 119
Biplex 3 1. Remada de cima para baixo contralateral com elástico ou polia em posição de avanço 2. Arremesso de *medicine ball* ao solo de um lado a outro	2 ou 3 × 5 + 5	2 ou 3 × 5 + 5	3 ou 4 × 5 + 5	3 ou 4 × 5 + 5	80 121
Biplex 4 1. Rotação curta com elástico ou polia (10 a 2 horas) 2. Arremesso rotacional perpendicular com *medicine ball*	2 ou 3 × 5 + 5	2 ou 3 × 5 + 5	3 ou 4 × 5 + 5	3 ou 4 × 5 + 5	85 121

5 + 5 indica 60 segundos de descanso entre o primeiro e o segundo exercícios de potência. No programa de potência-resistência, seguir direto do primeiro ao segundo exercício sem descanso.

Core:
- *Backswing* pulsado com elástico ou polia: 2 × 10 cada lado.
- Rotação de quadril sobre bola suíça: 2 × 10 cada lado.
- Oscilação de haste vibratória na posição 12 horas: 2 × 20 segundos.

Esportes com prancha

Os esportes com prancha, como surfe e *skate*, são únicos porque usam as forças de reação entre o atleta e a massa de água ou terra. Os movimentos da parte superior do corpo possibilitam que a parte inferior do corpo manipule a posição da prancha e a superfície com a qual ela interage. São necessários músculos fortes nas pernas e no *core* para interagir com a prancha e ligar a parte inferior à parte superior do corpo. A parte superior guia o movimento mudando os braços de alavanca e girando os ombros, direcionando as forças para baixo e para a prancha. A ponte para todo esse movimento das partes superior e inferior do corpo é o *core*.

Aquecimento para todos os treinos:
- *Chopper*: 1 ou 2 séries.
- *Matrix*: 1 ou 2 séries.

Condicionamento

Fazer cada triplex na ordem apresentada e, em seguida, iniciar a sequência novamente. Fazer tantas séries quanto indicado. Descansar adequadamente entre os exercícios de modo a manter uma boa forma e a qualidade do movimento, visando a um período de descanso de 30 a 60 segundos depois de cada exercício. Usar uma carga suficiente para que as repetições atribuídas sejam desafiadoras, porém mantendo uma boa forma. Salvo indicação em contrário, utilizar a progressão apresentada na Tabela 9.27.

Exercícios

Agachamento com halteres ou *kettlebells*.

Fly diagonal/unilateral com rotação com halteres.

Esquiador com bola suíça.

Agachamento em padrão ABC com *medicine ball*.

Fly horizontal rotacional com halteres.

Rotação de quadril sobre bola suíça.

Rotação/*chop* de cima para baixo com elástico ou polia.

Rotação curta com elástico ou polia (10 a 2 horas).

Rotação/*chop* de baixo para cima com elástico ou polia.

Como fazer

Se o nível de condicionamento for alto, pode-se começar com qualquer semana que parecer confortável e repetir a semana quantas vezes for necessário para criar uma base de treinamento forte.

Tabela 9.27 Esportes com prancha: triplexes de condicionamento

A *fly* diagonal/unilateral com rotação com halteres deve ser feita em ambos os lados.

Exercício	Semana 1	Semana 2	Semana 3	Semana 4	Página
Triplex 1 1. Agachamento com halteres ou *kettlebells* 2. *Fly* diagonal/unilateral com rotação com halteres 3. Esquiador com bola suíça	2 × 10	2 × 15	3 × 15	4 × 10 a 15	89 106 132
Triplex 2 1. Agachamento em padrão ABC com *medicine ball* 2. *Fly* horizontal rotacional com halteres 3. Rotação de quadril sobre bola suíça	2 × 10	2 × 15	3 × 15	4 × 10 a 15	112 105 131
Triplex 3 (*Steel core*) 1. Rotação/*chop* de cima para baixo com elástico ou polia 2. Rotação curta com elástico ou polia (10 a 2 horas) 3. Rotação/*chop* de baixo para cima com elástico ou polia	2 × 10	2 × 15	3 × 15	4 × 10 a 15	83 85 84

Core:
- Cinco fabulosos: 2 séries.

Força

Fazer cada triplex na ordem apresentada pela quantidade de séries indicada. Descansar adequadamente entre os exercícios de modo a manter uma boa forma e a qualidade do movimento, visando a um período de descanso de 30 a 60 segundos depois de cada exercício. Usar uma carga suficiente para que as repetições atribuídas sejam desafiadoras, porém mantendo uma boa forma. Salvo indicação em contrário, utilizar a progressão apresentada na Tabela 9.28.

Exercícios

Swing unilateral com *kettlebell*.

Remada curvada alternada com elástico ou polia em posição de avanço.

Chop diagonal com *medicine ball*.

Agachamento com halteres ou *kettlebells*.

Remada de baixo para cima contralateral com elástico ou polia em posição de avanço.

Flexão de braços com as mãos sobre a bola suíça.

Rotação/*chop* de baixo para cima com elástico ou polia.

Puxar-empurrar com elástico ou polia.

Flexão de braços em T.

Como fazer

Se o nível de condicionamento for alto, pode-se começar com qualquer semana que parecer confortável e repetir a semana quantas vezes for necessário para criar uma base de treinamento forte.

Tabela 9.28 Esportes com prancha: triplexes de força

O *swing* unilateral com *kettlebell* deve ser feito em ambos os lados.

Exercício	Semana 1	Semana 2	Semana 3	Semana 4	Página
Triplex 1 1. *Swing* unilateral com *kettlebell* 2. Remada curvada alternada com elástico ou polia em posição de avanço 3. *Chop* diagonal com *medicine ball*	2 × 6	2 × 6	3 × 4 a 6	3 × 4 a 6	89 77 111
Triplex 2 1. Agachamento com halteres ou *kettlebells* 2. Remada de baixo para cima contralateral com elástico ou polia em posição de avanço 3. Flexão de braços com as mãos sobre a bola suíça (lenta)	2 × 6	2 × 6	3 × 4 a 6	3 × 4 a 6	89 81 125
Triplex 3 (*core*) 1. Rotação/*chop* de baixo para cima com elástico ou polia 2. Puxar-empurrar com elástico ou polia 3. Flexão de braços em T (lenta)	2 × 6	2 × 6	3 × 4 a 6	3 × 4 a 6	84 87 59

Potência e potência-resistência

Fazer cada biplex na ordem apresentada pela quantidade de séries indicada. Para o programa de potência, descansar 1 minuto entre o primeiro e o segundo exercícios e, em seguida, descansar 1 a 2 minutos entre o segundo e o primeiro exercícios. Para o programa de potência-resistência, não descansar entre o primeiro e o segundo exercícios e, em seguida, descansar 1 minuto entre o segundo e o primeiro exercícios. Usar uma carga suficiente para que as repetições atribuídas sejam desafiadoras, porém mantendo uma boa forma. Salvo indicação em contrário, utilizar a progressão apresentada na Tabela 9.29.

Aquecimento adicional:
- *Steel core*: 2 ou 3 × 10 a 15.

Exercícios

Levantamento-terra 45° com elástico ou polia.

Burpee.

Rotação curta com elástico ou polia (10 a 2 horas).

Exercício de salto rotacional em cruz com vara dobrável.

Desenvolvimento de braço contralateral com elástico ou polia em posição de avanço.

Arremesso direto contralateral com *medicine ball* em posição de avanço.

Rotação/*chop* de baixo para cima com elástico ou polia.

Agilidade na escada com salto rotacional lateral.

Como fazer

Se o nível de condicionamento for alto, pode-se começar com qualquer semana que parecer confortável e repetir a semana quantas vezes for necessário para criar uma base de treinamento forte.

Parte III Programas

Tabela 9.29 Esportes com prancha: biplexes de potência e potência-resistência

Potência					
Exercício	**Semana 1**	**Semana 2**	**Semana 3**	**Semana 4**	**Página**
Biplex 1 1. Levantamento-terra 45° com elástico ou polia 2. *Burpee*	2 × 5 + 5	2 × 5 + 5	3 × 5 + 5	3 × 5 + 5	69 67
Biplex 2 1. Rotação curta com elástico ou polia (10 a 2 horas) 2. Exercício de salto rotacional em cruz com vara dobrável	2 × 5 + 5	2 × 5 + 5	3 × 5 + 5	3 × 5 + 5	85 138
Biplex 3 1. Desenvolvimento de braço contralateral com elástico ou polia em posição de avanço 2. Arremesso direto contralateral com *medicine ball* em posição de avanço	2 × 5 + 5	2 × 5 + 5	3 × 5 + 5	3 × 5 + 5	71 118
Biplex 4 1. Rotação/*chop* de baixo para cima com elástico ou polia 2. Agilidade na escada com salto rotacional lateral	2 × 5 + 5	2 × 5 + 5	3 × 5 + 5	3 × 5 + 5	84 135
Potência-resistência					
Biplex 1 1. Levantamento-terra 45° com elástico ou polia 2. *Burpee*	2 ou 3 × 5 + 5	2 ou 3 × 5 + 5	3 ou 4 × 5 + 5	3 ou 4 × 5 + 5	69 67
Biplex 2 1. Rotação curta com elástico ou polia (10 a 2 horas) 2. Exercício de salto rotacional em cruz com vara dobrável	2 ou 3 × 5 + 5	2 ou 3 × 5 + 5	3 ou 4 × 5 + 5	3 ou 4 × 5 + 5	85 138
Biplex 3 1. Desenvolvimento de braço contralateral com elástico ou polia em posição de avanço 2. Arremesso direto contralateral com *medicine ball* em posição de avanço	2 ou 3 × 5 + 5	2 ou 3 × 5 + 5	3 ou 4 × 5 + 5	3 ou 4 × 5 + 5	71 118
Biplex 4 1. Rotação/*chop* de baixo para cima com elástico ou polia 2. Agilidade na escada com salto rotacional lateral	2 ou 3 × 5 + 5	2 ou 3 × 5 + 5	3 ou 4 × 5 + 5	3 ou 4 × 5 + 5	84 135

5 + 5 indica 60 segundos de descanso entre o primeiro e o segundo exercícios de potência. No programa de potência-resistência, seguir direto do primeiro ao segundo exercício sem descanso.

Core:
- Cinco fabulosos: 2 séries.

Metabólico:

Se for preciso um treinamento cardiovascular ou metabólico adicional durante a fase de potência-resistência, adicionar um exercício cardiovascular, como a corrida em vai e vem de 274 m (22,8 m × 12), ao final do treino. Deve-se levar em consideração o volume de prática ao se prescrever treinamento metabólico adicional.

- Fase de potência: *JC Leg Crank*, 2 séries com uma proporção trabalho:descanso de 1:2.
- Fase de potência-resistência: *JC Leg Crank*, 3 ou 4 séries com uma proporção trabalho:descanso de 1:1.

Natação

A natação requer força de tração constante da parte superior do corpo, mantendo uma linha horizontal hidrodinâmica. É única porque não envolve as forças de reação do solo enquanto na água. Os braços e as pernas são os principais sistemas de propulsão, e ambos estão conectados e puxam a coluna vertebral. Isso significa que o *core* é o ponto fixo de todo movimento, e as costas e as pernas podem produzir apenas a potência que o *core* puder suportar. Por esta razão, o *core* recebe muita atenção no programa de natação.

Aquecimento para condicionamento e força:
- *Chopper*: 2 ou 3 séries.

Condicionamento

Fazer cada quadriplex na ordem apresentada e, em seguida, iniciar a sequência novamente. Fazer tantas séries quanto indicado. Descansar adequadamente entre os exercícios de modo a manter uma boa forma e a qualidade do movimento, visando a um período de descanso de 30 a 60 segundos depois de cada exercício. Usar uma carga suficiente para que as repetições atribuídas sejam desafiadoras, porém mantendo uma boa forma. Salvo indicação em contrário, utilizar a progressão apresentada na Tabela 9.30.

Exercícios

Wood chop com *medicine ball*. | Desenvolvimento cruzado acima da cabeça com halteres ou *kettlebells*. | Nadador com elástico. | Prancha.

Avanço com rotação com *medicine ball*. | Desenvolvimento alternado com elástico ou polia em posição de avanço. | Remada inclinada. | Hiperextensão com bola suíça.

Como fazer

Se o nível de condicionamento for alto, pode-se começar com qualquer semana que parecer confortável e repetir a semana quantas vezes for necessário para criar uma base de treinamento forte.

Tabela 9.30 Natação: quadriplexes de condicionamento

Exercício	Semana 1	Semana 2	Semana 3	Semana 4	Página
Quadriplex 1 1. *Wood chop* com *medicine ball* 2. Desenvolvimento cruzado acima da cabeça com halteres ou *kettlebells* 3. Nadador com elástico 4. Prancha	2 × 10	2 × 15	3 × 15	4 × 10 a 15	109 99 82 57
Quadriplex 1 1. Avanço com rotação com *medicine ball* 2. Desenvolvimento alternado com elástico ou polia em posição de avanço 3. Remada inclinada 4. Hiperextensão com bola suíça	2 × 10	2 × 15	3 × 15	4 × 10 a 15	113 74 46 130

Core:
- *Triple threat* (semanas 5 a 10): 1 ou 2 séries.

Força

Fazer cada quadriplex na ordem apresentada pela quantidade de séries indicada. Descansar adequadamente entre os exercícios de modo a manter uma boa forma e a qualidade do movimento, visando a um período de descanso de 30 a 60 segundos depois de cada exercício. Usar uma carga suficiente para que as repetições atribuídas sejam desafiadoras, porém mantendo uma boa forma. Salvo indicação em contrário, utilizar a progressão apresentada na Tabela 9.31.

Aquecimento adicional:
- *Steel core*: 2 séries.

Exercícios

Swing unilateral com *kettlebell*.
Puxar-empurrar com elástico ou polia.
Remada contralateral com elástico ou polia em posição de avanço.
Hiperextensão reversa com bola suíça.

| Levantamento-terra 45° com elástico ou polia. | *Fly* diagonal/unilateral com rotação com halteres. | Flexão de braços com as mãos sobre a bola suíça. | Rolamento com bola suíça na parede. |

Como fazer

Se o nível de condicionamento for alto, pode-se começar com qualquer semana que parecer confortável e repetir a semana quantas vezes for necessário para criar uma base de treinamento forte.

Tabela 9.31 Natação: quadriplexes de força

O *swing* unilateral com *kettlebell* e a *fly* diagonal/unilateral com rotação com halteres devem ser feitos em ambos os lados.

Exercício	Semana 1	Semana 2	Semana 3	Semana 4	Página
Quadriplex 1	1 × 6	2 × 6	3 × 4	4 × 4	
1. *Swing* unilateral com *kettlebell*					89
2. Puxar-empurrar com elástico ou polia					87
3. Remada contralateral com elástico ou polia em posição de avanço					79
4. Hiperextensão reversa com bola suíça					131
Quadriplex 2	1 × 6	2 × 6	3 × 4	4 × 4	
1. Levantamento-terra 45° com elástico ou polia					69
2. *Fly* diagonal/unilateral com rotação com halteres					106
3. Flexão de braços com as mãos sobre a bola suíça (lenta)					125
4. Rolamento com bola suíça na parede					127

Core:
- *Triple threat* (semanas 11 a 15): 3 séries.

Potência e potência-resistência

Fazer cada biplex na ordem apresentada pela quantidade de séries indicada. Para o programa de potência, descansar 1 minuto entre o primeiro e o segundo exercícios e, em seguida, descansar 1 a 2 minutos entre o segundo e o primeiro exercícios. Para o programa de potência-resistência, não descansar entre o primeiro e o segundo exercícios e, em seguida, descansar 1 minuto entre o segundo e o primeiro exercícios. Usar uma carga suficiente para que as repetições atribuídas sejam desafiadoras, porém mantendo uma boa forma. Salvo indicação em contrário, utilizar a progressão apresentada na Tabela 9.32.

Aquecimento adicional:
- *Matrix*: 2 séries.

Exercícios

Agachamento com halteres ou *kettlebells*.

Burpee.

Nadador com elástico.

Arremesso de *medicine ball* ao solo.

Swing unilateral com *kettlebell*.

Arremesso inverso em concha com *medicine ball*.

Remada curvada alternada com elástico ou polia em posição de avanço.

Arremesso de *medicine ball* ao solo de um lado a outro (rotação).

Como fazer

Se o nível de condicionamento for alto, pode-se começar com qualquer semana que parecer confortável e repetir a semana quantas vezes for necessário para criar uma base de treinamento forte.

Tabela 9.32 Natação: biplexes de potência e potência-resistência

O *swing* unilateral com *kettlebell* deve ser feito em ambos os lados.

Exercício	Semana 1	Semana 2	Semana 3	Semana 4	Página
Biplex 1 1. Agachamento com halteres ou *kettlebells* 2. *Burpee*	$2 \times 5 + 5$	$3 \times 5 + 5$	$3 \times 5 + 5$	$3 \times 5 + 5$	89 67
Biplex 2 1. Nadador com elástico 2. Arremesso de *medicine ball* ao solo	$2 \times 5 + 5$	$2 \times 5 + 5$	$3 \times 5 + 5$	$3 \times 5 + 5$	82 120
Biplex 3 1. *Swing* unilateral com *kettlebell* 2. Arremesso inverso em concha com *medicine ball*	$2 \times 5 + 5$	$2 \times 5 + 5$	$3 \times 5 + 5$	$3 \times 5 + 5$	89 122
Biplex 4 1. Remada curvada alternada com elástico ou polia em posição de avanço 2. Arremesso de *medicine ball* ao solo de um lado a outro (rotação)	$2 \times 5 + 5$	$2 \times 5 + 5$	$3 \times 5 + 5$	$3 \times 5 + 5$	77 121

5 + 5 indica 60 segundos de descanso entre o primeiro e o segundo exercícios de potência. No programa de potência-resistência, seguir direto do primeiro ao segundo exercício sem descanso.

Core:
- *Triple threat* (semanas 15 a 20): 1 ou 2 séries.
- Hiperextensão com bola suíça para hiperextensão reversa com bola suíça: 2×10.

Metabólico:

Se for preciso treinamento cardiovascular ou metabólico adicional durante a fase de potência-resistência, adicionar um exercício cardiovascular, como o a corrida em vai e vem de 274 m (22,8 m $\times$ 12), ao final do treino. Deve-se levar em consideração o volume de prática ao se prescrever treinamento metabólico adicional.

Treinamento metabólico opcional:
- *JC Meta Back*: 2 ou 3 séries.
- *JC Leg Crank*: 2 ou 3 séries.

Parte III Programas

Esportes relacionados com patinação

Os esportes relacionados com patinação, como o hóquei no gelo e a patinação *in-line*, exigem uma enorme potência rotacional dos quadris e pernas. Dependendo do esporte, a parte superior do corpo pode contrabalançar a parte inferior do corpo durante a aceleração, manobrar uma vara ou absorver o impacto. Independentemente de como a parte superior do corpo é usada, o *core* está no centro da coordenação e da sincronização entre as partes superior e inferior do corpo. Ele precisa transferir a força rotacional, bem como a rigidez para a transferência de força ideal.

Aquecimento para todos os treinos:
- *Chopper*: 2 ou 3 × 10.

Condicionamento

Fazer cada triplex na ordem apresentada e, em seguida, iniciar a sequência novamente. Fazer tantas séries quanto indicado. Descansar adequadamente entre os exercícios de modo a manter uma boa forma e a qualidade do movimento, visando a um período de descanso de 30 a 60 segundos depois de cada exercício. Usar uma carga suficiente para que as repetições atribuídas sejam desafiadoras, porém mantendo uma boa forma. Salvo indicação em contrário, utilizar a progressão apresentada na Tabela 9.33.

Exercícios

Avanço lateral com halteres ou *kettlebells*.

Remada contralateral com elástico ou polia em posição de avanço.

Remada alta com halteres ou *kettlebells*.

Avanço com alcance em rotação (transverso) com halteres ou *kettlebells*.

Prancha lateral em T.

Esquiador com bola suíça.

Deslizamento lateral com bola suíça na parede em apoio unipodal.

Puxar-empurrar com elástico ou polia.

Gancho cruzado com halteres ou *kettlebells*.

Capítulo 9 Programas para esportes específicos

Como fazer

Se o nível de condicionamento for alto, pode-se começar com qualquer semana que parecer confortável e repetir a semana quantas vezes for necessário para criar uma base de treinamento forte.

Tabela 9.33 Esportes relacionados com patinação: triplexes de condicionamento

O deslizamento lateral com bola suíça na parede em apoio unipodal deve ser feito em ambos os lados.

Exercício	Semana 1	Semana 2	Semana 3	Semana 4	Página
Triplex 1	2 × 10	2 × 15	3 × 10 a 15	3 ou 4 × 10 a 15	
1. Avanço lateral com halteres ou *kettlebells*					93
2. Remada contralateral com elástico ou polia em posição de avanço					79
3. Remada alta com halteres ou *kettlebells* (alternada)					103
Triplex 2					
1. Avanço com alcance em rotação (transverso) com halteres ou *kettlebells*	2 × 10	2 × 15	3 × 10 a 15	3 ou 4 × 10 a 15	95
2. Prancha lateral em T (progressão de bilateral para unilateral)	10 a 30 segundos	10 a 30 segundos	10 a 30 segundos	10 a 30 segundos	57
3. Esquiador com bola suíça	2 × 10	2 × 15	3 × 10 a 15	3 ou 4 × 10 a 15	132
Triplex 3	2 × 10	2 × 15	3 × 10 a 15	3 ou 4 × 10 a 15	
1. Deslizamento lateral com bola suíça na parede em apoio unipodal					124
2. Puxar-empurrar com elástico ou polia					87
3. Gancho cruzado com halteres ou *kettlebells*					104

Relaxamento:
- Deslizamento lateral: 2 ou 3 × 10 a 20 repetições cada lado.

Força

Fazer cada triplex na ordem apresentada pela quantidade de séries indicada. Descansar adequadamente entre os exercícios de modo a manter uma boa forma e a qualidade do movimento, visando a um período de descanso de 30 a 60 segundos depois de cada exercício. Usar uma carga suficiente para que as repetições atribuídas sejam desafiadoras, porém mantendo uma boa forma. Salvo indicação em contrário, utilizar a progressão apresentada na Tabela 9.34.

Aquecimento adicional:
- *Matrix*: 1 ou 2 séries (proporção trabalho:descanso de 1:2).
- Deslizamento lateral com bola suíça na parede em apoio unipodal: 2 ou 3 × 10 cada perna.

Exercícios

Rotação/*chop* de baixo para cima com elástico ou polia.

Desenvolvimento inclinado contralateral com elástico ou polia em posição de avanço.

Rotação de quadril sobre bola suíça.

Levantamento-terra romeno unipodal com haltere ou *kettlebell*

Fly diagonal/unilateral com rotação com halteres.

Hiperextensão reversa com bola suíça.

Deslizamento lateral (resistência com elástico na cintura).

Remada alternada com elástico ou polia em posição de avanço.

Rotação curta com elástico ou polia (10 a 2 horas).

Como fazer

Se o nível de condicionamento for alto, pode-se começar com qualquer semana que parecer confortável e repetir a semana quantas vezes for necessário para criar uma base de treinamento forte.

Tabela 9.34 Esportes relacionados com patinação: triplexes de força

O levantamento-terra romeno unipodal com haltere ou *kettlebell* e a *fly* diagonal/unilateral com rotação com halteres devem ser feitos em ambos os lados.

Exercício	Semana 1	Semana 2	Semana 3	Semana 4	Página
Triplex 1 1. Rotação/*chop* de baixo para cima com elástico ou polia 2. Desenvolvimento inclinado contralateral com elástico ou polia em posição de avanço 3. Rotação de quadril sobre bola suíça	2 × 6	2 × 6	3 ou 4 × 4	3 ou 4 × 4	84 72 131
Triplex 2 1. Levantamento-terra romeno unipodal com haltere ou *kettlebell* 2. *Fly* diagonal/unilateral com rotação com halteres 3. Hiperextensão reversa com bola suíça	2 × 6	2 × 6	3 ou 4 × 4	3 ou 4 × 4	90 106 131
Triplex 3 1. Deslizamento lateral (resistência com elástico na cintura) 2. Remada alternada com elástico ou polia em posição de avanço 3. Rotação curta com elástico ou polia (10 a 2 horas)	2 × 6	2 × 6	3 ou 4 × 4	3 ou 4 × 4	140 76 85

Relaxamento pós-treino:
- *JC Leg Crank*: 1 série.
- Patinador: 2 ou 3 séries de 10 a 20 repetições cada lado.

Potência e potência-resistência

Fazer cada biplex na ordem apresentada pela quantidade de séries indicada. Para o programa de potência, descansar 1 minuto entre o primeiro e o segundo exercícios e, em seguida, descansar 1 a 2 minutos entre o segundo e o primeiro exercícios. Para o programa de potência-resistência, não descansar entre o primeiro e o segundo exercícios e, em seguida, descansar 1 minuto entre o segundo e o primeiro exercícios. Usar uma carga suficiente para que as repetições atribuídas sejam desafiadoras, porém mantendo uma boa forma. Salvo indicação em contrário, utilizar a progressão apresentada na Tabela 9.35.

Exercícios

Avanço lateral com halteres ou *kettlebells*.

Patinador.

Swing unilateral com *kettlebell*.

Salto com agachamento.

Subir degrau/ *step* com carga.

| Agachamento alternado unilateral com salto. | Desenvolvimento alternado com elástico ou polia em posição de avanço. | Arremesso direto contralateral com *medicine ball* em posição de avanço. | Rotação curta com elástico ou polia (10 a 2 horas). |

| Deslizamento lateral (resistência com elástico). | Deslizamento lateral. | Arremesso rotacional perpendicular com *medicine ball*. |

Como fazer

Se o nível de condicionamento for alto, pode-se começar com qualquer semana que parecer confortável e repetir a semana quantas vezes for necessário para criar uma base de treinamento forte.

Tabela 9.35 Esportes relacionados com patinação: biplexes de potência e potência-resistência

O *swing* unilateral com *kettlebell* deve ser feito em ambos os lados.

Potência					
Exercício	Semana 1	Semana 2	Semana 3	Semana 4	Página
Biplex 1 1. Avanço lateral com halteres ou *kettlebells* 2. Patinador	2 × 5 + 5	2 × 5 + 5	3 × 5 + 5	3 × 5 + 5	93 66
Biplex 2 1. *Swing* unilateral com *kettlebell* 2. Salto com agachamento	2 × 5 + 5	2 × 5 + 5	3 × 5 + 5	3 × 5 + 5	89 64
Biplex 3 1. Subir degrau/*step* com carga (halteres) 2. Agachamento alternado unilateral com salto	2 × 5 + 5	2 × 5 + 5	3 × 5 + 5	3 × 5 + 5	53 65

(continua)

Capítulo 9 Programas para esportes específicos

Tabela 9.35 Esportes relacionados com patinação: biplexes de potência e potência-resistência (*continuação*)

Potência					
Exercício	Semana 1	Semana 2	Semana 3	Semana 4	Página
Biplex 4	$2 \times 5 + 5$	$2 \times 5 + 5$	$3 \times 5 + 5$	$3 \times 5 + 5$	
1. Desenvolvimento alternado com elástico ou polia em posição de avanço					74
2. Arremesso direto contralateral com *medicine ball* em posição de avanço					118
Biplex 5	$2 \times 5 + 5$	$2 \times 5 + 5$	$3 \times 5 + 5$	$3 \times 5 + 5$	
1. Rotação curta com elástico ou polia (10 a 2 horas)					85
2. Arremesso rotacional perpendicular com *medicine ball*					121
Potência-resistência					
Biplex 1	$2 \times 5 + 10$	$2 \times 5 + 10$	$3 \times 5 + 10$	$3 \times 5 + 10$	
1. Avanço lateral com halteres ou *kettlebells*					93
2. Patinador					66
Biplex 2	$2 \times 5 + 10$	$2 \times 5 + 10$	$3 \times 5 + 10$	$3 \times 5 + 10$	
1. *Swing* unilateral com *kettlebell*					89
2. Salto com agachamento					64
Biplex 3	$2 \times 5 + 10$	$2 \times 5 + 10$	$3 \times 5 + 10$	$3 \times 5 + 10$	
1. Subir degrau/*step* com carga (halteres)					53
2. Agachamento alternado unilateral com salto					65
Biplex 4	$2 \times 5 + 10$	$2 \times 5 + 10$	$3 \times 5 + 10$	$3 \times 5 + 10$	
1. Deslizamento lateral (resistência com elástico)					140
2. Deslizamento lateral					140
Biplex 5	$2 \times 5 + 10$	$2 \times 5 + 10$	$3 \times 5 + 10$	$3 \times 5 + 10$	
1. Rotação curta com elástico ou polia (10 a 2 horas)					85
2. Arremesso rotacional perpendicular com *medicine ball*					121

5 + 5 indica 60 segundos de descanso entre o primeiro e o segundo exercícios de potência. No programa de potência--resistência, seguir direto do primeiro ao segundo exercício sem descanso.

Relaxamento pós-treino:

Fazer 2 ou 3 séries sem descanso:

- *JC Leg Crank.*
- Deslizamento lateral: 10 a 20 repetições cada lado.

Metabólico:

Se for preciso um treinamento cardiovascular ou metabólico adicional durante a fase de potência--resistência, adicionar um exercício cardiovascular, como a corrida em vai e vem de 274 m (22,8 m × 12), ao final do treino. Deve-se levar em consideração o volume de prática ao se prescrever treinamento metabólico adicional.

Conclusão

A eficácia do treinamento funcional continua sendo comprovada em academias de todo o mundo, enquanto pesquisas de laboratórios universitários tentam explicar os mecanismos por trás do seu sucesso. O sistema de treinamento funcional descrito neste livro possibilitará que o treinador ou atleta melhore o desempenho atlético, minimizando os problemas de uso excessivo muitas vezes vistos no treinamento de força tradicional – oferece a capacidade de treinar agressivamente, sem sobrecarregar nem causar lesões ao corpo. Além disso, o princípio da especificidade está subjacente ao conceito de treinamento funcional, propiciando a transferência ideal do treinamento para qualquer modalidade esportiva.

Muitas outras modalidades e filosofias de treinamento também resistiram ao teste do tempo. Por essa razão, a melhor abordagem para melhorar o desempenho humano é ter uma visão eclética do treinamento. O Sistema de Treinamento Híbrido do IHP é uma abordagem sistemática e abrangente para combinar as melhores práticas de força e condicionamento de uma maneira simples e em um período razoável.

As informações deste livro abrirão novas portas para a jornada de aprimoramento no desempenho. Espera-se que o trabalho aqui descrito impulsione a indústria do desempenho a seguir em frente, crie atletas mais fortes e saudáveis e conduza a novas vias em futuras pesquisas.

Índice remissivo

3TIS 189

A

Abordagem funcional 159
Abordagem tradicional 159
  e funcional ao condicionamento semanal das pernas 159
  e funcional ao treinamento funcional semanal de força para os peitorais 160
Academias tradicionais 4
Aceleração de um arremesso 21
Acessórios 133
  agilidade na escada com salto rotacional lateral 135
  agilidade na escada (dentro e fora) 134
  círculos com corda naval (sentido horário e anti-horário) 139
  corrida com deslizamento 142
  corrida sobre obstáculos baixos 136
  deslizamento lateral 140
  exercício de agilidade hexagonal com vara dobrável 137
  exercício de salto rotacional em cruz com vara dobrável 138
  movimento de arremesso (haste vibratória) 133
  ondulação com corda naval 139
  oscilação de haste vibratória na posição 12 horas 134
  salto diagonal entre obstáculos baixos 137
Adaptação neuromuscular 5
Agachamento 17
Agachamento alternado unilateral com salto 65
Agachamento bipodal 17
Agachamento bipodal utilizando o peso corporal 41
Agachamento com barra 144
Agachamento com halteres ou *kettlebells* 89
Agachamento em padrão ABC com *medicine ball* 112
Agachamento rotacional unipodal 56
Agachamento unipodal 17, 18, 40
Agachamento unipodal para *leg presses* 191

Agilidade na escada com salto rotacional lateral 135
Agilidade na escada (dentro e fora) 134
Alcance anterior contralateral unipodal 23, 39
Alcance anterior unipodal 18
Alcance do corredor 55
Alta potência 204
Alta rigidez 7
Ambiente esportivo 25
Aparelho de musculação 190
Aparelho de suspensão 11
Aquecimento 190
  e resfriamento 190
Arremesso 21, 212
Arremesso: arremessador de lança-chamas 176
Arremesso de bola contralateral declinado com *medicine ball* em posição de avanço 119
Arremesso de bola contralateral inclinado com *medicine ball* em posição de avanço 117
Arremesso de *medicine ball* ao solo 120
Arremesso de *medicine ball* ao solo de um lado a outro 121
Arremesso direto contralateral com *medicine ball* em posição de avanço 118
Arremesso inverso em concha com *medicine ball* 122
Arremesso rotacional perpendicular com *medicine ball* 121
Artes marciais mistas (MMA) 222
Ativação de panturrilha a 45° 62
Atividades específicas do esporte 17
Atletas de combate e de pista 109
Atletismo 217
Atribuição de cargas e intensidades 156
Avaliação dos padrões de movimento 37
Avanço alternado calistênico 43
Avanço com alcance anterior com halteres ou *kettlebells* 23, 92
Avanço com alcance em rotação (transverso) com halteres ou *kettlebells* 95
Avanço com halteres ou *kettlebells* 91
Avanço com rotação com *medicine ball* 113
Avanço lateral com halteres ou *kettlebells* 25, 93

Índice remissivo

B

Backswing pulsado com elástico ou polia 86
Badminton 208
Banco ajustável 11
Base de treinamento 203
Beisebol 17, 19, 212
Big four 13, 23, 24, 38
Biplex 191, 193
  1 194
  2 194
  3 194
Biplexes de potência 226, 233
Biplexes de potência e potência-resistência 207, 211, 216, 240, 245, 250, 255, 260
Bolas suíças ou *fitballs* 10, 123
  deslizamento lateral com bola suíça na parede em apoio unipodal 124
  elevação de quadril com bola suíça (apoio bipodal para unipodal) 128
  esquiador com bola suíça 132
  flexão de braços com as mãos sobre a bola suíça 125
  flexão de joelho com bola suíça (bilateral para unilateral) 126
  hiperextensão com bola suíça 130
  hiperextensão reversa com bola suíça 131
  ponte com bola suíça (apoio bipodal para unipodal) 128
  rolamento com bola suíça na parede 127
  rosca de perna com bola suíça (apoio bipodal para unipodal) 129
  rotação de quadril sobre bola suíça 131
Bom controle 34
Braço de alavanca 14, 35
Burpee 67

C

Carga triplanar 26
Carregamento com halteres ou *kettlebells* 107
Chop diagonal com *medicine ball* 111
Chop diagonal curto com *medicine ball* 25, 112
Ciclo de condicionamento e hipertrofia 199
Ciclo de força 199
Ciclo de potência 200
Ciclo de potência-resistência 200
Ciclos de periodização 156
Circuito MMA 166
Círculos com corda naval (sentido horário e anti-horário) 139
Clinch com rosca modificado 105
Combinação de fases 168
Complexo de potência-resistência 228, 235
Complexo de potência semanal: apenas treinamento funcional 164, 165
Complexo de potência semanal: treinamentos

tradicional e funcional combinados 164
Complexos de potência e potência-resistência 221
Complexos híbridos 193
Conceito de especificidade 6
Condicionamento 197
Continuum do desempenho 33
Core 15, 18, 21, 24
Core activator 179
Corrida 17, 18, 217
Corrida com deslizamento 142
Corrida de resistência 217
Corrida na parede a 45° 63
Corrida sobre obstáculos baixos 136
Corrida sustentada 217
Cricket 212
Critérios para o treinamento funcional e eficaz 33

D

Desaceleração de um arremesso 21
Desempenho 5, 17
Desenvolvimento acima da cabeça com barra 148
Desenvolvimento acima da cabeça com halteres ou *kettlebells* 97
Desenvolvimento alternado com elástico ou polia em posição de avanço 74
Desenvolvimento (*build-up*) 190
Desenvolvimento cruzado acima da cabeça com halteres ou *kettlebells* 99
Desenvolvimento de braço contralateral com elástico ou polia em posição de avanço 71
Desenvolvimento declinado contralateral com elástico ou polia em posição de avanço 72
Desenvolvimento em Y acima da cabeça com halteres ou *kettlebells* 98
Desenvolvimento horizontal com elástico ou polia em posição de avanço 23, 73
Desenvolvimento inclinado contralateral com elástico ou polia em posição de avanço 72
Desenvolvimento lateral acima da cabeça com halteres ou *kettlebells* 98
Deslizamento lateral 140
Deslizamento lateral com bola suíça na parede em apoio unipodal 18, 25, 124
Direção da produção de força esportiva 27
Direção do movimento 31, 32

E

Elaboração de programas 155
Elásticos e polias 8, 9, 68
  backswing pulsado com elástico ou polia 86
  desenvolvimento alternado com elástico ou polia em posição de avanço 74

Índice remissivo

desenvolvimento de braço contralateral com elástico ou polia em posição de avanço 71
desenvolvimento declinado contralateral com elástico ou polia em posição de avanço 72
desenvolvimento horizontal com elástico ou polia em posição de avanço 73
desenvolvimento inclinado contralateral com elástico ou polia em posição de avanço 72
fly com elástico ou polia em posição de avanço 74
levantamento-terra 45° com elástico ou polia 69
levantamento-terra contralateral com elástico ou polia em posição de avanço 70
nadador com elástico 82
puxar-empurrar com elástico ou polia 87
remada alternada com elástico ou polia em posição de avanço 76
remada com elástico ou polia 75
remada composta com elástico ou polia 78
remada composta contralateral com elástico ou polia em posição de avanço 81
remada contralateral com elástico ou polia em posição de avanço 79
remada curvada alternada com elástico ou polia em posição de avanço 77
remada de baixo para cima contralateral com elástico ou polia em posição de avanço 81
remada de cima para baixo contralateral com elástico ou polia em posição de avanço 80
rotação/*chop* de baixo para cima com elástico ou polia 84
rotação/*chop* de cima para baixo com elástico ou polia 83
rotação curta com elástico ou polia (10 a 2 horas do relógio) 85
Elevação de quadril com bola suíça (apoio bipodal para unipodal) 128
Elevação/extensão lombar a 45° 146
Elevação/extensão lombar a 45° em apoio unipodal 20, 146
Empurrar e puxar 14, 20
Empurrar e puxar (arremessar, empurrar e segurar objetos) 17
Empurrar (peitorais) 199-202
Equilíbrio 6, 7
Equilíbrio *versus* estabilidade 6
Equipamento 4
Equipamento para viagem 12
Equipamentos populares de treinamento funcional 8
aparelho de suspensão 11
banco ajustável 11
bolas suíças ou *fitballs* 10
elásticos e polias 8
equipamento para viagem 12

halteres 8
kettlebells 10
medicine balls 9
Equívocos sobre o treinamento de potência 161
Espaço 4
Especificidade biomecânica 34
Esportes com prancha 246
Esportes com prancha: biplexes de potência e potência-resistência 250
Esportes com prancha: triplexes de condicionamento 247
Esportes com prancha: triplexes de força 248
Esportes de campo e quadra de longa distância 229
Esportes de campo e de quadra de longa distância: biplexes de potência 233
Esportes de campo e de quadra de longa distância: complexos de potência e resistência 235
Esportes de campo e de quadra de longa distância: triplexes de condicionamento 230
Esportes de campo e de quadra de longa distância: triplexes de força 232
Esportes de combate 222
Esportes de combate: biplexes de potência 226
Esportes de combate: complexo de potência-resistência 228
Esportes de combate: quadriplexes de condicionamento 223
Esportes de combate: quadriplexes de força 224
Esportes de corrida 217
Esportes de corrida: complexos de potência e potência-resistência 221
Esportes de corrida: quadriplexes de condicionamento 218
Esportes de corrida: triplexes de força 219
Esportes de raquete 208
Esportes de raquete: biplexes de potência e potência-resistência 211
Esportes de raquete: triplexes de condicionamento 209
Esportes de raquete: triplexes de força 210
Esportes envolvendo rebatida, arremesso e recepção 212
Esportes envolvendo rebatida, arremesso e recepção: biplexes de potência e potência-resistência 216
Esportes envolvendo rebatida, arremesso e recepção: triplexes de condicionamento 213
Esportes envolvendo rebatida, arremesso e recepção: triplexes de força 214
Esportes específicos 203
Esportes intermitentes de alta potência 204
Esportes intermitentes de alta potência: biplexes de potência e potência-resistência 207

Esportes intermitentes de alta potência: triplexes de condicionamento 205
Esportes intermitentes de alta potência: triplexes de força 206
Esportes que exigem alta potência 217
Esportes relacionados com patinação 256
Esportes relacionados com patinação: biplexes de potência e potência-resistência 260
Esportes relacionados com patinação: triplexes de condicionamento 257
Esportes relacionados com patinação: triplexes de força 259
Esquema de complexo híbrido do IHP 191
Esquema de retirada de carga com exercícios tradicionais 192
Esquema de retirada de carga utilizando biplexes híbridos 192
Esquiador com bola suíça 132
Estabilidade 6, 7
Estabilidade triplanar 27
Estabilidade *versus* equilíbrio 7
Execução dos complexos 196
Exemplos de programas 199
Exercício de agilidade hexagonal com vara dobrável 137
Exercício de salto rotacional em cruz com vara dobrável 138
Exercícios básicos para avaliar e treinar os quatro pilares do movimento humano 38
   agachamento bipodal utilizando o peso corporal 41
   agachamento unipodal 40
   alcance anterior contralateral unipodal 39
   avanço alternado calistênico 43
   flexão de braços utilizando o peso corporal 44
   remada inclinada 46
   rotação com pivô 47
   rotação sem pivô 48
Exercícios que auxiliam nas mudanças de direção (incluindo oscilações) 25
Exercícios tradicionais de força 143
   agachamento com barra 144
   desenvolvimento acima da cabeça com barra 148
   elevação/extensão lombar a 45° 146
   elevação/extensão lombar a 45° unipodal 146
   leg press 45° 143
   levantamento-terra com barra 145
   puxada/*pulley* 149
   remada 3 apoios no banco com haltere 151
   remada alta com barra 152
   remada sentado na máquina 150
   supino horizontal com barra 147
   supino inclinado com barra 148

F

Fase de condicionamento ou hipertrofia 158
Fase de força 159, 160
Fase de potência 161
Fase de potência-resistência (resistência à fadiga) 163
Feedback proprioceptivo 6
Figura em sete 13, 17, 18
Fitballs 10
Flexão de braço com um braço (parte excêntrica) 58
Flexão de braços 36
Flexão de braços com as mãos sobre a bola suíça 125
Flexão de braços cruzada/alternada com *medicine ball* 115
Flexão de braços em T 59
Flexão de braços explosiva 67
Flexão de braços utilizando o peso corporal 44
Flexão de braço unilateral com *medicine ball* (empurrar para cima) 114
Flexão de joelho com bola suíça (bilateral para unilateral) 126
Fly com elástico ou polia em posição de avanço 74
Fly diagonal/unilateral com rotação com halteres 106
Fly horizontal rotacional com halteres 105
Força 5, 35, 198
Força absoluta 3
Força funcional 3
Força relativa 3
Forças de reação do solo 26
Força × velocidade 161
Futebol 229
Futebol americano 203, 204

G

Gancho cruzado com halteres ou *kettlebells* 104
Ganhos de desempenho dos atletas 190
Geração de potência 155
Golfe 17, 24, 241
Golfe: biplexes de potência e potência-resistência 245
Golfe: triplexes de condicionamento 242
Golfe: triplexes de força 243
Gravidade 25

H

Habilidade biomotora 13
Habilidade(s) esportiva(s) 5, 17, 31, 32
Halteres 8
Halteres e *kettlebells* 88
   agachamento com halteres ou *kettlebells* 89

avanço com alcance anterior com halteres ou *kettlebells* 92
avanço com alcance em rotação (transverso) com halteres ou *kettlebells* 95
avanço com halteres ou *kettlebells* 91
avanço lateral com halteres ou *kettlebells* 93
carregamento com halteres ou *kettlebells* 107
clinch com rosca modificado 105
desenvolvimento acima da cabeça com halteres ou *kettlebells* 97
desenvolvimento cruzado acima da cabeça com halteres ou *kettlebells* 99
desenvolvimento em Y acima da cabeça com halteres ou *kettlebells* 98
desenvolvimento lateral acima da cabeça com halteres ou *kettlebells* 98
fly diagonal/unilateral com rotação com halteres 106
fly horizontal rotacional com halteres 105
gancho cruzado com halteres ou *kettlebells* 104
levantamento-terra romeno unipodal com haltere ou *kettlebell* 90
remada alta com halteres ou *kettlebells* 103
remada curvada unilateral com haltere ou *kettlebell* em posição de avanço 96
rosca de braço com halteres ou *kettlebells* 101
rosca de corredor 102
soco cruzado alto com halteres 100
swing unilateral com *kettlebell* 89
Handebol 229
Hiperextensão com bola suíça 130
Hiperextensão reversa com bola suíça 20, 131
Hipertrofia 158, 197
Hóquei de campo 204
Hóquei no gelo 204, 256

I

IHP University (IHPU) 168
Impulsão unilateral 54
Institute of Human Performance (IHP) 109
Integrando treinamento funcional ao seu plano de treinamento 169
Intensidade 155

J

JC Leg Crank 166
JC Meta Back 166
JC Meta Chest 166
JC Predator Jr. 12
Judô 222

K

Kettlebell 10, 22
Kronum 229

L

Lacrosse 229
Leg press 45° 143
Levantamento de potência 33
Levantamento-terra 45° com elástico ou polia 69
Levantamento-terra com barra 20, 145
Levantamento-terra contralateral com elástico ou polia em posição de avanço 70
Levantamento-terra de braço contralateral em posição de avanço com elásticos ou polias 20
Levantamento-terra romeno unipodal com haltere ou *kettlebell* 90
Linguagem neural 6
Linguagem proprioceptiva 6
Linha central do corpo 14
Linha horizontal hidrodinâmica 251
Locomoção 13, 15-17
Locomoção esportiva 15
Luta livre 17, 222

M

Manipulação da amplitude de movimento 37
Manipulação da base de apoio 36
Manipulação da intensidade funcional 35
Manipulação da velocidade do movimento 35
Manipulação do braço de alavanca 35
Maratonas 217
Marcha ou corrida na parede a 45° 18
Matrix 188
    sequência de avanço com alcance 188
    sequência de avanço com alcance a desenvolvimento 188
    sequência de desenvolvimentos 188
    sequência de roscas 188
Matrix (movimentando-se nos três planos) 186
Medicine ball 9, 109
    agachamento em padrão ABC com *medicine ball* 112
    arremesso de bola contralateral declinado com *medicine ball* em posição de avanço 119
    arremesso de bola contralateral inclinado com *medicine ball* em posição de avanço 117
    arremesso de *medicine ball* ao solo 120
    arremesso de *medicine ball* ao solo de um lado a outro 121
    arremesso direto contralateral com *medicine ball* em posição de avanço 118
    arremesso inverso em concha com *medicine ball* 122
    arremesso rotacional perpendicular com *medicine ball* 121
    avanço com rotação com *medicine ball* 113
    chop diagonal com *medicine ball* 111

Índice remissivo

chop diagonal curto com *medicine ball* 112
flexão de braços cruzada/alternada com *medicine ball* 115
flexão de braço unilateral com *medicine ball* (empurrar para cima) 114
rotação com pivô com *medicine ball* (*chop* horizontal) 116
rotação sem pivô com *medicine ball* 116
wood chop com *medicine ball* 109
wood chop curto com *medicine ball* 110
Mergulho 60
Metodologia de reabilitação 188
Mitos sobre o treinamento funcional 5
MMA 222
Modelo de periodização 156
Modelo híbrido de condicionamento e hipertrofia ou força do IHP 199
Modelo híbrido de potência ou potência-resistência do IHP 201
Momento 26
Movimento 4
Movimento básico 17
Movimento de arremesso (haste vibratória) 133
Movimentos do esporte 15
Movimentos e exemplos de atividades das quatro grandes habilidades esportivas 17
Mudanças de nível 14, 17-19
Mudanças laterais de direção: protocolo *Cut* (mudança rápida) 175
Mudanças na direção de locomoção 25
Músculos 5
Músculos do *core* 16
Músculos rotacionais 16

N

Nadador com elástico 82
Natação 251
Natação: biplexes de potência e potência-resistência 255
Natação: quadriplexes de condicionamento 252
Natação: quadriplexes de força 253
National Strength and Conditioning Association (NSCA CSCS) 168

O

Octógono de treinamento do JC 29-32
Ondulação com corda naval 139
Oscilação de haste vibratória na posição 12 horas 134
Outras estratégias de manipulação 37

P

Padrão ABC 37
Patinação 256
Patinação *in-line* 256

Patinador 66
Periodização 155, 167
construção da casa da periodização 156
Periodização de programas híbridos 197
Periodização do treinamento híbrido 198
Pernas e quadris 199, 200, 201, 202
Personal trainer 189
Personal training 37
Peso corporal/calistênico 53
agachamento alternado unilateral com salto 65
agachamento rotacional unipodal 56
alcance do corredor 55
ativação de panturrilha a 45° 62
burpee 67
corrida na parede a 45° 63
flexão de braço com um braço (parte excêntrica) 58
flexão de braços em T 59
flexão de braços explosiva 67
mergulho 60
patinador 66
prancha 57
prancha lateral em T 57
salto vertical 64
subir degrau/*step* 53
X-up 61
Pilar 13
Pilar do movimento humano 14
Ponte com bola suíça (apoio bipodal para unipodal) 128
Ponte com bola suíça (apoio unipodal) 18
Posições atléticas 7
Posteriores da coxa 14
Potência 161, 198
Potência na rebatida: protocolo *home-run* (para fora do estádio) 177
Potência no soco: protocolo KO (de nocaute) 175
Potência-resistência 198
Powerlifting 33
Prancha 23, 57
Prancha lateral em T 57
Predator Jr. 12
Primeiro pilar 13
Processo locomotor 18
Produto da massa pela velocidade 26
Programação da potência 162
Programação híbrida 189
Programa *Chopper* 190
Programa com bola suíça para o corpo todo: cinco fabulosos 181
Programa de treinamento funcional 18
Programa de treinamento funcional para mudanças de nível 20
Programa de treinamento funcional para o arremesso 23

Índice remissivo

Programa JV 170
Programa para os posteriores da coxa: *Triple threat* 182
Programa Varsity 172
Programas 155
Programas para esportes específicos 203
Progresso constante 34
Propriocepção 6
Protocolos expressos 173
  arremesso: arremessador de lança-chamas 176
  mudanças laterais de direção: protocolo *Cut* (mudança rápida) 175
  potência na rebatida: protocolo *home-run* (para fora do estádio) 177
  potência no soco: protocolo KO (de nocaute) 175
  protocolo *Speed-demon* para a corrida 174
  protocolo *swing* mais potente para o golfe 173
Protocolos gerais de condicionamento físico 178
  core activator 179
  programa com bola suíça para o corpo todo: cinco fabulosos 181
  programa para os posteriores da coxa: *Triple threat* 182
  rigidez do core: *Steel core* 180
  treinamento do corpo todo: *chopper*/lenhador 178
Protocolos metabólicos 183
  matrix (movimentando-se nos três planos) 186
  treinamento metabólico de pernas: *JC Leg Crank* (quebrando as pernas) 183
  treino metabólico de peitorais: *JC Meta Chest* 185
  treino metabólico para as costas: *JC Meta Back* 184
Protocolo *Speed-demon* para a corrida 174
Protocolos prontos para uso 170
  programa JV 170
  programa Varsity 172
Protocolo *swing* mais potente para o golfe 173
Puxada (costas) 199-202
Puxada/*pulley* 149
Puxar-empurrar com elástico ou polia 87

Q

Quadriplex 191, 195
  1 195
  2 196
  3 196
Quadriplexes de condicionamento 218, 223, 252
Quadriplexes de força 224, 253
Quatro grandes habilidades esportivas (*big four*) 15
Quatro pilares do movimento humano 13, 29

R

Raquetebol 208, 236
Rebatida 212
Recepção 212
Reflexo miostático 25
Região lombar da coluna vertebral 14
Remada 3 apoios no banco com haltere 151
Remada alta com barra 152
Remada alta com halteres ou *kettlebells* 103
Remada alternada com elástico ou polia em posição de avanço 76
Remada com elástico ou polia 75
Remada composta com elástico ou polia 20, 23, 78
Remada composta contralateral com elástico ou polia em posição de avanço 20, 81
Remada contralateral com elástico ou polia em posição de avanço 79
Remada curvada alternada com elástico ou polia em posição de avanço 77
Remada curvada unilateral com haltere ou *kettlebell* em posição de avanço 96
Remada de baixo para cima contralateral com elástico ou polia em posição de avanço 81
Remada de cima para baixo contralateral com elástico ou polia em posição de avanço 80
Remada inclinada 46
Remada sentado na máquina 150
Remadas inclinadas, instáveis a estáveis 191
Repetição máxima 156
Resfriamento 190
Rigidez do core: *Steel core* 180
"Rodovias" de potência esportiva 20, 27
Rolamento com bola suíça na parede 127
Rosca de braço com halteres ou *kettlebells* 101
Rosca de corredor 102
Rosca de perna com bola suíça (apoio bipodal para unipodal) 129
Rotação 14
Rotação/*chop* de baixo para cima com elástico ou polia 25, 84
Rotação/*chop* de cima para baixo com elástico ou polia 25, 83
Rotação com pivô 47
Rotação com pivô com *medicine ball* (*chop* horizontal) 116
Rotação curta com elástico ou polia (10 a 2 horas) 25
Rotação curta com elástico ou polia (10 a 2 horas do relógio) 85
Rotação de ombro 22
Rotação de quadril sobre bola suíça 131
Rotação (mudanças de direção) 17, 23
Rotação sem pivô 48
Rotação sem pivô com *medicine ball* 116

Índice remissivo

S

Salto diagonal entre obstáculos baixos 137
Salto vertical 64
Segundo pilar 14
Serape anterior 29
Serape posterior 29
Sistema de integração 189
Sistema de Integração de Três Níveis 189
Sistema de Treinamento Híbrido do IHP 188, 189, 193, 197, 262
Sistema nervoso central 6
Sistema(s) muscular(es) 5, 6
Skate 246
Soco cruzado alto com halteres 100
Softball 212
Speed-demon 169, 203
Squash 208
Stu McGill 38
Subir degrau/*step* 53
  impulsão unilateral 54
Supino horizontal com barra 147
Supino inclinado com barra 148
Surfe 246
Suspended Bodyweight Training System 11
Swing unilateral com *kettlebell* 89

T

Taekwondo 222
Tempo 4
Tendão do calcâneo 14
Tênis 17, 22, 28, 208
Terceiro pilar 14
Tirando a carga 191
Treinamento de equilíbrio 6
Treinamento de força 3, 25
Treinamento de força de gorila 160
Treinamento de força tradicional e treinamento de potência 165
Treinamento do corpo todo: *Chopper*/lenhador 178
Treinamento efetivo 5
Treinamento efetivo *versus* treinamento ideal 5
Treinamento específico 3
Treinamento funcional 3, 4, 33, 188, 189
  definição 3
  fundamentos 13

Treinamento funcional puro 169
Treinamento híbrido 109
Treinamento ideal 5
Treinamento metabólico de pernas: *JC Leg Crank* (quebrando as pernas) 183
Treinamento metabólico intenso 203
Treinamento pliométrico 161
Treinamento sem dor 34
Treino híbrido de condicionamento e hipertrofia ou força do IHP 200
Treino híbrido de potência e potência-resistência do IHP 202
Treino metabólico de peitorais: *JC Meta Chest* 185
Treino metabólico para as costas: *JC Meta Back* 184
Três planos de movimento 27
Triple threat 203
Triplex 191, 194
  1 194
  2 195
  3 195
Triplexes de condicionamento 205, 209, 213, 230, 237, 242, 247, 257
Triplexes de força 206, 210, 214, 219, 232, 238, 243, 248, 259

V

Variáveis de treinamento 155
VersaClimber® 160
Voleibol 17, 236
Voleibol: biplexes de potência e potência-resistência 240
Voleibol: triplexes de condicionamento 237
Voleibol: triplexes de força 238
Volume 155

W

Wood chop com *medicine ball* 109
Wood chop curto com *medicine ball* 110

X

X-up 23, 61